ŒUVRES

DE P. J.

DE BÉRANGER

NOUVELLE ÉDITION

CONTENANT

LES DIX CHANSONS PUBLIÉES EN 1847

TOME DEUXIÈME

PARIS

PERROTIN, ÉDITEUR

DE LA MÉTHODE WILHEM ET DE L'ORPHÉON

41, RUE FONTAINE-MOLIÈRE, 41

1867

ŒUVRES

DE

P. J. DE BÉRANGER

II

SAINT-DENIS. — TYPOGRAPHIE DE A. MOULIN.

OEUVRES

DE

P. J. DE BÉRANGER

NOUVELLE ÉDITION

CONTENANT

LES DIX CHANSONS PUBLIÉES EN 1847

Avec un Portrait gravé sur bois d'après Charlet

TOME DEUXIÈME

PARIS

PERROTIN, LIBRAIRE

ÉDITEUR DE LA MÉTHODE WILHEM

41, RUE FONTAINE-MOLIÈRE

—

1867

CHANSONS

DE P. J.

DE BÉRANGER

COMPLAINTE

SUR

LA MORT DE TRESTAILLON [1]

EN STYLE DU GENRE.

Air de toutes les complaintes.

Venez tous, bons catholiques,
Jésuites, grands et petits,
Et vous, nouveaux convertis,
Vous, nos meilleures pratiques,
Venez dire un *in pace*
Pour un héros trépassé.

---

[1] Les chansons de *Trestaillon*, de *Nabuchodonosor*, de la *Messe du Saint-Esprit*, de la *Garde nationale* et du *Nouvel Ordre du jour*, n'ont jamais paru dans les recueils publiés par BÉRANGER, aux époques qui correspondent à leur date. Habitué dès lors sans doute à traiter la politique sur un ton plus élevé, il n'a regardé ces productions que comme un tribut fugitif payé à la circonstance. Mais, ces chansons ayant fait rechercher les contrefaçons si multipliées en France et à l'étranger, l'éditeur s'est vu dans l'obligation, malgré le désir qu'il avait de complaire à l'auteur, de faire entrer dans cette édition, et ces cinq chansons et celles des *Papes*, qui, lorsqu'elles ont été répandues, avaient aussi un but politique.

(*Note de l'Éditeur.*)

Bénissons tous la mémoire
De monsieur de Trestaillon.
De la Restauration
Lui seul ayant fait la gloire,
Sa mort, vrai malheur public,
Est un fâcheux pronostic.

Portefaix cité dans Nîmes
Pour sa douce piété,
D'assassin il fut traité
Par de brutales victimes,
Quand son bras sur tel ou tel
Vengea le trône et l'autel.

Souvent ivre de rogomme,
Ou surpris en mauvais lieu,
Pour rester pur devant Dieu,
Tout les huit jours, ce digne homme,
Communiait saintement,
Soit à jeun, soit autrement.

Fort de sa cocarde blanche,
A tuer des protestants
Il consacrait tout son temps,
Sans excepter le dimanche;
Car il s'était procuré
Des dispenses du curé.

Miracle! en vain il s'amuse
A massacrer en plein jour;
Traduit devant une cour,
Aucun témoin ne l'accuse.

Les juges au prévenu
Disent : Ni vu ni connu.

Riche alors de mainte somme
Qui lui venait de bien haut,
Il buvait frais au temps chaud,
Vivant en bon gentilhomme,
Et chacun avait grand soin
De le saluer de loin.

Mais la mort rien ne respecte ;
Elle vient nous le ravir,
Quand il pouvait nous servir
Contre tous ceux qu'on suspecte ;
Il meurt en disant : Corbleu !
J'aurais été cordon bleu.

Des nobles portent sa bière ;
Nos magistrats sont en deuil ;
Le clergé, la larme à l'œil,
Marche avec croix et bannière.
Ainsi l'on ne dira pas
Que les prêtres sont ingrats.

On vient d'écrire au saint-père
Pour qu'il soit canonisé.
Quoique ce soit bien usé,
Dans peu l'on verra, j'espère,
Nos loups, chassant les brebis,
Lui dire : *Ora pro nobis!*

En attendant ses reliques,

Qu'à Montrouge on-bénira,
Ses exploits on donnera
En exemple aux catholiques,
Afin que, sans examen,
Chacun d'eux l'imite. *Amen.*

NABUCHODONOSOR.

Air de Calpigi.

Puiser dans la Bible est de mode :
Prenons-y le sujet d'une ode.
Je chante un roi devenu bœuf;
Aux anciens le trait parut neuf. (*Bis.*)
Surtout la cour en fut aux anges;
Et les brocanteurs de louanges
Répétaient sur les harpes d'or :
Gloire à Nabuchodonosor ! (*Bis.*)

Le roi beugle, eh! vivent les cornes!
Sire, quittez ces regards mornes,
Lui disaient les amis du lieu;
En Égypte vous seriez dieu.
Pour fouler aux pieds le vulgaire,
Homme ou bœuf, il n'importe guère.
Répétons sur nos harpes d'or :
Gloire à Nabuchodonosor !

Le roi se fit à son étable;
A sa manière il tenait table,

Et crut régner en buvant frais.
Les sots lui prêtaient d'heureux traits.
On lit dans une dédicace
Qu'en latin il citait Horace.
Répétons sur nos harpes d'or :
Gloire à Nabuchodonosor !

Un journal écrit par des cuistres
Annonce qu'avec ses ministres
Tel jour le prince a travaillé
Sans dormir, quoiqu'il ait bâillé.
La cour s'écrie : O temps prospère !
Ce n'est point un roi, c'est un père.
Répétons sur nos harpes d'or :
Gloire à Nabuchodonosor !

Il hume tout l'encens des mages,
Mais paye un peu cher leurs hommages :
Prêtres et grands veulent d'un coup
Rendre au peuple bât et licou.
Même, si l'histoire en est crue,
Le roi s'attelle à leur charrue.
Répétons sur nos harpes d'or :
Gloire à Nabuchodonosor !

Le peuple indigné prend un maître
D'autre espèce, pire-peut-être.
Vite les courtisans ingrats
Du roi déchu font un bœuf gras;
Et sans remords le clergé même
S'en régale tout le carême.
Répétons sur nos harpes d'or :

Gloire à Nabuchodonosor!

Bardes que la cassette inspire,
Tragiques à mourir de rire,
Traitez mon sujet, il plaira;
La censure le permettra. (*Bis.*)
Oui, parfumeurs de la couronne,
La Bible à quelque chose est bonne.
Répétons sur nos harpes d'or :
Gloire à Nabuchodonosor!

LA MESSE DU SAINT-ESPRIT,

POUR

L'OUVERTURE DES CHAMBRES.

Air de la Codaqui.

Hier monseigneur, le front ceint
De sa mitre épiscopale,
En ces mots à l'Esprit-Saint
Parlait dans la cathédrale :
« Tant de bons nobles devenus
« Députés du peuple au peuple inconnus,
« Dans notre chambre septennale,
« N'ont que tes clartés pour guider leurs pas.
« Saint-Esprit, descends, descends jusqu'en bas.
« — Non, dit l'Esprit-Saint, je ne descends pas. »

« Qu'est ceci? » dit d'un ton dur

Une excellence bretonne [1].
 « Pour ses papiers, à coup sûr,
 « Le tourniquet le chiffonne [2].
 « Parlons-lui, quoique en vérité
« L'esprit soit de trop dans la Trinité :
 « Viens voir à quoi la Charte est bonne.
« De ce lourd carrosse on fait un *en-cas*.
« Saint-Esprit, descends, descends jusqu'en bas.
« — Non, dit l'Esprit-Saint, je ne descends pas. »

 Un financier vient [3] : « Sandis!
 « Dit-il, nous prends-tu pour d'autres?
 « Pour gagner le paradis,
 « J'ai doré mes patenôtres.
 « Tremble de perdre ton emploi :
« J'ai séduit des gens plus huppés que toi,
 « J'ouvre un emprunt : viens, sois des nôtres ;
« De notre embonpoint nos amis sont gras.
« Saint-Esprit, descends, descends jusqu'en bas.
« — Non, dit l'Esprit-Saint, je ne descends pas. »

 Un magistrat [4] crie aussi :
 « Oses-tu te faire attendre?
 « Ma Thémis a, Dieu merci,
 « De bons jurés à revendre.
 « Chaque juge est un homme à moi,
« Qui jette en passant sa carte chez toi.

---

[1] Corbière.
[2] On se rappelle l'action du tourniquet Saint-Jean sur les élections de Paris.
[3] Villèle.
[4] De Peyronnet.

« Crains de voir jusqu'où peut s'étendre
« La main de Justice au bout de mon bras.
« Saint-Esprit, descends, descends jusqu'en bas.
« — Non, dit l'Esprit-Saint, je ne descends pas. »

« S'il persiste, il faudra bien,
« Dit Frayssinous, qu'on s'en passe.
« D'ailleurs, la cour, pour soutien,
« Préfère en tout saint Ignace.
« Montrouge a miné tout Paris ;
« La Sorbonne aussi sort de ses débris.
« La jeunesse est dans notre nasse,
« Et les hausse-cols font place aux rabats.
« Saint-Esprit, descends, descends jusqu'en bas.
« — Non, dit l'Esprit-Saint, je ne descends pas. »

« Mais voudrais-tu t'expliquer ?
« — Oui, bateleurs en goguettes,
« Je vous ai vus fabriquer
« Vos quatre cents marionnettes.
« Quoi ! vous osez tout pervertir,
« Corrompre, effrayer, filouter, mentir !
« Et dans vos discours à roulettes [1]...
« — Paix, dit l'archevêque, ou crains nos prélats.
« Saint-Esprit, descends, descends jusqu'en bas.
« — Non, dit l'Esprit-Saint, je ne descends pas. »

---

[1] Louis XVIII avait été conduit à la séance dans un fauteuil à roulettes.

LA GARDE NATIONALE.

SUR SON LICENCIEMENT PAR CHARLES X.

Air : Halte-là.

Pour tout Paris quel outrage!
Amis, nous v'là licenciés.
Est-ce parc' que not' courage
Brilla contre leurs alliés?
C'est quelqu' noir projet qui perce.
Morbleu! pour nous prêter s'cours.
Il faut qu' chacun d' nous s'exerce.
Du mêm' pied partons toujours.
  N' cessons pas,   (Bis.)
Chers amis, d' marcher au pas.

Moitié d' la gard' nationale
S' composait d'anciens soldats :
Des braves d' la gard' royale
Aussi faisions-nous grand cas.
Sans l' ministère, nul doute
Qu'on eût pu nous voir quelqu' jour,
Dans not' verre, eux boir' la goutte,
Nous, marcher à leur tambour.
  N' cessons pas,
Chers amis, d' marcher au pas.

Nos voix ont paru sinistres :
D' nouveau pourtant il faudra

Crier à bas les ministres,
Les jésuit's, et cætera.
Pour son argent j' crois qu' la foule
A bien l' droit d' former un vœu;
N'est-c' que quand la maison croule
Qu'on permet d' crier au feu?
　　N' cessons pas,
Chers amis, d' marcher au pas.

Au lieu d' monter à la Chambre,
Nous aurions bien dû, je l' sens,
Des injur's de plus d'un membre
D'mander raison aux trois cents.
La Charte qu'on y tiraille
Est leur rempart; mais, au fond,
On peut franchir c'te muraille
Par les brèches qu'ils y font.
　　N' cessons pas,
Chers amis, d' marcher au pas.

Au château faire l' service
Sans cartouch's pour se garder;
En voir donner à chaqu' Suisse;
En arrièr' ça fait r'garder.
Qui rétrograde se blouse;
Gens d' la cour, sauf vot' respect,
Vous risquez quatre-vingt-douze
Pour ravoir quatre-vingt-sept.
　　N' cessons pas,
Chers amis, d' marcher au pas.

Puisque Montroug' nous menace,

Et rêv' quelqu' Saint-Barthél'my,
Préparons-nous, quoi qu'on fasse,
A repousser l'ennemi.
Quand vers un' perte certaine
L' navire est conduit foll'ment,
En dépit du capitaine
Faut sauver le bâtiment.
  N' cessons pas,
Chers amis, d' marcher au pas.

NOUVEL ORDRE DU JOUR.

1823 [1].

Air : C'est l'amour, l'amour, l'amour.

Brav' soldats, v'là l'ord' du jour :
  Point d' victoire
  Où n'y a point d' gloire.
Brav' soldats, v'là l'ord' du jour :
  Garde à vous ! demi-tour !

— Notre ancien, qu'a donc fait l'Espagne ?
— Mon p'tit, ell' n' veut plus qu'aujourd'hui
Ferdinand fass' périr au bagne
Ceux-là qui s' sont battus pour lui ;
  Nous allons tirer d' peine
  Des moin's blancs, noirs et roux,

---

[1] Cette chanson fut faite pour être répandue dans l'armée avant son entrée en campagne, lorsqu'elle campait aux Pyrénées.

Dont on prendra d' la graine
Pour en r'planter chez nous.

Brav' soldats, v'là l'ord' du jour :
Point d' victoire
Où n'y a point d' gloire.
Brav' soldats, v'là l'ord' du jour :
Garde à vous! demi-tour!

— Notre ancien, qu' pensez-vous d' la guerre?
— Mon p'tit, ça n'ira jamais bien!
V'là z'un princ' qui n' s'y connaît guère;
C'est un' poir' moll' de bon chrétien;
Bientôt l' fils d' Henri quatre
Voudra qu'un jour d'action
On n' puisse aller combattre
Sans billet d' confession.

Brav' soldats, v'là l'ord' du jour :
Point d' victoire
Où n'y a point d' gloire.
Brav' soldats, v'là l'ord' du jour :
Garde à vous! demi-tour!

— Notre ancien, qu'es qu'c'est que l'Trappiste
Avec tous ces chouans dégu'nillés?
— Mon p'tit, y vont grossir la liste
Des gens qu' la France a rhabillés;
Afin qu' pour leur vengeance,
Leurs frèr's soient massacrés,
Ils font un' sainte alliance
Avec nos émigrés.

Brav' soldats, v'là l'ord' du jour :
Point d' victoire
Où n'y a point d' gloire.
Brav' soldats, v'là l'ord' du jour :
Garde à vous! demi-tour!

— Notre ancien, quel s'ra not' partage?
— Mon p'tit, les coups d'cann' reviendront;
Et puis, suivant le vieil usage,
Les nobles seuls avanceront.
Oui, s'lon notre origine,
Nous aurons pour régal,
Nous l' bâton d' discipline,
Eux l' bâton d' maréchal.

Brav' soldats, v'là l'ord' du jour :
Point d' victoire
Où n'y a point d' gloire.
Brav' soldats, v'là l'ord' du jour :
Garde à vous! demi-tour!

— Notre ancien, que d'viendra la France,
Si je cherchons d' lointains dangers?
— Mon p'tit, profitant d' not' absence,
On introduira l' z'étrangers.
A la fin d' la campagne,
Nous s'rons tout étonnés
Qu'en enchaînant l'Espagne,
Nous nous s'rons enchaînés.

Brav' soldats, v'là l'ord' du jour :
Point d' victoire

Où n'y a point d' gloire.
Brav' soldats, v'là l'ord' du jour :
Garde à vous! demi-tour!

— Notre ancien, vous que l' père aux autres
Eût fait z'officier d'puis longtemps,
Marquez-nous l' pas, nous s'rons des vôtres.
— Mon p'tit, v'là du français qu' j'entends.
Si la France en alarmes
Porte un trop lourd fardeau,
Pour essuyer ses larmes,
R'prenons not' vieux drapeau!

Brav' soldats, v'là l'ord' du jour :
Point d' victoire
Où n'y a point d' gloire.
Brav' soldats, v'là l'ord' du jour :
Garde à vous! demi-tour!

DE PROFUNDIS

A L'USAGE

DE DEUX OU TROIS MARIS.

AIR : Eh! gai, gai, gai, mon officier.

Eh! gai, gai, gai, *de profundis!*
   Ma femme
  A rendu l'âme.
Eh! gai, gai, gai, *de profundis!*
  Qu'elle aille en paradis.

A cette âme si chère
Le paradis convient;
Car, suivant ma grand'mère,
De l'enfer on revient.

Eh! gai, gai, gai, *de profundis!*
　Ma femme
　A rendu l'âme.
Eh! gai, gai, gai, *de profundis!*
　Qu'elle aille en paradis.

Hélas! le ciel lui-même
Avait tissu nos nœuds;
Mon bonheur fut extrême...
Pendant un jour ou deux.

Eh! gai, gai, gai, *de profundis!*
　Ma femme
　A rendu l'âme.
Eh! gai, gai, gai, *de profundis!*
　Qu'elle aille en paradis.

Quoiqu'il fût impossible
D'avoir l'air plus malin
Elle était trop sensible...
Si j'en crois mon voisin.

Eh! gai, gai, gai, *de profundis!*
　Ma femme
　A rendu l'âme.
Eh! gai, gai, gai, *de profundis!*
　Qu'elle aille en paradis.

Non, jamais tourterelle
N'aima plus tendrement :
Comme elle était fidèle...
A son dernier amant.

Eh ! gai, gai, gai, *de profundis !*
    Ma femme
  A rendu l'âme.
Eh ! gai, gai, gai, *de profundis !*
Qu'elle aille en paradis.

Dieu ! faut-il lui survivre ?
Me faut-il la pleurer ?
Non, non, je veux la suivre...
Pour la voir enterrer.

Eh ! gai, gai, gai, *de profundis !*
    Ma femme
  A rendu l'âme.
Eh ! gai, gai, gai, *de profundis !*
Qu'elle aille en paradis.

PRÉFACE [1].

Air du vaudeville de Préville et Tacounet.

Allez, enfants nés sous un autre règne ;
Sous celui-ci quittez le coin du feu.
Adieu ! partez, bien que pour vous je craigne

[1] Cette chanson est en tête du volume publié en 1825.

Certaines gens qui pardonnent trop peu.
On m'a crié : L'occasion est bonne ;
Tous les partis rapprochent leurs drapeaux.
Allez, enfants ; mais n'éveillez personne :
Mon médecin m'ordonne le repos.

Pour vos aînés que de pas et d'alarmes !
J'ai vu Thémis m'ôter mon plus doux bien ;
Car en prison le sommeil est sans charmes :
Près du malheur on ne dort jamais bien.
J'entends encor le verrou qui résonne,
Et dans ma main fait trembler mes pipeaux.
Allez, enfants ; mais n'éveillez personne :
Mon médecin m'ordonne le repos.

Si l'on disait : La gaieté vous délaisse,
Vous répondrez (et pour moi j'en rougis) :
« De notre père accusant la faiblesse,
« Les plus joyeux sont restés au logis. »
Ces égrillards iraient, d'humeur bouffonne,
Pincer au lit le diable et ses suppôts.
Allez, enfants ; mais n'éveillez personne :
Mon médecin m'ordonne le repos.

Vous passerez près d'une ruche pleine,
D'abeilles, non, mais de guêpes, je crois.
Ne soufflez mot, retenez votre haleine ;
Tremblez, enfants, vous qui jurez parfois [1] !
Le dard caché qu'à ces guêpes Dieu donne

---

[1] Dans plus d'un village, on croit encore que les abeilles se jettent sur ceux qui profèrent des jurons auprès de leur ruche.

A fait périr des bergers, des troupeaux.
Allez, enfants; mais n'éveillez personne :
Mon médecin m'ordonne le repos.

Petits Poucets de la littérature,
S'il vient un ogre, évitez bien sa dent;
Ou, s'il s'endort, dérobez sa chaussure;
De s'en servir on peut juger prudent.
Non : qu'ai-je dit? Ah! la peur déraisonne;
Tous les partis rapprochent leurs drapeaux.
Allez, enfants; mais n'éveillez personne;
Mon médecin m'ordonne le repos.

LA MUSE EN FUITE,

OU

MA PREMIÈRE VISITE AU PALAIS DE JUSTICE.

CHANSON

FAITE A L'OCCASION DES PREMIÈRES POURSUITES
JUDICIAIRES EXERCÉES CONTRE MOI
POUR LA PUBLICATION DE MON RECUEIL.

AIR : Halte-là.

Quittez la lyre, ô ma muse!
Et déchiffrez ce mandat.
Vous voyez qu'on vous accuse
De plusieurs crimes d'État.
Pour un interrogatoire
Au Palais comparaissons.

Plus de chansons pour la gloire!
Pour l'amour plus de chansons!
    Suivez-moi!
    C'est la loi.
Suivez-moi, de par le roi.

Nous marchons, et je découvre
L'asile des souverains.
Muse, la Fronde en ce Louvre
Vit pénétrer ses refrains [1].
Au *Qui vive?* d'ordonnance
Alors, prompte à s'avancer,
La chanson répondait : France!
Les gardes laissaient passer.
    Suivez-moi!
    C'est la loi.
Suivez-moi, de par le roi.

La justice nous appelle
De l'autre côté de l'eau.
Voici la Sainte-Chapelle
Où l'on pria pour Boileau [2].
S'il rénaissait, ce grand maître,
Le clergé, remis en train,
En prison ferait peut-être
Fourrer l'auteur du *Lutrin*.

---

[1] Jamais plus de chansons ne furent lancées de part et d'autre qu'à l'époque de la Fronde; et Blot et Marigny, chansonniers du temps, ne furent l'objet d'aucune poursuite.

[2] On sait que Boileau fut enterré dans l'église située sous la Sainte-Chapelle, où l'on voyait le fameux lutrin qui inspira l'un des ouvrages les plus parfaits de notre langue.

Suivez-moi!
C'est la loi.
Suivez-moi, de par le roi.

Là, devant ce péristyle,
Un tribunal impuissant
Au bûcher livra l'*Émile* [1],
Phénix toujours renaissant.
Muse, de vos chansonnettes
Aujourd'hui l'on va tâcher
De faire des allumettes
Pour ranimer ce bûcher.
 Suivez-moi!
 C'est la loi.
Suivez-moi, de par le roi.

Muse, voici la grand'salle...
Hé quoi! vous fuyez devant
Des gens en robe un peu sale,
Par vous piqués trop souvent!
Revenez donc, pauvre sotte,
Voir prendre à vos ennemis,
Pour peser une marotte,
Les balances de Thémis.
 Suivez-moi!
 C'est la loi.
Suivez-moi, de par le roi.

Elle fuit, et chez le juge

---

[1] On sait également que, par arrêt du parlement, l'*Émile* fut brûlé par la main du bourreau, et son auteur décrété de prise de corps.

J'entre, et puis enfin je sors.
Mais devinez quel refuge
Ma muse avait pris alors :
Gaiement avec la grisette
D'un président, bon humain,
Cette folle, à la buvette,
Répétait, le verre en main :
    Suivez-moi!
    C'est la loi.
Suivez-moi, de par le roi.

DÉNONCIATION

EN FORME D'IMPROMPTU,

A PROPOS DE COUPLETS
QUI M'ONT ÉTÉ ENVOYÉS PENDANT MON PROCÈS.

Air du ballet des Pierrots.

On m'a dénoncé, je dénonce;
Oui, je dénonce des couplets.
La gaieté de l'auteur annonce
Qu'il peut figurer au Palais;
On voit, à l'air dont il vous traite,
Que cent fois il vous persifla.
Messieurs les juges, qu'on arrête,
Qu'on arrête cet homme-là.

Il prétend rire des entraves
Qu'à la presse l'on veut donner.

Il croit à la gloire des braves :
Pourriez-vous le lui pardonner ?
Il ose vanter la musette
Qui dans leurs maux les consola.
Messieurs les juges, qu'on arrête,
Qu'on arrête cet homme-là.

Il prodigue la flatterie
A ceux qui sont persécutés ;
Il pourrait chanter la patrie,
C'est un grand tort, vous le sentez.
De l'esprit qu'à sa muse il prête
Vengez-vous sur l'esprit qu'il a.
Messieurs les juges, qu'on arrête,
Qu'on arrête cet homme-là.

ADIEUX A LA CAMPAGNE [1].

Air : Muse des bois et des accords champêtres.

Soleil si doux au déclin de l'automne,
Arbres jaunis, je viens vous voir encor.
N'espérons plus que la haine pardonne
A mes chansons leur trop rapide essor.
Dans cet asile, où reviendra Zéphire,
J'ai tout rêvé, même un nom glorieux.

---

[1] Cette chanson, faite dans le mois de novembre 1821, fut copiée et distribuée au tribunal le jour de la première condamnation de l'auteur.

Ciel vaste et pur, daigne encor me sourire;
Échos des bois, répétez mes adieux.

Comme l'oiseau, libre sous la feuillée,
Que n'ai-je ici laissé mourir mes chants !
Mais de grandeurs la France dépouillée
Courbait son front sous le joug des méchants.
Je leur lançai les traits de la satire ;
Pour mon bonheur l'amour m'inspirait mieux.
Ciel vaste et pur, daigne encor me sourire ;
Échos des bois, répétez mes adieux.

Déjà leur rage atteint mon indigence [1] ;
Au tribunal ils traînent ma gaieté ;
D'un masque saint ils couvrent leur vengeance :
Rougiraient-ils devant ma probité ?
Ah ! Dieu n'a point leur cœur pour me maudire :
L'intolérance est fille des faux dieux.
Ciel vaste et pur, daigne encor me sourire ;
Échos des bois, répétez mes adieux.

Sur des tombeaux si j'évoque la Gloire,
Si j'ai prié pour d'illustres soldats,
Ai-je à prix d'or, aux pieds de la Victoire,
Encouragé le meurtre des États ?
Ce n'était point le soleil de l'Empire
Qu'à son lever je chantais dans ces lieux.

[1] Lorsque le recueil de 1821 parut, ce fut le ministère qui força les membres du conseil de l'Université d'ôter à l'auteur le modique emploi d'expéditionnaire qu'il occupait depuis douze ans. Au reste, on l'avait prévenu que, s'il faisait imprimer ses nouvelles chansons, il perdrait cet emploi.

Ciel vaste et pur, daigne encor me sourire;
Échos des bois, répétez mes adieux.

Que, dans l'espoir d'humilier ma vie,
Bellart s'amuse à mesurer mes fers;
Même aux regards de la France asservie
Un noir cachot peut illustrer mes vers.
A ses barreaux je suspendrai ma lyre,
La Renommée y jettera les yeux.
Ciel vaste et pur, daigne encor me sourire;
Échos des bois, répétez mes adieux.

Sur ma prison vienne au moins Philomèle!
Jadis un roi causa tous ses malheurs.
Partons : j'entends le geôlier qui m'appelle.
Adieu les champs, les eaux, les prés, les fleurs.
Mes fers sont prêts : la liberté m'inspire;
Je vais chanter son hymne glorieux.
Ciel vaste et pur, daigne encor me sourire;
Échos des bois, répétez mes adieux.

LA LIBERTÉ.

SAINTE-PÉLAGIE.

Air : Chantons Lætamini.

D'un petit bout de chaîne
Depuis que j'ai tâté,
Mon cœur en belle haine
A pris la liberté.

Fi de la liberté!
A bas la liberté!

Marchangy, ce vrai sage,
M'a fait, par charité,
Sentir de l'esclavage
La légitimité.
Fi de la liberté!
A bas la liberté!

Plus de vaines louanges
Pour cette déité,
Qui laisse en de vieux langes
Le monde emmailloté!
Fi de la liberté!
A bas la liberté!

De son arbre civique
Que nous est-il resté?
Un bâton despotique,
Sceptre sans majesté.
Fi de la liberté!
A bas la liberté!

Interrogeons le Tibre :
Lui seul a bien goûté
Sueur de peuple libre,
Crasse de papauté.
Fi de la liberté!
A bas la liberté!

Du bon sens qui nous gagne

Quand l'homme est infecté,
Il n'est plus dans son bagne
Qu'un forçat révolté.
Fi de la liberté !
A bas la liberté !

Bons porte-clefs que j'aime,
Geôliers pleins de gaieté,
Par vous au Louvre même
Que ce vœu soit porté :
Fi de la liberté !
A bas la liberté !

LA CHASSE.

CHANSON

DE REMERCÎMENT A DES CHASSEURS DU DÉPARTEMENT
D'ILLE-ET-VILAINE
QUI M'ENVOYÈRENT UNE BOURRICHE GARNIE D'EXCELLENT GIBIER.

SAINTE-PÉLAGIE.

Air : Tonton, tontaine, tonton.

Grâce à votre bourriche pleine
De gibier digne d'un glouton,
Tonton, tonton, tontaine, tonton,
Joyeux chasseurs d'Ille-et-Vilaine,
De votre cor je prends le ton.
Tonton, tontaine, tonton.

Chassez, morbleu ! chassez encore :

Quittez Rosette et Jeanneton,
Tonton, tonton, tontaine, tonton;
Ou, pour rabattre dès l'aurore,
Que les amours soient de planton.
Tonton, tontaine, tonton.

Si le Béarnais a fait mettre
Maint chasseur au fond d'un ponton [1],
Tonton, tonton, tontaine, tonton;
Gabrielle daignait permettre
Qu'on braconnât dans son canton.
Tonton, tontaine, tonton.

Jadis nul n'osait en province
Porter aux champs son mousqueton,
Tonton, tonton, tontaine, tonton.
On gardait la perdrix du prince;
Les loups dévoraient le mouton.
Tonton, tontaine, tonton.

Vous qui consolez ma disgrâce,
Pour nos droits vous tremblez, dit-on;
Tonton, tonton, tontaine, tonton.
Sauvez au moins le droit de chasse,
Pour l'honneur du pays breton.
Tonton, tontaine, tonton.

---

[1] Henri IV renouvela des ordonnances très-sévères contre les délits de chasse.

MA GUÉRISON.

RÉPONSE

A DES SEMUROIS QUI, POUR FAIRE PASSER LA FOLIE QUE J'AI EUE
D'ESSAYER DE GUÉRIR DES GENS INCURABLES,
M'ONT ENVOYÉ DU VIN DE CHAMBERTIN ET DE ROMANÉE
EN M'ORDONNANT
DES DOUCHES INTÉRIEURES PENDANT MON SÉJOUR EN PRISON

SAINTE-PÉLAGIE.

Air de la Treille de sincérité.

J'espère
Que le vin opère ;
Oui, tout est bien, même en prison :
Le vin m'a rendu la raison. (*Bis.*)

Après un coup de romanée,
La douche ayant calmé mes sens,
J'ai maudit ma muse obstinée
A railler les hommes puissants. (*Bis.*)
Un accès pouvait me reprendre ;
Mais, du topique effet certain,
J'avais de l'encens à leur vendre
Après un coup de chambertin.

J'espère
Que le vin opère ;
Oui, tout est bien, même en prison :
Le vin m'a rendu la raison.

Après deux coups de romanée,
Rougissant de tous mes forfaits,
Je vois ma chambre environnée
D'heureux que le pouvoir a faits.
De mes juges l'arrêt suprême
Touche mon esprit libertin ;
J'admire Marchangy lui-même
Après deux coups de chambertin.

   J'espère
  Que le vin opère ;
Oui, tout est bien, même en prison :
Le vin m'a rendu la raison.

Après trois coups de romanée,
Je n'aperçois plus d'oppresseurs :
La presse n'est plus enchaînée ;
Le budget seul a des censeurs.
La tolérance par la ville
Court en habit de sacristain ;
Je vois pratiquer l'Évangile
Après trois coups de chambertin.

   J'espère
  Que le vin opère ;
Oui, tout est bien, même en prison :
Le vin m'a rendu la raison.

Au dernier coup de romanée,
Mon œil, mouillé de joyeux pleurs,
Voit la liberté couronnée
D'oliviers, d'épis et de fleurs.

Les douces lois sont les plus fortes ;
L'avenir n'est plus incertain ;
J'entends tomber verrous et portes
Au dernier coup de chambertin.

  J'espère
 Que le vin opère ;
Oui, tout est bien, même en prison :
Le vin m'a rendu la raison.

O chambertin ! ô romanée !
Avec l'aurore d'un beau jour
L'illusion chez vous est née
De l'Espérance et de l'Amour. (*Bis.*)
Cette fée, aux humains donnée,
Pour baguette tient du Destin
Tantôt un cep de romanée,
Tantôt un cep de chambertin.

  J'espère
 Que le vin opère ;
Oui, tout est bien, même en prison :
Le vin m'a rendu la raison. (*Bis.*)

L'AGENT PROVOCATEUR.

REMERCÎMENT A D'AUTRES BOURGUIGNONS QUI M'AVAIENT ENVOYÉ
DU VIN DES DIFFÉRENTS CRUS LES PLUS RENOMMÉS.

SAINTE-PÉLAGIE.

AIR : Je vais bientôt quitter l'empire.

Avec son habit un peu mince,
Avec son chapeau goudronné,
Comme l'honneur de la province
Ce Bourguignon nous est donné. (*Bis.*)
Quoiqu'il soit d'âge respectable,
Que d'un beau nom il soit porteur, (*Bis.*)
Chut! mes amis; il fait jaser à table :
C'est un agent provocateur. (*Ter.*)

Il est ami de l'infortune,
M'ont dit ceux qui l'ont annoncé;
Pourtant un soupçon m'importune :
Par la police il a passé [1].
Plus d'un personnage notable,
Là souvent devient délateur.
Chut! mes amis; il fait jaser à table :
C'est un agent provocateur.

---

[1] On visite tous les objets envoyés aux prisonniers : des agents de police sont chargés de ce soin.

Mais il circule, et de la France
Déjà nous vantons les héros;
A nos yeux déjà l'Espérance
Sourit à travers les barreaux.
Enfin son charme inévitable
Sollicite un malin chanteur.
Chut! mes amis; il fait jaser à table :
C'est un agent provocateur.

Il nous ferait chanter la gloire
D'un sol fertile en joyeux ceps,
Et l'empereur dont la mémoire
Reste en honneur chez les Français ¹...
Oui, sur Probus, prince équitable,
Il nous souffle un chorus flatteur.
Chut! mes amis; il fait jaser à table :
C'est un agent provocateur.

De ce traître faisons justice :
Exprès prolongeons le dîner.
S'il a passé par la police,
  Qu'il passe pour y retourner. (*Bis.*)
Passe donc, ô vin délectable!
Retourne à ce lieu corrupteur. (*Bis.*)
Chut! mes amis; il fait jaser à table :
C'est un agent provocateur. (*Ter.*)

¹ La Bourgogne est redevable à Probus, empereur romain, de la plupart des vignes qui depuis ont fait sa richesse.

MON CARNAVAL.

SAINTE-PÉLAGIE.

AIR nouveau de M. MEISSONNIER
ou des Chevilles de maître Adam.

Amis, voici la riante semaine
Que tous les ans je fêtais avec vous.
Marotte en main, dans le char qu'il promène,
Momus au bal conduit sages et fous.
Sur ma prison, dans l'ombre ensevelie,
Il m'a semblé voir passer les Amours.
J'entends au loin l'archet de la Folie :
O mes amis, prolongez d'heureux jours!

Oui, je les vois, ces danses amoureuses
Où la beauté triomphe à chaque pas.
De vingt danseurs je vois les mains heureuses
Saisir, quitter, ressaisir mille appas.
Dans ces plaisirs, que votre cœur m'oublie :
Un seul mot triste en peut troubler le cours.
J'entends au loin l'archet de la Folie :
O mes amis, prolongez d'heureux jours!

Combien de fois, auprès de la plus belle,
Dans vos banquets j'ai présidé chez vous!
Là de mon cœur jaillissait l'étincelle
Dont la gaieté vous électrisait tous.
De joyeux chants ma coupe était remplie;

Je la vidais, mais vous versiez toujours.
J'entends au loin l'archet de la Folie :
O mes amis, prolongez d'heureux jours !

Des jours charmants la perte est seule à craindre,
Fêtez-les bien, c'est un ordre des cieux.
Moi, je vieillis, et parfois laisse éteindre
Le grain d'encens dont je nourris mes dieux.
Quand la plus tendre était la plus jolie,
Des fers alors m'auraient paru bien lourds.
J'entends au loin l'archet de la Folie :
O mes amis, prolongez d'heureux jours !

Mais accourez, dès qu'une longue ivresse
Du calme enfin vous impose la loi.
Dernier rayon, qu'un reste d'allégresse
Brille en vos yeux et vienne jusqu'à moi.
Dans vos plaisirs ainsi je me replie ;
Je suis vos pas, je chante vos amours.
J'entends au loin l'archet de la Folie :
O mes amis, prolongez d'heureux jours !

L'OMBRE D'ANACRÉON.

SAINTE-PÉLAGIE.

Air de la Sentinelle.

Un jeune Grec sourit à des tombeaux :
Victoire ! il dit ; l'écho rendit : Victoire !
O demi-dieux ! vous nos premiers flambeaux,

Trompez le Styx, revoyez votre gloire !
   Soudain sous un ciel enchanté,
  Une ombre apparaît et s'écrie :
  « Doux enfant de la Liberté, (*Bis*.)
  « Le Plaisir veut une patrie !
     « Une patrie !

« O peuple grec ! c'est moi dont les destins
« Furent si doux chez tes aïeux si braves ;
« Quand ils chantaient l'amour dans leurs festins,
« Anacréon en chassait les esclaves.
  « Jamais la tendre Volupté
  « N'approcha d'une âme flétrie.
  « Doux enfant de la Liberté,
  « Le Plaisir veut une patrie !
     « Une patrie !

« De l'aigle encor l'aile rase les cieux,
« Du rossignol les chants sont toujours tendres ;
« Toi, peuple grec, tes arts, tes lois, tes dieux,
« Qu'en as-tu fait ? qu'as-tu fait de nos cendres ?
  « Tes fêtes passent sans gaieté
  « Sur une rive encor fleurie.
  « Doux enfant de la Liberté,
  « Le Plaisir veut une patrie !
     « Une patrie !

« Déjà vainqueur, chante et vole au danger ;
« Brise tes fers : tu le peux, si tu l'oses.
« Sur nos débris, quoi ! le vil étranger
« Dort enivré du parfum de tes roses.
  « Quoi ! payer avec la beauté

« Un tribut à la barbarie !
« Doux enfant de la Liberté,
« Le Plaisir veut une patrie !
   « Une patrie !

« C'est trop rougir aux yeux du voyageur
« Qui d'Olympie évoque la mémoire.
« Frappe ! et ces bords, au gré d'un ciel vengeur,
« Reverdiront d'abondance et de gloire.
   « Des tyrans le sang détesté
   « Réchauffe une terre appauvrie.
   « Doux enfant de la Liberté,
   « Le Plaisir veut une patrie !
      « Une patrie !

« A tes voisins n'emprunte que du fer :
« Tout peuple esclave est allié perfide.
« Mars va t'armer des feux de Jupiter ;
« Cher à Vénus, son étoile te guide [1] ;
   « Bacchus, dieu toujours indompté,
   « Remplira ta coupe tarie.
   « Doux enfant de la Liberté,
   « Le Plaisir veut une patrie !
      « Une patrie ! »

Il se rendort, le sage de Téos.
La Grèce enfin suspend ses funérailles.
Thèbes, Corinthe, Athènes, Sparte, Argos,
Ivres d'espoir, exhumez vos murailles !

---

[1] Suivant M. Pouqueville, les Grecs ont encore en vénération l'étoile de Vénus.

Vos vierges même ont répété
Ces mots d'une voix attendrie :
« Doux enfant de la Liberté, (*Bis.*)
« Le Plaisir veut une patrie !
　« Une patrie ! »

L'ÉPITAPHE DE MA MUSE.

SAINTE-PÉLAGIE.

Air de Ninon chez madame de Sévigné.

Venez tous, passants, venez lire
L'épitaphe que je me fais.
J'ai chanté l'amoureux délire,
Le vin, la France et ses hauts faits.
J'ai plaint les peuples qu'on abuse,
J'ai chansonné les gens du roi :
Béranger m'appelait sa muse. (*Bis.*)
Pauvres pécheurs, priez pour moi ! (*Bis.*)
Priez pour moi, priez pour moi !

Grâce à moi, qu'il rendit moins folle,
D'être gueux il se consolait,
Lui qui des muses de l'école
N'avait jamais sucé le lait.
Il grelottait dans sa coquille
Quand d'un luth je lui fis l'octroi.
De fleurs j'ai garni sa mandille.
Pauvres pécheurs, priez pour moi !
Priez pour moi, priez pour moi !

Je l'ai rendu cher au courage,
Dont il adoucit le malheur.
En amour il fut mon ouvrage ;
J'ai pipé pour cet oiseleur.
A lui plus d'un cœur vint se rendre.
Mais, les oiseaux en feront foi,
J'ai fourni la glu pour les prendre.
Pauvres pécheurs, priez pour moi !
Priez pour moi, priez pour moi !

Un serpent... (Dieu ce mot rappelle !
Marchangy qui rampa vingt ans !)
Un serpent, qui fait peau nouvelle
Dès que brille un nouveau printemps,
Fond sur nous, triomphe, et nous livre
Aux fers dont on pare la loi.
Sans liberté je ne peux vivre.
Pauvres pécheurs, priez pour moi !
Priez pour moi, priez pour moi !

Malgré l'éloquence sublime
De Dupin, qui pour nous parla,
N'ayant pu mordre sur la lime,
Le hideux serpent l'avala.
Or je trépassse, et, mieux instruite,
Je vois l'enfer avec effroi :
Hier Satan s'est fait jésuite. (*Bis.*)
Pauvres pécheurs, priez pour moi ! (*Bis.*)
Priez pour moi, priez pour moi !

LA SYLPHIDE.

AIR : Je ne sais plus ce que je veux.

La raison a son ignorance ;
Son flambeau n'est pas toujours clair.
Elle niait votre existence,
Sylphes charmants, peuples de l'air ;
Mais, écartant sa lourde égide,
Qui gênait mon œil curieux,
J'ai vu naguère une Sylphide.
Sylphes légers, soyez mes dieux.

Oui, vous naissez au sein des roses,
Fils de l'Aurore et des Zéphirs ;
Vos brillantes métamorphoses
Sont le secret de nos plaisirs.
D'un souffle vous séchez nos larmes,
Vous épurez l'azur des cieux :
J'en crois ma Sylphide et ses charmes.
Sylphes légers, soyez mes dieux.

J'ai deviné son origine
Lorsqu'au bal, ou dans un banquet,
J'ai vu sa parure enfantine
Plaire par ce qui lui manquait.
Ruban perdu, boucle défaite ;
Elle était bien, la voilà mieux.
C'est de vos sœurs la plus parfaite.
Sylphes légers, soyez mes dieux.

Que de grâce en elle font naître
Vos caprices toujours si doux!
C'est un enfant gâté peut-être,
Mais un enfant gâté par vous.
J'ai vu, sous un air de paresse,
L'amour rêveur peint dans ses yeux.
Vous qui protégez la tendresse,
Sylphes légers, soyez mes dieux.

Mais son aimable enfantillage
Cache un esprit aussi brillant
Que tous les songes qu'au bel âge
Vous nous apportez en riant.
Du sein de vives étincelles
Son vol m'élevait jusqu'aux cieux;
Vous dont elle empruntait les ailes,
Sylphes légers, soyez mes dieux.

Hélas! rapide météore,
Trop vite elle a fui loin de nous.
Doit-elle m'apparaître encore?
Quelque Sylphe est-il son époux?
Non, comme l'abeille elle est reine
D'un empire mystérieux;
Vers son trône un de vous m'entraîne.
Sylphes légers, soyez mes dieux.

LES CONSEILS DE LISE.

CHANSON

ADRESSÉE A M. J. LAFFITTE,
QUI M'AVAIT PROPOSÉ UN EMPLOI DANS SES BUREAUX
POUR RÉPARER
LA PERTE DE MA PLACE A L'UNIVERSITÉ.

Air de la Treille de sincérité.

Lise à l'oreille
  Me conseille;
Cet oracle me dit tout bas :
Chantez, monsieur, n'écrivez pas.   (*Bis.*)

Un doux emploi pourrait vous plaire,
Me dit Lise; mais songez bien,
Songez bien au poids du salaire,
Même chez un vrai citoyen.   (*Bis.*)
Rester pauvre vous est facile,
Quand l'Amour, afin de l'user,
Vient remonter ce luth fragile
Que Thémis a voulu briser.

Lise à l'oreille
  Me conseille;
Cet oracle me dit tout bas :
Chantez, monsieur, n'écrivez pas.

Dans l'emploi qu'un ami vous offre,
Vous n'oseriez plus, vieil enfant,

Célébrer, au bruit de son coffre,
Les droits que sa vertu défend.
Vous croiriez voir à chaque rime
Les sots, doublement satisfaits,
De vos chansons lui faire un crime,
Vous en faire un de ses bienfaits.

    Lise à l'oreille
      Me conseille;
Cet oracle me dit tout bas :
Chantez, monsieur, n'écrivez pas.

Craignant alors la malveillance,
Vous ririez moins de ce baron,
Courtier de la Sainte-Alliance,
Qui des rois s'est fait le patron.
Dans les fonds, de peur d'une crise,
Il veut que les Grecs soient déçus [1] :
Pour avoir l'*endos* de Moïse,
On fait banqueroute à Jésus.

    Lise à l'oreille
      Me conseille;
Cet oracle me dit tout bas :
Chantez, monsieur, n'écrivez pas.

Votre muse en deviendrait folle
Et croirait flatter en disant
Que sur la *droite* du Pactole

---

[1] On n'osait alors secourir les Grecs, qui faisaient d'héroïques efforts pour recouvrer leur liberté.

Intrigue et ruse vont puisant;
Tandis qu'une noble industrie
Puise à *gauche*, et de toute part [1]
Reverse à flots sur la patrie
Un or dont le pauvre a sa part.

Lise à l'oreille
Me conseille;
Cet oracle me dit tout bas :
Chantez, monsieur, n'écrivez pas.

Ainsi mon oracle m'inspire,
Puis ajoute ce dernier point :
Des distances l'amour peut rire;
L'amitié n'en supporte point. (*Bis.*)
Riche de votre indépendance,
Chez Laffitte toujours fêté,
En trinquant avec l'opulence
Vous boirez à l'égalité.

Lise à l'oreille
Me conseille;
Cet oracle me dit tout bas :
Chantez, monsieur, n'écrivez pas. (*Bis.*)

---

[1] On sait ce qu'étaient la gauche et la droite de la Chambre à cette époque.

LE PIGEON MESSAGER [1].

Air de Taconnet.

L'aï brillait, et ma jeune maîtresse
Chantait les dieux dans la Grèce oubliés.
Nous comparions notre France à la Grèce,
Quand un pigeon vient s'abattre à nos pieds. (*Bis.*)
Nœris découvre un billet sous son aile :
Il le portait vers des foyers chéris. (*Bis.*)
Bois dans ma coupe, ô messager fidèle ! } *Bis.*
Et dors en paix sur le sein de Nœris.

Il est tombé, las d'un trop long voyage;
Rendons-lui vite et force et liberté.
D'un trafiquant remplit-il le message?
Va-t-il d'amour parler à la beauté?
Peut-être il porte au nid qui le rappelle
Les derniers vœux d'infortunés proscrits.
Bois dans ma coupe, ô messager fidèle !
Et dors en paix sur le sein de Nœris.

Mais du billet quelques mots me font croire
Qu'il est en France à des Grecs apporté.
Il vient d'Athène; il doit parler de gloire :

---

[1] Tout le monde connaît l'usage que quelques peuples font des pigeons pour porter les lettres pressées. On les emporte loin de leur séjour habituel, et ils traversent, pour y revenir, les plus grandes distances avec une rapidité qui paraît incroyable.

Lisons-le donc par droit de parenté.
Athène est libre! amis! quelle nouvelle!
Que de lauriers tout à coup refleuris!
Bois dans ma coupe, ô messager fidèle!
Et dors en paix sur le sein de Nœris.

Athène est libre! ah! buvons à la Grèce :
Nœris, voici de nouveaux demi-dieux.
L'Europe en vain, tremblante de vieillesse,
Déshéritait ces aînés glorieux.
Ils sont vainqueurs; Athènes, toujours belle,
N'est plus vouée au culte des débris.
Bois dans ma coupe, ô messager fidèle!
Et dors en paix sur le sein de Nœris.

Athène est libre! ô muse des Pindares!
Reprends ton sceptre, et ta lyre, et ta voix.
Athène est libre en dépit des barbares;
Athène est libre en dépit de nos rois.
Que l'univers, toujours instruit par elle,
Retrouve encore Athènes dans Paris!
Bois dans ma coupe, ô messager fidèle!
Et dors en paix sur le sein de Nœris.

Beau voyageur au pays des Hellènes,
Repose-toi, puis vole à tes amours;
Vole, et, bientôt reporté dans Athènes,
Reviens braver et tyrans et vautours. (*Bis.*)
A tant de rois dont le trône chancelle,
D'un peuple libre apporte encor les cris. (*Bis.*)
Bois dans ma coupe, ô messager fidèle! } *Bis.*
Et dors en paix sur le sein de Nœris.

L'EAU BÉNITE.

COUPLETS

POUR LE MARIAGE A L'ÉGLISE DE DEUX ÉPOUX MARIÉS
DEPUIS LONGTEMPS SANS CÉRÉMONIE.

Air : Faut d' la vertu, pas trop n'en faut.

Ces deux époux ont mis enfin } *Bis.*
De l'eau bénite dans leur vin. }

A l'autel ce couple s'engage ;
Voilà de quoi nous récrier.
Après vingt ans de mariage
Oser encor se marier !

Ces deux époux ont mis enfin
De l'eau bénite dans leur vin.

Grand Dieu, des torts que tu nous passes,
Le moindre, aux yeux de ta bonté,
Est celui d'avoir dit les *grâces*
Avant le *bénédicité.*

Ces deux époux ont mis enfin
De l'eau bénite dans leur vin.

Madame, de fleurs ennuyée...
Chut ! taisons-nous ; mais puisse un jour

Du chapeau de la mariée
Sa fille aussi coiffer l'Amour !

Ces deux époux ont mis enfin
De l'eau bénite dans leur vin.

Pour que l'hymen fasse merveilles,
Versez d'un bordeaux réchauffant,
Reste du vin mis en bouteilles
Au baptême de votre enfant.

Ces deux époux ont mis enfin
De l'eau bénite dans leur vin.

Toujours heureux, quoiqu'on en glose,
Prouvez au diable, et prouvez bien
Que, parfois prise à faible dose,
L'eau bénite ne gâte rien.

Ces deux époux ont mis enfin }
De l'eau bénite dans leur vin. } *Bis.*

L'AMITIÉ.

COUPLETS

CHANTÉS A MES AMIS LE 8 DÉCEMBRE 1822,
JOUR ANNIVERSAIRE
DE MA CONDAMNATION PAR LA COUR D'ASSISES.

Air : Quand des ans la fleur printanière.

Sur des roses l'Amour sommeille ;
Mais, quand s'obscurcit l'horizon,

Célébrons l'Amitié qui veille
A la porte d'une prison.

Tyran aussi, l'Amour nous coûte
Des pleurs qu'elle sait arrêter.
Au poids de nos fers il ajoute,
Elle nous aide à les porter.

Sur des roses l'Amour sommeille ;
Mais, quand s'obscurcit l'horizon,
Célébrons l'Amitié qui veille
A la porte d'une prison.

Dans l'une de nos cent bastilles
Lorsque ma muse emménagea,
A peine on refermait les grilles
Que l'Amitié frappait déjà.

Sur des roses l'Amour sommeille ;
Mais, quand s'obscurcit l'horizon,
Célébrons l'Amitié qui veille
A la porte d'une prison.

Heureux qui, libre de ses chaînes,
Bravant la haine et la pitié,
Joint au souvenir de ses peines
Celui des soins de l'Amitié !

Sur des roses l'Amour sommeille ;
Mais, quand s'obscurcit l'horizon,
Célébrons l'Amitié qui veille
A la porte d'une prison.

Que fait la gloire à qui succombe ?
Amis, renonçons à briller ;
Donnons les marbres d'une tombe
Pour les plumes d'un oreiller.

Sur des roses l'Amour sommeille ;
Mais, quand s'obscurcit l'horizon,
Célébrons l'Amitié qui veille
A la porte d'une prison.

Sans bruit, ensemble, ô vous que j'aime !
Trompons les hivers meurtriers.
On peut braver le Temps lui-même
Quand on a bravé les geôliers.

Sur des roses l'Amour sommeille ;
Mais, quand s'obscurcit l'horizon,
Célébrons l'Amitié qui veille
A la porte d'une prison.

LE CENSEUR.

Air de la Robe et des Bottes.

On me disait : Il est temps d'être sage ;
Au Pinde aussi l'on change de drapeaux.
Tentez la gloire, et, dans un grand ouvrage,
Pour le théâtre abdiquez les pipeaux.
De mes refrains j'ai repoussé le livre ;
Mais, quand j'invoque et Thalie et sa sœur,

Leur voix me crie : Ah! que Dieu nous délivre,
  Nous délivre au moins du censeur !

La Liberté, nourrice du génie,
Voit les Beaux-Arts pleurant sur son cercueil :
Qui va d'un joug subir l'ignominie
A de son vers d'avance éteint l'orgueil.
Réponds, Corneille, oserais-tu revivre?
Et toi, Molière, admirable penseur?
Non, dites-vous ; ou que Dieu vous délivre,
  Vous délivre au moins du censeur !

Tu veux encor ravir le feu céleste,
Jeune homme épris des lauriers les plus beaux,
Quand la Censure, à son rocher funeste
De ton génie a promis les lambeaux !
D'affreux vautours, que leur pâture enivre,
Vont mutiler le noble ravisseur.
Fils de Japet, ah! que Dieu te délivre,
  Te délivre au moins du censeur !

Avec Thalie, en satires féconde,
Peignons nos grands, leurs valets, leurs rimeurs,
Les vils ressorts qui font mouvoir le monde,
Et la cour même envenimant nos mœurs.
Délateur, tremble! en scène il faut me suivre.
Jeffrys [1] en vain t'a pris pour assesseur.
Quoi ! tu souris!... ah! que Dieu nous délivre,
  Nous délivre au moins du censeur !

---

[1] Juge anglais devenu fameux pendant la restauration des Stuarts, et dont le nom est un peu estropié ici par nécessité pour la mesure.

De Louis onze évoquons les victimes ;
Que, dévoré d'un sanguinaire ennui,
Ce roi bigot, pour se soûler de crimes,
Mette sa Vierge entre le diable et lui [1].
Mais, tout sanglants, nos Tristans [2] vont poursuivre
Ce vœu formé contre un lâche oppresseur.
Morts, taisez-vous ! ou que Dieu nous délivre
 Nous délivre au moins du censeur !

Je laisse donc Thalie et Melpomène
Pour la chanson, libre en dépit des rois.
Sans le régir, j'agrandis son domaine ;
D'autres un jour lui traceront des lois.
Qu'en république on puisse y toujours vivre :
C'est un état qui n'est pas sans douceur.
Pauvres Français, ah ! que Dieu vous délivre,
 Vous délivre au moins du censeur !

LE MAUVAIS VIN OU LES *CAR*

Air : On dit partout que je suis bête.

Béni sois-tu, vin détestable !
Pour moi tu n'es point redoutable,
Bien qu'au maître de ce banquet

---

[1] Louis XI, au dire de quelques historiens, demandait pardon de ses crimes à la bonne vierge de plomb qu'il portait à son chapeau.

[2] Tristan est le nom du grand prévôt de Louis XI ; il était gentilhomme, et réunissait aux fonctions de juge celles d'exécuteur des hautes-œuvres.

Des flatteurs vantent ton bouquet.
Arrose donc, fade piquette,
Les fleurs peintes sur mon assiette.
Vive le vin qui ne vaut rien !
Notre santé s'en trouve bien.

Car, si tu m'invitais à boire,
Bientôt je perdrais la mémoire
Du docteur, qui me dit toujours :
« Pour vous c'est assez des amours.
« Chantez Bacchus, ainsi qu'un prêtre
« Parle de Dieu sans le connaître. »
Vive le vin qui ne vaut rien !
Notre belle s'en trouve bien.

Car, si tu portais à l'ivresse,
Certaine Espagnole en détresse,
Ce soir pourrait bien, je le sens,
Mettre à sec ma bourse et mes sens ;
Et Lisette, qui tient ma caisse,
Aurait à souffrir de la baisse.
Vive le vin qui ne vaut rien !
Notre raison s'en trouve bien.

Car, si tu réchauffais ma veine,
Armé de vers forgés sans peine,
Tout en chantant je tomberais
Peut-être au milieu d'un congrès ;
Puis j'irais, pour démagogie,
En prison terminer l'orgie.
Vive le vin qui ne vaut rien !
Notre gaieté s'en trouve bien.

Car en prison l'on ne rit guère.
Mais, vin à qui je fais la guerre,
Tu disparais, et sous mes yeux
Mousse un nectar digne des dieux.
Au risque d'une catastrophe,
Versez-m'en, je suis philosophe.
Versez! versez! je ne crains rien;
Du bon vin je me trouve bien.

LA CANTHARIDE OU LE PHILTRE.

Air des Comédiens.

Meurs, il le faut; meurs, ô toi qui recèles
Des dons puissants à la volupté chers!
Rends à l'Amour tous les feux que tes ailes
Ont à ce dieu dérobés dans les airs.

« Clara », m'a dit cette femme si vieille
Qui chaque jour pleure encor son printemps,
« Quoi! votre joue est déjà moins vermeille!
« Vous languissez, et n'avez que vingt ans!

« Un père altier, que seul l'intérêt touche,
« Vous a jetée au lit d'un vieil époux.
« L'espoir en vain sourit sur votre bouche;
« L'hymen l'effleure, et s'endort près de vous.

« A votre abord naît la froide risée.
« L'Amour se dit : On m'a fait un larcin;

« Mais cette terre a des nuits sans rosée,
« Et d'aucun fruit ne parera son sein.

« Trompez l'Amour, croyez-en ma sagesse ;
« Qu'un philtre heureux, par vos mains préparé,
« De votre époux rallumant la jeunesse,
« Donne à la vôtre un fils tant désiré. »

La vieille, alors, baissant sa voix tremblante,
M'enseigne l'art de ce philtre charmant.
J'allais, sans elle, en ma fièvre brûlante,
Maudire époux, père, autel et serment.

Mais, vers ce frêne accourant dès l'aurore,
Dans ses rameaux j'ai su glisser ma main.
La cantharide y reposait encore :
Heureuse aussi, je dormirai demain.

Meurs, il le faut ; meurs, ô toi qui recèles
Des dons puissants à la volupté chers !
Rends à l'Amour tous les feux que tes ailes
Ont à ce dieu dérobés dans les airs.

Mes jours, mes nuits, ma vie, étaient sans charmes ;
Je répugnais à d'innocents plaisirs.
Tout bas ma bouche, insultant à mes larmes,
Osait donner un nom à mes désirs.

Mon cœur brûlait ; hélas ! il brûle encore.
Jamais breuvage aura-t-il cette ardeur
Qui dans mon sang circule, me dévore,
Et d'un long trouble accable ma pudeur ?

Père cruel! il fallait de ta fille
Aux murs d'un cloître ensevelir les jours.
Là Dieu du moins nous crée une famille,
Là son amour éteint tous les amours.

Où donc est-il, l'époux que ma jeunesse
Avait rêvé jeune, beau, caressant?
Entre ses bras ma pudique tendresse
Eût été seule un philtre assez puissant.

De mon hymen, oui, la froideur me tue.
D'un plaisir chaste allumons le flambeau :
Ah! cessons d'être une vaine statue,
Dont un mari décore son tombeau.

La tendre vieille a dit : « Soyez docile,
« Et dès demain renaîtront vos couleurs;
« Demain moi-même au seuil de votre asile
« Je suspendrai deux couronnes de fleurs. »

Meurs, il le faut; meurs, ô toi qui recèles
Des dons puissants à la volupté chers!
Rends à l'Amour tous les feux que tes ailes
Ont à ce dieu dérobés dans les airs.

LE TOURNEBROCHE.

Air : Le bruit des roulettes gâte tout.

Du dîner j'aime fort la cloche,
Mais on la sonne en peu d'endroits;

Plus qu'elle aussi le tournebroche
A nos hommages a des droits.
Combien d'ennemis il rapproche
Chez le prince et chez le bourgeois!
A son doux tic tac un jour les partis
Signeront la paix entre deux rôtis.

Qu'on reprenne sur la musique
Les querelles du temps passé;
Que par l'Amphion italique
Le grand Mozart soit terrassé;
Je ne tiens qu'au refrain bachique
Par le tournebroche annoncé.
A son doux tic tac un jour les partis
Signeront la paix entre deux rôtis.

Lorsque la Fortune à sa roue
Attache mille ambitieux,
Les précipite dans la boue
Ou les élève jusqu'aux cieux,
C'est la broche, moi, je l'avoue,
Dont la roue attire mes yeux.
A son doux tic tac un jour les partis
Signeront la paix entre deux rôtis.

Une montre, admirable ouvrage,
Des heures décrivant le cours,
Règle, sans en charmer l'usage,
Le cercle borné de nos jours;
Le tournebroche a l'avantage
D'embellir des instants trop courts.
A son doux tic tac un jour les partis

Signeront la paix entre deux rôtis.

Ce meuble, suivant maint vieux conte,
A manqué seul à l'âge d'or;
C'est l'Amitié qui, pour son compte,
Dut en inventer le ressort.
Vivent ceux que sa main remonte!
Mais gloire à celui du Trésor!
A son doux tic tac un jour les partis
Signeront la paix entre deux rôtis.

LES SCIENCES.

Air :

Fatigué des clartés confuses
Qui m'ont égaré bien souvent,
J'allais bannir amours et muses;
J'allais vouloir être savant.
Mais quoi! pour une âme incertaine
La science est d'un vain secours.
Gardons Lisette et la Fontaine :
Muses, restez; restez, Amours.

La nature était mon Armide;
Dans ses jardins j'errais surpris :
Mais un chimiste moins timide
Règne en vainqueur sur leurs débris.
Dans son fourneau rien qu'il ne jette;
Des gaz il poursuit le concours.

Ma fée y perdrait sa baguette :
Muses, restez; restez, Amours.

J'ai regret aux contes de vieille,
Quand un docteur dit qu'à sa voix
Les morts lui viennent à l'oreille
De la vie expliquer les lois.
De la lampe il voit la matière,
Les ressorts, le fond, les contours;
Je n'en veux voir que la lumière.
Muses, restez; restez, Amours.

Enfin aux calculs qu'on entasse
Si les cieux n'obéissaient pas!
Plus d'une erreur passe et repasse
Entre les branches d'un compas.
Un siècle a changé la physique;
Nos temps sont féconds en retours.
Je crains que le soleil n'abdique :
Muses, restez; restez, Amours.

Enivrons-nous de poésie;
Nos cœurs n'en aimeront que mieux;
Elle est un reste d'ambroisie
Qu'aux mortels ont laissé les dieux.
Quel est sur moi le froid qui tombe?
C'est le froid du soir de mes jours.
Promettez un rêve à ma tombe :
Muses, restez; restez, Amours.

LE TAILLEUR ET LA FÉE.

CHANSON CHANTÉE A MES AMIS LE 19 AOUT, JOUR ANNIVERSAIRE
DE MA NAISSANCE.

Air d'Angéline (de Wilhem).

Dans ce Paris plein d'or et de misère,
En l'an du Christ mil sept cent quatre-vingt,
Chez un tailleur, mon pauvre et vieux grand-père,
Moi, nouveau-né, sachez ce qui m'advint.
Rien ne prédit la gloire d'un Orphée
A mon berceau, qui n'était pas de fleurs :
Mais mon grand-père, accourant à mes pleurs,
Me trouve un jour dans les bras d'une fée ;
Et cette fée, avec de gais refrains,   ⎱ *Bis.*
Calmait le cri de mes premiers chagrins.   ⎰

Le bon vieillard lui dit, l'âme inquiète :
« A cet enfant quel destin est promis ? »
Elle répond : « Vois-le, sous ma baguette,
« Garçon d'auberge, imprimeur et commis.
« Un coup de foudre ajoute à mes présages [1] ;
« Ton fils atteint va périr consumé ;
« Dieu le regarde, et l'oiseau ranimé
« Vole en chantant braver d'autres orages. »
Et puis la fée, avec de gais refrains,
Calmait le cri de mes premiers chagrins.

---

[1] L'auteur fut frappé de la foudre dans sa jeunesse.

« Tous les plaisirs, sylphes de la jeunesse,
« Éveilleront sa lyre au sein des nuits.
« Au toit du pauvre il répand l'allégresse ;
« A l'opulence il sauve des ennuis.
« Mais quel spectacle attriste son langage ?
« Tout s'engloutit, et gloire et liberté :
« Comme un pêcheur qui rentre épouvanté,
« Il vient au port raconter leur naufrage. »
Et puis la fée, avec de gais refrains,
Calmait le cri de mes premiers chagrins.

Le vieux tailleur s'écrie : « Eh quoi ! ma fille
« Ne m'a donné qu'un faiseur de chansons !
« Mieux jour et nuit vaudrait tenir l'aiguille
« Que, faible écho, mourir en de vains sons. »
« Va, dit la fée, à tort tu t'en alarmes ;
« De grands talents ont de moins beaux succès.
« Ses chants légers seront chers aux Français,
« Et du proscrit adouciront les larmes. »
Et puis la fée, avec de gais refrains,
Calmait le cri de mes premiers chagrins.

Amis, hier, j'étais faible et morose,
L'aimable fée apparaît à mes yeux.
Ses doigts distraits effeuillent une rose ;
Elle me dit : « Tu te vois déjà vieux.
« Tel qu'aux déserts parfois brille un mirage [1],
« Aux cœurs vieillis s'offre un doux souvenir.

---

[1] Les effets fantastiques du mirage trompent les yeux du voyageur jusque dans les sables du désert ; il croit voir devant lui des forêts, des lacs, des ruisseaux, etc.

« Pour te fêter tes amis vont s'unir :
« Longtemps près d'eux revis dans un autre âge. »
Et puis la fée, avec de gais refrains, ⎫
Comme autrefois dissipa mes chagrins. ⎬ *Bis.*

LA DÉESSE.

SUR UNE PERSONNE QUE L'AUTEUR A VUE REPRÉSENTER LA LIBERTÉ
DANS UNE DES FÊTES DE LA RÉVOLUTION.

Air de la Petite Gouvernante.

Est-ce bien vous, vous que je vis si belle,
Quand tout un peuple, entourant votre char,
Vous saluait du nom de l'immortelle
Dont votre main brandissait l'étendard ?
De nos respects, de nos cris d'allégresse,
De votre gloire et de votre beauté,
Vous marchiez fière : oui, vous étiez déesse,
 Déesse de la Liberté.

Vous traversiez des ruines gothiques ;
Nos défenseurs se pressaient sur vos pas :
Les fleurs pleuvaient, et des vierges pudiques
Mêlaient leurs chants à l'hymne des combats.
Moi, pauvre enfant, dans une coupe amère,
En orphelin par le sort allaité,
Je m'écriais : « Tenez-moi lieu de mère,
 « Déesse de la Liberté. »

De noms affreux cette époque est flétrie ;

Mais, jeune alors, je n'ai rien pu juger :
En épelant le doux mot de patrie,
Je tressaillais d'horreur pour l'étranger.
Tout s'agitait, s'armait pour la défense ;
Tout était fier, surtout la pauvreté.
Ah ! rendez-moi les jours de mon enfance,
 Déesse de la Liberté.

Volcan éteint sous les cendres qu'il lance,
Après vingt ans ce peuple se rendort ;
Et l'étranger, apportant sa balance,
Lui dit deux fois : « Gaulois, pesons ton or. »
Quand notre ivresse, au ciel rendant hommage,
Sur un autel élevait la beauté,
D'un rêve heureux vous n'étiez que l'image,
 Déesse de la Liberté.

Je vous revois, et le Temps trop rapide
Ternit ces yeux où riaient les Amours ;
Je vous revois, et votre front qu'il ride
Semble à ma voix rougir de vos beaux jours.
Rassurez-vous : char, autel, fleurs, jeunesse,
Gloire, vertu, grandeur, espoir, fierté,
Tout a péri ; vous n'êtes plus déesse,
 Déesse de la Liberté.

LE MALADE.

Air : Muse des bois et des accords champêtres.

Un mal cuisant déchire ma poitrine,
Ma faible voix s'éteint dans les douleurs;
Et tout renaît, et déjà l'aubépine
A vu l'abeille accourir à ses fleurs.
Dieu d'un sourire a béni la nature;
Dans leur splendeur les cieux vont éclater.
Reviens, ma voix, faible, mais douce et pure :
Il est encor de beaux jours à chanter.

Mon Esculape [1] a renversé mon verre :
Plus de gaieté! mon front se rembrunit;
Mais vient l'Amour et le mois qu'il préfère :
Déjà l'oiseau butine pour son nid.
Des voluptés le torrent va s'épandre
Sur l'univers, qui semblait végéter.
Reviens, ma voix, faible, mais toujours tendre :
Il est encor des plaisirs à chanter.

Pour mon pays que de chansons encore!
D'un lâche oubli vengeons les trois couleurs;
De nouveaux noms la France se décore;
A l'aigle éteint nous redevons des pleurs.

[1] Le célèbre docteur Dubois, à qui l'auteur de ces chansons ne peut témoigner trop de reconnaissance, et en qui les qualités du cœur égalent la science et l'étonnante habileté.

Que de périls la tribune orageuse
Offre aux vertus qui l'osent affronter !
Reviens, ma voix, faible, mais courageuse :
Il est encor des gloires à chanter,

Puis j'entrevois la liberté bannie ;
Elle revient : despotes, à genoux !
Pour l'étouffer, en vain la tyrannie
Fait signe au Nord de déborder sur nous.
L'ours effrayé regagne sa tanière,
Loin du soleil qu'il voulait disputer.
Reviens, ma voix, faible, mais libre et fière :
Il est encore un triomphe à chanter.

Que dis-je? hélas! oui, la terre s'éveille,
Belle et parée, au souffle du printemps.
Mais dans nos cœurs le courage sommeille ;
Chargé de fers, chacun se dit : J'attends !
La Grèce expire; et l'Europe est tremblante;
Seuls, nos pleurs seuls osent se révolter.
Reviens, ma voix, faible, mais consolante :
Il est encore des martyrs à chanter.

LA COURONNE DE BLUETS.

A MADAME ***

Air : J'ai vu partout dans mes voyages.

Du ciel j'arrive, et mon voyage
Nous épargne à tous bien des pleurs.

Beauté folâtre autant que sage,
Ne jouez plus avec des fleurs.
Sachez qu'hier, la panse ronde
Et l'œil obscurci par Bacchus,
Jupin a cru dans notre monde ⎫
Voir une couronne de plus. ⎭ *Bis.*

A la colère il s'abandonne :
« L'abus, dit-il, devient trop fort.
« Encore un front que l'on couronne,
« Quand le faiseur de rois est mort [1] !
« Sur ce front lançons mon tonnerre :
« Du faible enfin vengeons les droits.
« Je veux voir un jour sur la terre
« Les rois sujets, les sujets rois. »

Dans son conseil alors j'arrive
(Où les rimeurs n'entrent-ils pas ?);
En joue il vous met sans qui-vive;
Mais je l'aborde chapeau bas :
« Jupin, de ton arrêt j'appelle;
« Ta balance et tes poids sont faux.
« Ta cour de justice éternelle
« A-t-elle eu ses gardes des sceaux ?

« Braque tes lunettes, vieux sire,
« Sur le front couronné par nous;
« De la candeur c'est le sourire,
« De la bonté c'est l'œil si doux.
« Lorsque les carreaux de son foudre

---

[1] Napoléon.

« Chez nos sourds passent pour muets,
« Jupin ne mettrait-il en poudre
« Qu'une couronne de bluets ? »

« Oh ! oh ! dit-il, qu'allais-je faire?
« Ailleurs frappons : mon foudre est chaud. »
« Frappe, mais sur notre hémisphère
« Vise donc plus bas ou plus haut. »
Heureux d'avoir su vous défendre,
J'accours des célestes donjons.
Quant à Jupin, je viens d'apprendre } *Bis.*
Qu'il a foudroyé deux pigeons.

L'ÉPÉE DE DAMOCLÈS.

Air : A soixante ans, etc.

De Damoclès l'épée est bien connue;
En songe, à table, il m'a semblé la voir.
Sous cette épée et menaçante et nue
Denys l'Ancien me forçait à m'asseoir. (*Bis.*)
Je m'écriais : Que mon destin s'achève,
La coupe en main au doux bruit des concerts! (*Bis*)
O vieux Denys! je me ris de ton glaive [1],
Je bois, je chante, et je siffle tes vers. (*Bis.*)

---

[1] Denys l'Ancien, tyran de Syracuse, était, comme on sait, un métromane déterminé; il envoyait en prison ceux qui ne trouvaient pas ses vers bons. Nous avons eu aussi en France des rois qui se mêlaient d'écrire et de faire des vers. Quant à l'his-

Servez, disais-je à messieurs de la bouche ;
Versez, versez, messieurs du gobelet.
Malheur d'autrui n'est point ce qui te touche,
Denys ; sur moi fais donc vite un couplet.
Ton Apollon à nos larmes fait trêve ;
Il nous égaye au sein d'affreux revers.
O vieux Denys ! je me ris de ton glaive,
Je bois, je chante, et je siffle tes vers.

Puisqu'à rimer sans remords tu t'amuses,
De la patrie écoute un peu la voix :
Elle est, crois-moi, la première des muses ;
Mais rarement elle inspire les rois.
Du frêle arbuste où bout sa noble séve,
La moindre fleur parfume au loin les airs.
O vieux Denys ! je me ris de ton glaive,
Je bois, je chante, et je siffle tes vers.

Tu crois du Pinde avoir conquis la gloire,
Quand ses lauriers, de ta foudre encor chauds,
Vont à prix d'or te cacher à l'histoire,
Ou balayer la fange des cachots.
Mais à ton nom, Clio, qui se soulève,
Sur ton cercueil viendra peser nos fers.
O vieux Denys ! je me ris de ton glaive,
Je bois, je chante, et je siffle tes vers.

toire du festin de Damoclès, elle est trop connue pour qu'il soit besoin de la rapporter ici.

Cette chanson appartient au règne de Louis XVIII, qui, de même que Denys, avait la manie d'écrire et a fait beaucoup de petits vers.

Que du mépris la haine au moins me sauve !
Dit ce bon roi, qui rompt un fil léger.
Le fer pesant tombe sur mon front chauve ;
J'entends ces mots : Denys sait se venger. (*Bis.*)
Me voilà mort, et, poursuivant mon rêve,
La coupe en main je répète aux enfers :
O vieux Denys ! je me ris de ton glaive,
Je bois, je chante, et je siffle tes vers. (*Bis.*)

LA MAISON DE SANTÉ.

A MADAME GÉVAUDAN [1]

POUR LA SAINT-JEAN, JOUR DE SA FÊTE.

Air du Ménage du Garçon.

Naguère en un royal hospice
J'allai subir les soins de l'art ;
Esculape me fut propice,
Je bénis cet heureux hasard. (*Bis.*)
Mais l'Amitié, toujours craintive,
Me dit : « Point de sécurité !
« Un *quiproquo* bien vite arrive.
« Change de maison de santé. » (*Bis.*)

A R..... elle me transporte ;

---

[1] Madame Gévaudan, qui, sous le nom de Devienne, a longtemps occupé le premier rang au Théâtre-Français, et n'y a peut-être pas encore été remplacée dans les rôles de soubrette. Mariée au bon et généreux Gévaudan, elle fut dans sa retraite un modèle d'amitié et de bienfaisance.

Je me sens mieux en avançant.
La Bienfaisance est sur la porte,
Le Malheur salue en passant.
Là Jeannette est supérieure,
Et le ciel fit de sa bonté
La lampe qui brûle à toute heure
Dans cette maison de santé.

Molière a terminé sa vie
Entre deux sœurs de charité.
Or, quand Jeanne fait œuvre pie,
C'est un rendu pour un prêté.
De Thalie elle fut tourière
Avec talent, grâce et beauté,
Et la suivante de Molière
Fonde une maison de santé.

L'Amitié seule y donne place :
Moi, j'en ai fait mon Hôtel-Dieu.
Infirmiers, remplissez ma tasse ;
C'est aujourd'hui le saint du lieu. (*Bis.*)
Quand il s'agit de fêter Jeanne,
Mon seul régime est la gaieté.
Je veux m'enivrer de tisane
Dans cette maison de santé. (*Bis.*)

LA BONNE MAMAN.

COUPLETS A UNE DAME DE TRENTE ANS
QUE L'AUTEUR APPELAIT SA GRAND'MÈRE.

Air : J'étais bon chasseur autrefois.

Au dire du proverbe ancien,
L'amitié ne remonte guère.
Bon petits-fils, je n'en crois rien,
Quand je pense à vous, ma grand'mère :
Ces titres, quelquefois si doux,
Vous paraîtraient-ils insipides?
Bonne maman, consolez-vous;
Vous n'avez point encor de rides.

L'âge a-t-il éteint vos désirs?
Blâmez-vous les tendres chimères?
Censurer les plus doux plaisirs
Est le plaisir de nos grand'mères.
Les ans font-ils neiger sur nous,
A nos yeux tout se décolore.
Bonne maman, consolez-vous;
Vous ne blanchissez point encore.

L'amour a peur des grand'mamans ;
Mais, à prix d'or, combien de vieilles
Ont à leurs gages des amants
Dont les missives font merveilles!
On sait, pour lire un billet doux,

Quel moyen prennent ces coquettes.
Bonne maman, consolez-vous ;
Vous lisez encor sans lunettes.

Quoi ! sans rides, sans cheveux blancs,
Et sans lunettes, à votre âge !
Voyons si vos genoux tremblants
Des ans n'attestent point l'outrage.
Oui, je vois trembler vos genoux,
Que l'Amour tendrement caresse.
Bonne maman, consolez-vous,
Prenez un bâton de vieillesse.

LE VIOLON BRISÉ.

Air : Je regardais Madelinette.

Viens, mon chien, viens, ma pauvre bête ;
Mange malgré mon désespoir.
Il me reste un gâteau de fête ;
Demain nous aurons du pain noir.

Les étrangers, vainqueurs par ruse,
M'ont dit hier dans ce vallon :
« Fais-nous danser ! » Moi, je refuse ;
L'un d'eux brise mon violon.

C'était l'orchestre du village.
Plus de fêtes ! plus d'heureux jours !
Qui fera danser sous l'ombrage ?
Qui réveillera les Amours ?

Sa corde, vivement pressée,
Dès l'aurore d'un jour bien doux,
Annonçait à la fiancée
Le cortége du jeune époux.

Aux curés qui l'osaient entendre
Nos danses causaient moins d'effroi.
La gaieté qu'il savait répandre
Eût déridé le front d'un roi.

S'il préluda, dans notre gloire,
Aux chants qu'elle nous inspirait,
Sur lui jamais pouvais-je croire
Que l'étranger se vengerait?

Viens, mon chien, viens, ma pauvre bête;
Mange malgré mon désespoir.
Il me reste un gâteau de fête;
Demain nous aurons du pain noir.

Combien sous l'orme ou dans la grange
Le dimanche va sembler long!
Dieu bénira-t-il la vendange
Qu'on ouvrira sans violon?

Il délassait des longs ouvrages,
Du pauvre étourdissait les maux;
Des grands, des impôts, des orages,
Lui seul consolait nos hameaux.

Les haines, il les faisait taire;
Les pleurs amers, il les séchait.

Jamais sceptre n'a fait sur terre
Autant de bien que mon archet.

Mais l'ennemi qu'il faut qu'on chasse
M'a rendu le courage aisé.
Qu'en mes mains un mousquet remplace
Le violon qu'il a brisé.

Tant d'amis dont je me sépare
Diront un jour, si je péris :
Il n'a point voulu qu'un barbare
Dansât gaiement sur nos débris.

Viens, mon chien, viens, ma pauvre bête;
Mange malgré mon désespoir.
Il me reste un gâteau de fête;
Demain nous aurons du pain noir.

LE CONTRAT DE MARIAGE [1].

IMITÉ D'UN ANCIEN FABLIAU.

Air : Ah! daignez m'épargner le reste.

« Sire, de grâce, écoutez-moi !
(Le prince courait chez sa dame.)
« Sire, vous êtes un grand roi;
« Daignez me venger de ma femme. »
Le roi dit : « Qu'on tienne éloigné

---

[1] La manie de faire signer par le roi les contrats de mariage m'a inspiré cette chanson.

« Ce fou qui m'arrête au passage.
« — Ah! sire, vous avez signé
« Mon contrat de mariage. »

Ces mots font sourire le roi :
« Gardes, je défends qu'on l'assomme.
« Vilain, dit-il, explique-toi.
« — Sire, j'ai fait le gentilhomme.
« J'acquis d'un argent bien gagné
« Château, blason, titre, équipage ;
« Et, sire, vous avez signé
 « Mon contrat de mariage.

« J'ai pris femme noble aux doux yeux,
« Aux mains blanches, au cou de cygne.
« Son père a dit : « Par mes aïeux !
« Mon gendre, il faut que le roi signe. »
« Votre nom fut accompagné
« D'un pâté de mauvais présage,
« Sire, quand vous avez signé
 « Mon contrat de mariage !

« J'étais en habit de gala,
« Sire ; et, pour abréger l'histoire,
« Rappelez-vous que ce jour-là
« Un beau page tint l'écritoire.
« Ma femme ici l'avait lorgné.
« Hier je l'ai surpris... Quel outrage
« Pour vous dont la plume a signé
 « Mon contrat de mariage ! »

Le roi dit : « Je n'ai qualité

« Que pour guérir les écrouelles.
« Un diable, cornard effronté,
« Vilains, ici guette vos belles.
« Sur les rois même il a régné,
« Et met un sceau de vasselage
« A tous les gens dont j'ai signé
  « Le contrat de mariage. »

Le livre où j'ai puisé ceci
Ajoute que l'époux morose
Faillit mourir de noir souci,
Et que d'un dicton il fut cause :
Dès qu'un mari peu résigné
Prêtait à rire au voisinage,
Le roi, disait-on, a signé
  Son contrat de mariage.

LE CHANT DU COSAQUE.

Air : Dis-moi soldat, dis-moi, t'en souviens-tu ?

Viens, mon coursier, noble ami du Cosaque,
Vole au signal des trompettes du Nord.
Prompt au pillage, intrépide à l'attaque,
Prête sous moi des ailes à la Mort.
L'or n'enrichit ni ton frein ni ta selle ;
Mais attends tout du prix de mes exploits.
Hennis d'orgueil, ô mon coursier fidèle ! ⎫
Et foule aux pieds les peuples et les rois. ⎭ *Bis.*

La Paix, qui fuit, m'abandonne tes guides ;
La vieille Europe a perdu ses remparts.
Viens de trésors combler mes mains avides ;
Viens reposer dans l'asile des arts.
Retourne boire à la Seine rebelle,
Où, tout sanglant, tu t'es lavé deux fois.
Hennis d'orgueil, ô mon coursier fidèle !
Et foule aux pieds les peuples et les rois.

Comme en un fort, princes, nobles et prêtres,
Tous assiégés par des sujets souffrants,
Nous ont crié : Venez, soyez nos maîtres ;
Nous serons serfs pour demeurer tyrans.
J'ai pris ma lance, et tous vont devant elle
Humilier et le sceptre et la croix.
Hennis d'orgueil, ô mon coursier fidèle !
Et foule aux pieds les peuples et les rois.

J'ai d'un géant vu le fantôme immense
Sur nos bivacs fixer un œil ardent.
Il s'écriait : mon règne recommence !
Et de sa hache il montrait l'Occident.
Du roi des Huns c'était l'ombre immortelle :
Fils d'Attila, j'obéis à sa voix.
Hennis d'orgueil, ô mon coursier fidèle !
Et foule aux pieds les peuples et les rois.

Tout cet éclat dont l'Europe est si fière,
Tout ce savoir qui ne la défend pas,
S'engloutira dans les flots de poussière
Qu'autour de moi vont soulever tes pas.
Efface, efface, en ta course nouvelle,

Temples, palais, mœurs, souvenirs et lois.
Hennis d'orgueil, ô mon coursier fidèle ! } *Bis.*
Et foule aux pieds les peuples et les rois. }

LE BON PAPE.

Air du Sorcier.

Mêlant la fable et l'Écriture,
Jadis un malin troubadour
D'un pape traça la peinture
Qu'en me signant je mets au jour.
Ce pontife à sa chambrière
Disait : quel bon lit d'édredon !
    Ma dondon,
    Riez donc,
    Sautez donc.
J'ai tout ce qu'exige saint Pierre.
Oui, de Cythère vieux routier,
    Je suis entier. (4 *fois.*)

Je suis entier de caractère,
Pour mieux prouver aux novateurs
Que tout doit obéir sur terre
Au serviteur des serviteurs.
Du haut du trône où je me carre,
Du ciel je tire le cordon.
    Ma dondon,
    Riez donc,
    Sautez-donc.

Convenez que sous la tiare
Les amours ont un air altier.
    Je suis entier.

Les pauvres peuples ne sont guère
Qu'un ban d'esclaves abrutis,
Où discorde, ignorance et guerre
Recrutent pour tous les partis.
Quand sur eux le mal s'accumule,
De tous les biens Dieu me fait don.
    Ma dondon,
    Riez donc,
    Sautez donc.
Vénus met le pied dans ma mule,
Bacchus remplit mon bénitier.
    Je suis entier.

Que sont les rois? de sots belîtres,
Ou des brigands qui, gros d'orgueil,
Donnant leurs crimes pour des titres,
Entre eux se poussent au cercueil.
A prix d'or je puis les absoudre,
Ou changer leur sceptre en bourdon.
    Ma dondon,
    Riez donc,
    Sautez donc.
Regardez-moi lancer la foudre;
Jupin m'a fait son héritier.
    Je suis entier.

Ce vieux conte, peu charitable,
Au bon pape fait dire enfin :

Quittons les amours pour la table ;
Je crains que le monde n'ait faim.
Saint Pierre, dans un cas terrible,
A rengaîné son espadon.
  Ma dondon,
   Riez donc,
   Sautez donc.
Moi, je cesse d'être infaillible,
D'Hercule j'ai fait le métier.
  Je suis entier. (4 *fois*.)

LES HIRONDELLES.

Air de la romance de Joseph.

Captif au rivage du More,
Un guerrier, courbé sous ses fers,
Disait : Je vous revois encore,
Oiseaux ennemis des hivers.
Hirondelles, que l'espérance
Suit jusqu'en ces brûlants climats,
Sans doute vous quittez la France :
De mon pays ne me parlez-vous pas ?

Depuis trois ans je vous conjure
De m'apporter un souvenir
Du vallon où ma vie obscure
Se berçait d'un doux avenir.
Au détour d'une eau qui chemine
A flots purs sous de frais lilas,

Vous avez vu notre chaumine :
De ce vallon ne me parlez-vous pas?

L'une de vous peut-être est née
Au toit où j'ai reçu le jour;
Là d'une mère infortunée
Vous avez dû plaindre l'amour.
Mourante, elle croit à toute heure
Entendre le bruit de mes pas;
Elle écoute, et puis elle pleure.
De son amour ne me parlez-vous pas?

Ma sœur est-elle mariée?
Avez-vous vu de nos garçons
La foule, aux noces conviée,
La célébrer dans leurs chansons?
Et ces compagnons du jeune âge
Qui m'ont suivi dans les combats,
Ont-ils revu tous le village?
De tant d'amis ne me parlez-vous pas?

Sur leurs corps l'étranger, peut-être,
Du vallon reprend le chemin;
Sous mon chaume il commande en maître,
De ma sœur il trouble l'hymen.
Pour moi plus de mère qui prie,
Et partout des fers ici-bas.
Hirondelles de ma patrie,
De ses malheurs ne me parlez-vous pas?

LES FILLES.

COUPLETS A UN AMI QUE SA FEMME VENAIT DE RENDRE PÈRE D'UNE QUATRIÈME FILLE.

Air : Verdrillon, verdrillette, verdrille.

Quand des filles naissent chez vous
  Pour le plaisir de ce monde,
Dites-moi, messieurs les époux,
  Pourquoi chacun de vous gronde.
Aux filles, morbleu! nous tenons;
Faites-en, faites-en de gentilles :
Qu'elles soient anges ou démons,
    Faites des filles;
    Nous les aimons.

Maris, toujours trop occupés,
  Que, près des gens qui vous aident,
Aux femmes qui vous ont trompés
  Un jour vos filles succèdent.
Aux filles, morbleu! nous tenons;
Faites-en, faites-en de gentilles :
Qu'elles soient anges ou démons,
    Faites des filles;
    Nous les aimons.

Pour les pères, pour les amants,
  Fille d'humeur folle ou sage

Ajoute aux charmes des beaux ans,
Ote à l'ennui du vieil âge.
A leur cœur aussi nous tenons;
Faites-en, faites-en de gentilles :
Qu'elles soient anges ou démons,
Faites des filles;
Nous les aimons.

Pour Bathylle aux fraîches couleurs
Quand Anacréon détonne,
Les grâces arrachent les fleurs
Dont cet enfant le couronne.
Aux filles nous nous en tenons;
Faites-en, faites-en de gentilles :
Qu'elles soient anges ou démons,
Faites des filles;
Nous les aimons.

Mais pour quatre filles buvons
A toi, mari, qui nous aimes.
Pour nos fils nous te le devons;
Que n'est-ce, hélas! pour nous-mêmes!
A vos filles, oui, nous tenons;
Faites-en, faites-en de gentilles :
Qu'elles soient anges ou démons,
Faites des filles
Nous les aimons.

LE CACHET,

ou

LETTRE A SOPHIE.

Air de la Bonne Vieille de B. Wilhem.

Il vient de toi, ce cachet où le lierre
Serpente en or, symbole ingénieux ;
Cachet où l'art a gravé sur la pierre
Un jeune Amour au doigt mystérieux.
Il est sacré : mais en vain, ma Sophie,
A ton amant il offre son secours ;
De son pouvoir ma plume se défie.
Plus de secret, même pour les amours !

Pourquoi, dis-tu, si loin de ton amie,
Quand une lettre adoucit ses regrets,
Pourquoi penser qu'une main ennemie
Brise le dieu qui scelle nos secrets?
Je ne crains point qu'un jaloux en délire,
Jamais, Sophie, à ce crime ait recours.
Ce que je crains, je tremble de l'écrire.
Plus de secret, même pour les amours !

Il est, Sophie, un monstre à l'œil perfide [1],
Qui de Venise ensanglanta les lois :

---

[1] La police. On fait honneur de son invention au gouvernement inquisitorial de Venise.

Il tend la main au salaire homicide,
Souffle la peur dans l'oreille des rois ;
Il veut tout voir, tout entendre, tout lire,
Cherche le mal et l'invente toujours ;
D'un sceau fragile il amollit la cire.
Plus de secret, même pour les amours !

Ces mots tracés pour toi seule, ô Sophie !
Son œil affreux avant toi les lira.
Ce qu'au papier ma tendresse confie
Ira grossir un complot qu'il vendra.
Ou bien, dit-il, de ce couple qui s'aime
Livrons la vie aux sarcasmes des cours,
Et déridons l'ennui du diadème.
Plus de secret, même pour les amours !

Saisi d'effroi, je repousse la plume
Qui de l'absence eût calmé la douleur.
Pour le cachet la cire en vain s'allume,
On le rompra : j'aurai fait ton malheur.
Par le grand roi qui trahit la Vallière,
Ce lâche abus fut transmis à nos jours [1].
Cœurs amoureux, maudissez sa poussière.
Plus de secret, même pour les amours !

---

[1] L'établissement du Cabinet noir, où le secret des lettres fut tant de fois violé, remonte au règne de Louis XIV. Son successeur se faisait un amusement des révélations scandaleuses qu'on arrachait ainsi aux correspondances particulières.

Après la Révolution de juillet, le Cabinet noir fut supprimé.

LA JEUNE MUSE.

RÉPONSE A DES COUPLETS QUI M'ONT ÉTÉ ADRESSÉS
PAR MADEMOISELLE ***, AGÉE DE DOUZE ANS.

Air : Où s'en vont ces gais bergers?

Pour les vers, quoi! vous quittez
　Les plaisirs de votre âge!
Ma muse, que vous flattez,
　Aux Amours rend hommage.
Ce sont aussi des enfants
　A la voix séduisante;
Mais, hélas! vous n'avez que douze ans,
　Et moi j'en ai quarante!

Pourquoi parler de lauriers?
　De pleurs on les arrose.
Ce n'est point aux chansonniers
　Que la gloire en impose.
La fleur, orgueil du printemps,
　Est le prix qui nous tente.
Mais, hélas! vous n'avez que douze ans,
　Et moi j'en ai quarante!

Jeune oiseau, prenez l'essor,
　Égayez le bocage;
Par des chants plus doux encor

Brillez dans un autre âge.
De les inspirer je sens
Combien l'espoir m'enchante.
Mais, hélas! vous n'avez que douze ans,
Et moi j'en ai quarante!

De me couronner de fleurs,
Oui, vous perdrez l'envie;
Sous des dehors plus flatteurs
Vous verrez le génie.
Puissiez-vous pour mon encens
Être alors indulgente!
Mais à peine vous aurez vingt ans,
Que j'en aurai cinquante.

LA FUITE DE L'AMOUR.

Air :

Je vois déjà se déployer tes ailes,
Amour; adieu! mon bel âge est passé.
D'un air moqueur les Grâces infidèles
Montrent du doigt mon réduit délaissé.
S'il fut des jours où j'ai maudit tes armes,
Savais-je, hélas! que tu m'en punirais?
Ah! plus, Amour, tu nous causes de larmes,
Plus, quand tu fuis, tu laisses de regrets.

Je reposais du sommeil de l'enfance
Lorsqu'à ta voix mes yeux se sont ouverts:

Dans la beauté j'adorai ta puissance,
Et vins m'offrir de moi-même à tes fers.
Si jeune encor j'ignorais tes alarmes,
Tes sombres feux, le poison de tes traits.
Ah! plus, Amour, tu nous causes de larmes,
Plus, quand tu fuis, tu laisses de regrets.

Glacé par l'âge, il se peut que j'oublie
Tous les baisers que Rose me donna,
Mais non les pleurs versés pour Eulalie,
Non les soupirs perdus près de Nina.
Pour bien aimer l'une avait trop de charmes;
Mes vœux pour l'autre ont dû rester secrets.
Ah! plus, Amour, tu nous causes de larmes,
Plus, quand tu fuis, tu laisses de regrets.

Fuis donc, Amour, ma couche solitaire!
Fuis! car déjà tu souris de pitié.
De mes ennuis pénétrant le mystère,
Les bras tendus, vers moi vient l'Amitié.
Pour l'éloigner fais luire encor tes armes :
Ses soins sont doux, mais j'en abuserais ;
Car plus, Amour, tu nous causes de larmes,
Plus, quand tu fuis, tu laisses de regrets.

L'ANNIVERSAIRE.

Air du Partage de la richesse.

Depuis un an vous êtes née,
Héloïse, le savez-vous?
C'est là votre plus belle année,
Mais l'avenir vous sera doux.
Voici des fleurs que l'on vous donne;
Parez-vous-en, et, s'il vous plaît,
Charmante avec cette couronne,
N'allez point en faire un hochet.

Un enfant qui ne vieillit guère,
Sachant qui vous donna le jour,
Devine que vous saurez plaire;
Vous le connaîtrez, c'est l'Amour.
Redoutez-le pour mille causes,
Bien qu'il vous soit frère de lait;
Car de votre chapeau de roses
Il voudra se faire un hochet.

L'Espérance aux ailes brillantes
Sur vous se plaît à voltiger :
De combien de formes riantes
Vous dote son prisme léger!
A ses doux songes asservie,
Vous serez heureuse en effet,
Si pour chaque âge de la vie
Elle vous réserve un hochet.

LE VIEUX SERGENT.

Air : Dis-moi, soldat, dis-moi, t'en souviens-tu?

Près du rouet de sa fille chérie
Le vieux sergent se distrait de ses maux,
Et, d'une main que la balle a meurtrie,
Berce en riant deux petits-fils jumeaux.
Assis tranquille au seuil du toit champêtre,
Son seul refuge après tant de combats,
Il dit parfois : « Ce n'est pas tout de naître;
« Dieu, mes enfants, vous donne un beau trépas! »

Mais qu'entend-il? le tambour qui résonne :
Il voit au loin passer un bataillon.
Le sang remonte à son front qui grisonne;
Le vieux coursier à senti l'aiguillon.
Hélas! soudain, tristement il s'écrie :
« C'est un drapeau que je ne connais pas.
« Ah! si jamais vous vengez la patrie,
« Dieu, mes enfants, vous donne un beau trépas!

« Qui nous rendra, dit cet homme héroïque,
« Aux bords du Rhin, à Jemmape, à Fleurus,
« Ces paysans, fils de la République,
« Sur la frontière à sa voix accourus?
« Pieds nus, sans pain, sourds aux lâches alarmes,
« Tous à la gloire allaient du même pas.
« Le Rhin lui seul peut retremper nos armes.
« Dieu, mes enfants, vous donne un beau trépas!

« De quel éclat brillaient dans la bataille
« Ces habits bleus par la Victoire usés !
« La Liberté mêlait à la mitraille
« Des fers rompus et des sceptres brisés.
« Les nations, reines par nos conquêtes,
« Ceignaient de fleurs le front de nos soldats.
« Heureux celui qui mourut dans ces fêtes !
« Dieu, mes enfants, vous donne un beau trépas !

« Tant de vertu trop tôt fut obscurcie.
« Pour s'anoblir nos chefs sortent des rangs ;
« Par la cartouche encor toute noircie
« Leur bouche est prête à flatter les tyrans.
« La Liberté déserte avec ses armes ;
« D'un trône à l'autre ils vont offrir leurs bras ;
« A notre gloire on mesure nos larmes.
« Dieu, mes enfants, vous donne un beau trépas ! »

Sa fille alors, interrompant sa plainte,
Tout en filant lui chante à demi-voix
Ces airs proscrits qui, les frappant de crainte,
Ont en sursaut réveillé tous les rois.
« Peuple, à ton tour que ces chants te réveillent :
« Il en est temps ! » dit-il aussi tout bas.
Puis il répète à ses fils qui sommeillent :
« Dieu, mes enfants, vous donne un beau trépas ! »

LE PRISONNIER.

<small>Air de la Balançoire, d'Amédée de Beauplan.</small>

Reine des flots, sur ta barque rapide
Vogue en chantant, au bruit des longs échos.
Les vents sont doux, l'onde est calme et limpide,
Le ciel sourit : vogue, reine des flots.

    Ainsi chante, à travers les grilles,
    Un captif qui voit chaque jour
    Voguer la plus belle des filles
    Sur les flots qui baignent la tour.

Reine des flots, sur ta barque rapide
Vogue en chantant, au bruit des longs échos.
Les vents sont doux, l'onde est calme et limpide,
Le ciel sourit : vogue, reine des flots.

    Moi, captif à la fleur de l'âge
    Dans ce vieux fort inhabité,
    J'attends chaque jour ton passage
    Comme j'attends la liberté.

Reine des flots, sur ta barque rapide
Vogue en chantant, au bruit des longs échos.
Les vents sont doux, l'onde est calme et limpide,
Le ciel sourit : vogue, reine des flots.

L'eau te réfléchit grande et belle ;
Ton sein forme un heureux contour.
A qui ta voile obéit-elle?
Est-ce au Zéphyr ? est-ce à l'Amour ?

Reine des flots, sur ta barque rapide
Vogue en chantant, au bruit des longs échos.
Les vents sont doux, l'onde est calme et limpide,
Le ciel sourit : vogue, reine des flots.

De quel espoir mon cœur s'enivre !
Tu veux m'arracher de ce fort.
Libre par toi, je vais te suivre ;
Le bonheur est sur l'autre bord.

Reine des flots, sur ta barque rapide
Vogue en chantant, au bruit des longs échos.
Les vents sont doux, l'onde est calme et limpide,
Le ciel sourit : vogue, reine des flots.

Tu t'arrêtes, et ma souffrance
Semble mouiller tes yeux de pleurs.
Hélas ! semblable à l'Espérance,
Tu passes, tu fuis, et je meurs.

Reine des flots, sur ta barque rapide
Vogue en chantant, au bruit des longs échos.
Les vents sont doux, l'onde est calme et limpide,
Le ciel sourit : vogue, reine des flots.

L'illusion m'est donc ravie !
Mais non : vers moi tu tends la main,

Astre de qui dépend ma vie,
Pour moi tu brilleras demain.

Reine des flots, sur ta barque rapide
Vogue en chantant, au bruit des longs échos.
Les vents sont doux, l'onde est calme et limpide,
Le ciel sourit : vogue, reine des flots.

L'ANGE EXILÉ.

A CORINNE DE L***.

Air : A soixante ans il ne faut pas remettre.

Je veux, pour vous, prendre un ton moins frivole :
Corinne, il fut des anges révoltés.
Dieu sur leur front fait tomber sa parole,
Et dans l'abîme ils sont précipités. (*Bis.*)
Doux, mais fragile, un seul, dans leur ruine,
Contre ses maux garde un puissant secours; (*Bis.*)
Il reste armé de sa lyre divine.
Ange aux yeux bleus, protégez-moi toujours. } *Bis.*

L'enfer mugit d'un effroyable rire,
Quand, dégoûté de l'orgueil des méchants,
L'ange, qui pleure en accordant sa lyre,
Fait éclater ses remords et ses chants.
Dieu d'un regard l'arrache au gouffre immonde,
Mais ici-bas veut qu'il charme nos jours.
La poésie enivrera le monde.
Ange aux yeux bleus, protégez-moi toujours.

Vers nous il vole en secouant ses ailes
Comme l'oiseau que l'orage a mouillé.
Soudain la terre entend des voix nouvelles :
Maint peuple errant s'arrête émerveillé.
Tout culte alors n'étant que l'harmonie,
Aux cieux jamais Dieu ne dit : Soyez sourds.
L'autel s'épure aux parfums du génie.
Ange aux yeux bleus, protégez-moi toujours.

En vain l'enfer, des clameurs de l'Envie,
Poursuit cet ange, échappé de ses rangs ;
De l'homme inculte il adoucit la vie,
Et sous le dais montre au doigt les tyrans.
Tandis qu'à tout sa voix prêtant des charmes
Court jusqu'au pôle éveiller les amours,
Dieu compte au ciel ce qu'il sèche de larmes.
Ange aux yeux bleus, protégez-moi toujours.

Qui peut me dire où luit son auréole ?
De son exil Dieu l'a-t-il rappelé ?
Mais vous chantez, mais votre voix console :
Corinne, en vous l'ange s'est dévoilé. (*Bis.*)
Votre printemps veut des fleurs éternelles,
Votre beauté de célestes atours : (*Bis.*)
Pour un long vol vous déployez vos ailes ; } *Bis.*
Ange aux yeux bleus, protégez-moi toujours.

LA VERTU DE LISETTE.

Air : Je loge au quatrième étage.

Quoi! de la vertu de Lisette
Vous plaisantez, dames de cour!
Eh bien, d'accord : elle est grisette;
C'est de la noblesse en amour. (*Bis.*)
Le barreau, l'Église et les armes
De ses yeux noirs font très-grand cas.
Lise ne dit rien de vos charmes;   } *Bis.*
De sa vertu ne parlons pas.

D'avoir fait de riches conquêtes
L'osez-vous bien railler encor,
Quand le peuple hébreu dans ses fêtes
Vous voit adorer son veau d'or?
L'Empire a, pour plus d'un service,
Longtemps soudoyé vos appas.
Lise est mal avec la police;
De sa vertu ne parlons pas.

Point de cendre si bien éteinte
Qu'elle n'y retrouve du feu;
Un marquis dont la vie est sainte
Veut à la cour la mettre en jeu.
Par elle illustrant son mérite,
Sur les ducs il aura le pas.
Lisette sera favorite :
De sa vertu ne parlons pas.

Çà, mesdames les dénigrantes,
Si cet honneur vient la trouver,
Vous vous direz de ses parentes,
Vous ferez cercle à son lever.
Mais, dût son triomphe et ses suites
De joie enfler tous les rabats,
Se confessât-elle aux jésuites,
De sa vertu ne parlons pas.

Croyez-moi, beautés monarchiques,
Le mot vertu, dans vos caquets,
Ressemble aux grands noms historiques
Que devant vous crie un laquais. (*Bis.*)
Les échasses de l'étiquette
Guindent bien haut des cœurs bien bas :
De la cour Dieu garde Lisette ! }
De sa vertu ne parlons pas. } (*Bis.*)

LE VOYAGEUR.

Air : Plus on est de fous, plus on rit (*sans la reprise finale*).

LE VIEILLARD.
Voyageur, dont l'âge intéresse,
Quel chagrin flétrit tes beaux jours ?
LE VOYAGEUR.
Bon vieillard, plaignez ma jeunesse,
En butte aux orages des cours.
LE VIEILLARD.
Le sort est injuste sans doute,

Mais n'est pas toujours rigoureux.
Dieu, qui m'a placé sur ta route,
Dieu t'offre un ami (*bis*), sois heureux.

LE VOYAGEUR.

Mes maux sont de tristes exemples
Du pouvoir des dieux d'ici-bas.
Bientôt le crime aura des temples;
Des palais il doit être las.

LE VIEILLARD.

Prends mon bras, car un long voyage
Endolorit tes pieds poudreux.
Comme toi j'errais à ton âge.
Dieu t'offre un ami (*bis*), sois heureux.

LE VOYAGEUR.

Quand j'invoquai dans la tempête
Ce Dieu qu'on dit si consolant,
Les poignards levés sur ma tête
Portaient gravé son nom sanglant.

LE VIEILLARD.

Te voici dans mon ermitage;
Versons-nous d'un vin généreux.
Hélas! mon fils aurait ton âge.
Dieu t'offre un ami (*bis*), sois heureux.

LE VOYAGEUR.

Non, il n'est point d'Être suprême
Qui seul peuple l'immensité,
Et cet univers n'est lui-même
Qu'une grande iniquité.

LE VIEILLARD.

Vois ma fille, à qui ta détresse
Arrache un soupir douloureux :
Elle a consolé ma vieillesse.
Dieu t'offre un ami (*bis*), sois heureux.

LE VOYAGEUR.

Dans cette nuit profonde et triste
Ce Dieu vient-il guider nos pas?
Eh! qu'importe enfin qu'il existe,
Si pour lui nous n'existons pas?

LE VIEILLARD.

Voici ta couche et ta demeure :
Chasse tes rêves ténébreux.
Tiens-moi lieu du fils que je pleure.
Dieu t'offre un ami (*bis*), sois heureux.

L'étranger reste; il plaît, il aime.
Et de fleurs bientôt couronné,
Époux et père, il va lui-même
Dire à plus d'un infortuné :
« Le sort est injuste sans doute,
Mais n'est pas toujours rigoureux.
Dieu, qui m'a placé sur ta route,
Dieu t'offre un ami (*bis*), sois heureux. »

OCTAVIE.

Air des Comédiens.

Viens parmi nous, qui brillons de jeunesse,
Prendre un amant, mais couronné de fleurs;
Viens sous l'ombrage, où, libre avec ivresse,
La Volupté seule a versé des pleurs.

Ainsi parlaient des enfants de l'Empire
A la beauté dont Tibère est charmé.
Quoi! disaient-ils, la colombe soupire
Au nid sanglant du vautour affamé!

Belle Octavie! à tes fêtes splendides,
Dis-nous, la joie a-t-elle jamais lui?
Ton char, traîné par six coursiers rapides,
Laisse trop loin les Amours après lui.

Sur un vieux maître, aux Romains qu'elle outrage,
Tant d'opulence annonce ton crédit;
Mais sous la pourpre on sent ton esclavage;
Et, tu le sais, l'esclavage enlaidit.

Marche aux accords des lyres parasites;
Que par les grands tes vœux soient épiés.
Déjà, dit-on, nos prêtres hypocrites
Ont de leurs dieux mis l'encens à tes pieds.

Mais à la cour lis sur tous les visages :
Traîtres, flatteurs, meurtriers, vils faquins
D'impurs ruisseaux, gonflés par nos orages,
Font déborder cet égout des Tarquins.

Tendre Octavie, ici rien n'effarouche
Le dieu qui cède à qui mieux le ressent.
Ne livre plus les roses de ta bouche
Aux baisers morts d'un fantôme impuissant.

Viens parmi nous, qui brillons de jeunesse,
Prendre un amant, mais couronné de fleurs :
Viens sous l'ombrage, où, libre avec ivresse,
La Volupté seule a versé des pleurs.

Accours ici purifier tes charmes ;
Les délateurs respectent nos loisirs.
Tous à leur prince ont prédit que nos armes
Se rouilleraient à l'ombre des plaisirs.

Sur les coussins où la douleur l'enchaîne,
Quel mal, dis-tu, vous fait ce roi des rois ?
Vois-le d'un masque enjoliver sa haine,
Pour étouffer notre gloire et nos lois.

Vois ce cœur faux, que cherchent tes caresses,
De tous les siens n'aimer que ses aïeux ;
Charger de fers les muses vengeresses,
Et par ses mœurs nous révéler ses dieux.

Peins-nous ses feux, qu'en secret tu redoutes,
Quand sur ton sein il cuve son nectar,

Ces feux infects dont s'indignent les voûtes
Où plane encor l'aigle du grand César.

Ton sexe faible est oublieux des crimes;
Mais dans ces murs ouverts à tant de peurs,
N'entends-tu pas des ombres de victimes
Mêler leurs cris à tes soupirs trompeurs?

Sur le tyran et sur toi le ciel gronde :
Avec les siens ne confonds plus tes jours.
Ah! trop souvent la liberté du monde
A d'un long deuil affligé les Amours.

Viens parmi nous, qui brillons de jeunesse,
Prendre un amant, mais couronné de fleurs;
Viens sous l'ombrage, où, libre avec ivresse,
La Volupté seule a versé des pleurs.

LE FILS DU PAPE.

Air : Lison dormait dans la prairie.

Ma mère, quittez la besace;
Le pape avec vous a couché :
Je cours lui rappeler en face
Qu'il fut un moine débauché.
Quoique soldat, il va, j'espère,
Me créer cardinal-neveu.
  Ah! ventrebleu!
  Ah! sacrebleu!

Saint-Père, au moins soyez bon père;
> Ah! ventrebleu!
> Ah! sacrebleu!
Ou je f... le saint-siége au feu.

Au sacré collége je frappe;
Vient un cou tors : Allons, cagot,
Par mon sabre! va dire au pape
Que je suis le fils de Margot.
Dis que Margot fut sa commère;
Que moi d'être saint j'ai fait vœu.
> Ah! ventrebleu!
> Ah! sacrebleu!
Saint-Père, au moins soyez bon père;
> Ah! ventrebleu!
> Ah! sacrebleu!
Ou je f... le saint-siége au feu.

J'entre en faisant trois révérences;
Sa Sainteté bâillait d'ennui.
Mon fils, veux-tu des indulgences?
Non, dis-je, on s'en passe aujourd'hui.
J'ai, si j'en crois Margot ma mère,
Vos goûts, votre nez, votre œil bleu.
> Ah! ventrebleu!
> Ah! sacrebleu!
Saint-Père, au moins soyez bon père;
> Ah! ventrebleu!
> Ah! sacrebleu!
Ou je f... le saint-siége au feu.

Quand mes trois sœurs, vos pauvres filles,

Le soir, pour avoir un jupon,
Vendent le plaisir en guenilles,
Au diable votre âme en répond.
Le diable vous sert de compère;
Ayez donc l'air d'y croire un peu.
  Ah! ventrebleu!
  Ah! sacrebleu!
Saint-Père, au moins soyez bon père;
  Ah! ventrebleu!
  Ah! sacrebleu!
Ou je f... le saint-siége au feu.

Il me répond : Dieu nous afflige;
Nous sommes pauvres, mon cher fils.
Mais du purgatoire, lui dis-je,
Où passent donc tous les profits?
Donnez-moi les os de saint Pierre,
Que je les vende à quelque Hébreu.
  Ah! ventrebleu!
  Ah! sacrebleu!
Saint-Père, au moins soyez bon père;
  Ah! ventrebleu!
  Ah! sacrebleu!
Ou je f... le saint-siége au feu.

Mon fils, que le diable t'emporte!
Prends ces mille écus, et va-t'en.
C'est bien peu, dis-je; mais qu'importe!
Dans huit jours j'en viens prendre autant.
Tant de sots font encor sur terre
Bouillir votre vieux pot-au-feu!
  Ah! ventrebleu!

>   Ah! sacrebleu!
> Saint-Père, au moins soyez bon père;
>   Ah! ventrebleu!
>   Ah! sacrebleu!
> Ou je f... le saint-siége au feu.

Adieu. Margot fera ripaille;
Mes sœurs seront morceaux de roi.
Quoique j'abhore la prêtraille,
D'un chapeau rouge affublez-moi.
De me transmettre votre chaire,
Bon homme, occupez-vous un peu.
>   Ah! ventrebleu!
>   Ah! sacrebleu!
> Saint-Père, au moins soyez bon père;
>   Ah! ventrebleu!
>   Ah! sacrebleu!
> Ou je f... le saint-siége au feu.

MON ENTERREMENT.

Air : Quand on ne dort pas de la nuit.

Ce matin, je ne sais comment,
Je vois d'Amours ma chambre pleine;
J'étais couché, sans mouvement.
Il est mort, disaient-ils gaiement;
De l'inhumer prenons la peine.
Lors je maudis entre mes draps
Ces dieux que j'aimais tant à suivre.

Amis, si j'en crois ces ingrats,
Plaignez-moi (*bis*), j'ai cessé de vivre.   (*Bis.*)

De mon vin ils prennent leur part ;
Ils caressent ma chambrière :
L'un veut guider le corbillard,
Et l'autre, d'un ton nasillard,
Me psalmodie une prière.
Le plus grave ordonne à l'instant
Vingt galoubets pour mon escorte ;
Mais déjà la voiture attend.
Plaignez-moi, voilà qu'on m'emporte.

Causant, riant, faisant des leurs,
Les Amours suivent sur deux lignes :
Le drap, où l'argent brille en pleurs,
Porte un verre, un luth et des fleurs,
De mes ordres joyeux insignes.
Maint passant, qui met chapeau bas,
Se dit : Triste ou gai, tout succombe !
Les Amours font hâter le pas.
Plaignez-moi, j'arrive à ma tombe.

Mon cortége, au lieu de prier,
Chante là mes vers les plus lestes.
Grâce au ciseau du marbrier,
Une couronne de laurier
Va d'orgueil enivrer mes restes.
Tout redit ma gloire en ce lieu,
Qui bientôt sera solitaire.
Amis, j'allais me croire un dieu :
Plaignez-moi, voilà qu'on m'enterre.

Mais d'aventure, en ce moment,
Par là passait mon infidèle.
Lise m'arrache au monument;
Puis encor, je ne sais comment,
Je me sens renaître auprès d'elle.
De la vie et de ses douceurs,
Vous qu'à médire l'âge excite;
Vous du monde éternels censeurs,
Plaignez-moi, car je ressuscite. (*Bis.*)

LE POËTE DE COUR.

COUPLETS POUR LA FÊTE DE MARIE ***.

Air de la Treille de sincérité.

On achète
Lyre et musette;
Comme tant d'autres, à mon tour,
Je me fais poëte de cour. (*Bis.*)

Te chanter encore, ô Marie!
Non, vraiment, je ne l'ose pas.
Ma Muse enfin s'est aguerrie,
Et vers la cour tourne ses pas. (*Bis.*)
Je gage, s'il naît un Voltaire,
Qu'on emprunte pour l'acheter.
Prêt à me vendre au ministère,
Pour toi je ne puis plus chanter.

On achète
Lyre et musette;
Comme tant d'autres, à mon tour,
Je me fais poëte de cour.

Ce que je dirais pour te plaire
Ferait rire ailleurs de pitié :
L'amour est notre moindre affaire;
Les grands ont banni l'amitié.
On siffle le patriotisme;
Ce qu'on sait le mieux, c'est compter.
J'adresse une ode à l'égoïsme.
Pour toi je ne puis plus chanter.

On achète
Lyre et musette;
Comme tant d'autres, à mon tour,
Je me fais poëte de cour.

Je crains que ta voix ne m'inspire
L'éloge des Grecs valeureux,
Contre qui l'Europe conspire
Pour ne plus rougir devant eux.
En vain ton âme généreuse
De leurs maux se laisse attrister;
Moi, je chante l'Espagne heureuse :
Pour toi je ne puis plus chanter.

On achète
Lyre et musette;
Comme tant d'autres, à mon tour,
Je me fais poëte de cour.

Dans mes calculs, Dieu! quel déboire
Si de ton héros je parlais!
Il nous a légué tant de gloire,
Qu'on est embarrassé du legs.
Lorsque ta main pare son buste
De lauriers qu'on doit respecter,
J'encense une personne auguste.
Pour toi je ne puis plus chanter.

  On achète
   Lyre et musette;
Comme tant d'autres, à mon tour,
Je me fais poëte de cour.

Pourquoi douter, chère Marie,
Que ton ami change à ce point?
Liberté, gloire, honneur, patrie,
Sont des mots qu'on n'escompte point. (*Bis*).
Des chants pour toi sont la satire
Des grands que j'apprends à flatter.
Non, quoi que mon cœur veuille dire,
Pour toi je ne puis plus chanter.

  On achète
   Lyre et musette;
Comme tant d'autres, à mon tour,
Je me fais poëte de cour. (***Bis.***)

COUPLET

ÉCRIT SUR UN RECUEIL DE CHANSONS MANUSCRITES DE M...

Air de la République.

Si j'étais roi, roi de la chansonnette,
Comme en secret me l'a dit maint flatteur,
Votre recueil à ma Muse inquiète
Dénoncerait un jeune usurpateur;
Car les conseils qu'en si bons vers il donne
Au pauvre peuple, objet de tant d'effroi,
Feraient trembler mon sceptre et ma couronne,
    Si j'étais roi. (*Bis.*)

LES TROUBADOURS.

DITHYRAMBE.

Air : Je commence à m'apercevoir.

J'entonne sur les troubadours
  Un chant dithyrambique.
  Malgré goût et logique,
Coulez, vers longs, moyens et courts.
    Momus sommeille,
    Qu'on le réveille;
Gai farfadet, qu'il rie à notre oreille.
  Laissons, malgré maux et douleurs,

L'Espérance essuyer nos pleurs :
Lisette, apporte et du vin et des fleurs.
 Narguant des lois sévères,
 Troubadours et trouvères
Au nez des rois vidaient gaiement leurs verres.

 Toi, doux rimeur que la beauté
  Mène par la lisière,
  Unis parfois le lierre
 Aux roses de la Volupté.
  Coupe remplie
  Par la Folie
Met en gaieté femme tendre et jolie.
 La colombe d'Anacréon,
 Dans la coupe de ce barbon,
Buvait d'un vin père de la chanson.
 Narguant des lois sévères,
 Troubadours et trouvères
Au nez des rois vidaient gaiement leurs verres.

 Toi qui fais de religion
  Parade à chaque rime,
  Qui sur la double cime
 Fais grimper la procession,
  Ta muse en masque
  Est lourde et flasque ;
Mais qu'un tendron te tire par la basque,
 Tu lui souris ; et le bon vin
 Pour toi ne vieillit pas en vain,
Beau joueur d'orgue au service divin.
 Narguant des lois sévères,
 Troubadours et trouvères

Au nez des rois vidaient gaiement leurs verres.

    Toi qui prends Boileau pour psautier,
        Du joug je te délie.
        Veux-tu, près de Thalie,
    De Regnard être l'héritier ?
           De cette muse
           Parfois abuse ;
Enivre-la ; Molière est ton excuse.
     Elle naquit sur un tonneau :
     Pour lui rendre un éclat nouveau,
Puise la joie au fond de son berceau.
       Narguant des lois sévères,
       Troubadours et trouvères
Au nez des rois vidaient gaiement leurs verres.

    Du romantisme jeune appui,
       Descends de tes nuages ;
       Tes torrents, tes orages,
   Ceignent ton front d'un pâle ennui.
         Mon camarade,
         Tiens, bois rasade ;
C'est un julep pour ton cerveau malade.
    Entre naître et mourir, hélas !
    Puisqu'on ne fait que quelques pas,
On peut aller de travers ici-bas.
       Narguant des lois sévères,
       Troubadours et trouvères
Au nez des rois vidaient gaiement leurs verres.

    Oui, trouvères et troubadours
       Sablaient force champagne,

Mais je bats la campagne :
L'ode et le vin font de ces tours.
Le ciel nous dote
D'une marotte
Tour à tour grave, et quinteuse, et falote.
Le soleil s'est levé joyeux,
Le front barbouillé de vin vieux.
Ah ! tout poëte est le jouet des dieux.
Narguant des lois sévères,
Troubadours et trouvères
Au nez des rois vidaient gaiement leurs verres.

LES ESCLAVES GAULOIS.

CHANSON ADRESSÉE A MANUEL.

Air : Un soldat, par un coup funeste.

D'anciens Gaulois, pauvres esclaves,
Un soir qu'autour d'eux tout dormait,
Levaient la dîme sur les caves
Du maître qui les opprimait.
  Leur gaieté s'éveille :
« Ah ! dit l'un d'eux, nous faisons des jaloux.
« L'esclave est roi quand le maître sommeille.
    « Enivrons-nous ! (4 *fois*.)

« Amis, ce vin par notre maître
« Fut confisqué sur des Gaulois
« Bannis du sol qui les vit naître,

« Le jour même où mouraient nos lois.
« Sur nos fers qu'il rouille,
« Le Temps écrit l'âge d'un vin si doux.
« Des malheureux partageons la dépouille.
 « Enivrons-nous!

« Savez-vous où gît l'humble pierre
« Des guerriers morts de notre temps ?
« Là plus d'épouses en prière ;
« Là plus de fleurs, même au printemps.
 « La lyre attendrie
« Ne redit plus leurs noms effacés tous.
« Nargue du sot qui meurt pour la patrie !
 « Enivrons-nous!

« La Liberté conspire encore
« Avec des restes de vertu ;
« Elle nous dit : Voici l'aurore ;
« Peuple, toujours dormiras-tu ?
 « Déité qu'on vante,
« Recrute ailleurs des martyrs et des fous.
« L'or te corrompt, la gloire t'épouvante.
 « Enivrons-nous !

« Oui, toute espérance est bannie ;
« Ne comptons plus les maux soufferts.
« Le marteau de la tyrannie
« Sur les autels rive nos fers.
 « Au monde en tutelle,
Dieux tout-puissants, quel exemple offrez-vous !
Au char des rois un prêtre vous attelle.
 « Enivrons-nous!

« Rions des dieux, sifflons les sages,
« Flattons nos maîtres absolus ;
« Donnons-leur nos fils pour otages :
« On vit de honte, on n'en meurt plus.
    « Le plaisir nous venge ;
« Sur nous du sort il fait glisser les coups.
« Traînons gaiement nos chaînes dans la fange !
    « Enivrons-nous ! »

Le maître entend leurs chants d'ivresse ;
Il crie à des valets : « Courez !
« Qu'un fouet dissipe l'allégresse
« De ces Gaulois dégénérés. »
    Du tyran qui gronde
Prêts à subir la sentence à genoux,
Pauvres Gaulois, sous qui trembla le monde,
    Enivrons-nous !

ENVOI.

Cher Manuel, dans un autre âge
Aurais-je peint nos tristes jours ?
Ton éloquence et ton courage
Nous ont trouvés ingrats et sourds ;
    Mais pour la patrie
Ta vertu brave et périls et dégoûts,
Et plaint encor l'insensé qui s'écrie :
    Enivrons-nous ! (4 *fois*.)

TREIZE A TABLE.

Air de Préville et Taconnet.

Dieux! mes amis, nous sommes treize à table,
Et devant moi le sel est répandu.
Nombre fatal! présage épouvantable!
La Mort accourt; je frissonne éperdu.
Elle apparaît, esprit, fée ou déesse;
Mais, belle et jeune, elle sourit d'abord.
De vos chansons ranimez l'allégresse;
Non, mes amis, je ne crains plus la Mort.

Bien qu'elle semble invitée à la fête,
Qu'elle ait aussi sa couronne de fleurs,
Seul je la vois, seul je vois sur sa tête
D'un arc-en-ciel resplendir les couleurs.
Elle me montre une chaîne brisée,
Et sur son sein un enfant qui s'endort.
Calmez la soif de ma coupe épuisée;
Non, mes amis, je ne crains plus la Mort.

« Vois, me dit-elle, est-ce moi qu'il faut craindre?
« Fille du ciel, l'Espérance est ma sœur.
« Dis-moi, l'esclave a-t-il droit de se plaindre
« De qui l'arrache aux fers d'un oppresseur?
« Ange déchu, je te rendrai les ailes
« Dont ici-bas te dépouilla le Sort. »
Environs-nous des baisers de nos belles;
Non, mes amis, je ne crains plus la Mort.

« Je reviendrai, poursuit-elle, et ton âme
« Ira franchir tous ces mondes flottants,
« Tout cet azur, tous ces globes de flamme
« Que Dieu sema sur la route du Temps.
« Mais tant qu'au joug elle rampe asservie,
« Goûte sans crainte un bonheur sans remord. »
Que le plaisir use en paix notre vie;
Non, mes amis, je ne crains plus la Mort.

Ma vision passe et fuit tout entière
Aux cris d'un chien hurlant sur notre seuil.
Ah! l'homme en vain se rejette en arrière
Lorsque son pied sent le froid du cercueil.
Gais passagers, au flot inévitable
Livrons l'esquif qu'il doit conduire au port.
Si Dieu nous compte, ah! restons treize à table;
Non, mes amis, je ne crains plus la Mort.

LA FAYETTE EN AMÉRIQUE.

Air : A soixante ans il ne faut pas remettre.

Républicains, quel cortége s'avance ?
— Un vieux guerrier débarque parmi nous.
— Vient-il d'un roi vous jurer l'alliance ?
— Il a des rois allumé le courroux.
— Est-il puissant ? — Seul il franchit les ondes.
— Qu'a-t-il donc fait ? — Il a brisé des fers.
Gloire immortelle à l'homme des deux mondes !
Jours de triomphe, éclairez l'univers!

Européen, partout, sur ce rivage
Qui retentit de joyeuses clameurs,
Tu vois régner, sans trouble et sans servage,
La paix, les lois, le travail et les mœurs.
Des opprimés ces bords sont le refuge;
La tyrannie a peuplé nos déserts.
L'homme et ses droits ont ici Dieu pour juge.
Jours de triomphe, éclairez l'univers!

Mais que de sang nous coûta ce bien-être!
Nous succombions; la Fayette accourut,
Montra la France, eut Washington pour maître,
Lutta, vainquit, et l'Anglais disparut.
Pour son pays, pour la liberté sainte,
Il a depuis grandi dans les revers.
Des fers d'Olmutz nous effaçons l'empreinte.
Jours de triomphe, éclairez l'univers!

Ce vieil ami que tant d'ivresse accueille,
Par un héros ce héros adopté,
Bénit jadis, à sa première feuille,
L'arbre naissant de notre liberté;
Mais, aujourd'hui que l'arbre et son feuillage
Bravent en paix la foudre et les hivers,
Il vient s'asseoir sous son fertile ombrage.
Jours de triomphe, éclairez l'univers!

Autour de lui, vois nos chefs, vois nos sages,
Nos vieux soldats, se rappelant ses traits;
Vois tout un peuple et ces tribus sauvages
A son nom seul sortant de leurs forêts.
L'arbre sacré sur ce concours immense

7.

Forme un abri de rameaux toujours verts :
Les vents au loin porteront sa semence.
Jours de triomphe, éclairez l'univers !

L'Européen, que frappent ces paroles,
Servit des rois, suivit des conquérants :
Un peuple esclave encensait ces idoles;
Un peuple libre a des honneurs plus grands.
Hélas! dit-il, et son œil sur les ondes
Semble chercher des bords lointains et chers :
Que la vertu rapproche les deux mondes!
Jours de triomphe, éclairez l'univers !

MAUDIT PRINTEMPS!

Air : C'est à mon maître en l'art de plaire.

Je la voyais de ma fenêtre
A la sienne tout cet hiver :
Nous nous aimions sans nous connaître,
Nos baisers se croisaient dans l'air.
Entre ces tilleuls sans feuillage,
Nous regarder comblait nos jours.
Aux arbres tu rends leur ombrage ;
Maudit printemps! reviendras-tu toujours?

Il se perd dans leur voûte obscure,
Cet ange éclatant qui là-bas
M'apparut, jetant la pâture
Aux oiseaux un jour de frimas :

Ils l'appelaient, et leur manége
Devint le signal des amours.
Non, rien d'aussi beau que la neige!
Maudit printemps! reviendras-tu toujours?

Sans toi je la verrais encore,
Lorsqu'elle s'arrache au repos,
Fraîche comme on nous peint l'Aurore
Du Jour entr'ouvrant les rideaux.
Le soir encor je pourrais dire :
Mon étoile achève son cours;
Elle s'endort, sa lampe expire.
Maudit printemps! reviendras-tu toujours?

C'est l'hiver que mon cœur implore :
Ah! je voudrais qu'on entendît
Tinter sur la vitre sonore
Le grésil léger qui bondit.
Que me fait tout ton vieil empire,
Tes fleurs, tes zéphirs, tes longs jours?
Je ne la verrai plus sourire.
Maudit printemps! reviendras-tu toujours?

PSARA [1],

ou

CHANT DE VICTOIRE DES OTTOMANS.

Air : A soixante ans il ne faut pas remettre.

Nous triomphons! Allah! gloire au prophète!
Sur ce rocher plantons nos étendards.
Ses défenseurs, illustrant leur défaite,
En vain sur eux font crouler ses remparts.
Nous triomphons, et le sabre terrible
Va de la croix punir les attentats.
Exterminons une race invincible :
Les rois chrétiens ne la vengeront pas.

N'as-tu, Chios, pu sauver un seul être
Qui vînt ici raconter tous tes maux [2]?
Psara tremblante eût fléchi sous son maître.
Où sont tes fils, tes palais, tes hameaux?
Lorsque la peste en ton île rebelle
Sur tant de morts menaçait nos soldats [3],

---

[1] Le désastre de Psara ou Ipsara est trop connu pour qu'il soit nécessaire d'en rapporter les détails, non plus que de la belle défense et de la fin héroïque de ses habitants.

[2] Plus de cinquante mille chrétiens perdirent la vie ou la liberté lors du massacre de Chios ou Scio, car c'est le même nom, corrompu par la prononciation italienne.

[3] Le nombre des cadavres entassés dans la malheureuse Chios fit craindre aux chefs ottomans que la peste ne se mît dans leur armée, livrée au pillage de cette île opulente.

Tes fils mourants disaient : N'implorons qu'elle ;
Les rois chrétiens ne nous vengeront pas.

Mais de Chios recommencent les fêtes ;
Psara succombe, et voilà ses soutiens !
Dans le sérail comptez combien de têtes
Vont saluer les envoyés chrétiens.
Pillons ces murs ! de l'or ! du vin ! des femmes !
Vierges, l'outrage ajoute à vos appas.
Le glaive après purifiera vos âmes ;
Les rois chrétiens ne vous vengeront pas.

L'Europe esclave a dit dans sa pensée :
Qu'un peuple libre apparaisse ! et soudain...
Paix ! ont crié d'une voix courroucée
Les chefs que Dieu lui donne en son dédain.
Byron offrait un dangereux exemple ;
On les a vus sourire à son trépas.
Du Christ lui-même allons souiller le temple.
Les rois chrétiens ne le vengeront pas.

A notre rage ainsi rien ne s'oppose :
Psara n'est plus, Dieu vient de l'effacer.
Sur ses débris le vainqueur qui repose
Rêve le sang qu'il lui reste à verser.
Qu'un jour Stamboul [1] contemple avec ivresse
Les derniers Grecs suspendus à nos mâts !
Dans son tombeau faisons rentrer la Grèce :
Les rois chrétiens ne la vengeront pas.

---

[1] Stamboul est le nom que les Turcs donnent à Constantinople.

Ainsi chantait cette horde sauvage.
Les Grecs! s'écrie un barbare effrayé.
La flotte hellène a surpris le rivage [1],
Et de Psara tout le sang est payé.
Soyez unis, ô Grecs! ou plus d'un traître
Dans le triomphe égarera vos pas.
Les nations vous pleureraient peut-être;
Les rois chrétiens ne vous vengeraient pas.

LE VOYAGE IMAGINAIRE.

Air : Muse des bois et des accords champêtres.

L'Automne accourt, et sur son aile humide
M'apporte encor de nouvelles douleurs.
Toujours souffrant, toujours pauvre et timide,
De ma gaieté je vois pâlir les fleurs.
Arrachez-moi des fanges de Lutèce;
Sous un beau ciel mes yeux devaient s'ouvrir.
Tout jeune aussi, je rêvais à la Grèce;
C'est là, c'est là que je voudrais mourir.

En vain faut-il qu'on me traduise Homère.
Oui, je fus Grec; Pythagore a raison.
Sous Périclès j'eus Athènes pour mère;
Je visitai Socrate en sa prison.

---

[1] Quelque temps après la ruine de Psara, les Grecs firent une descente dans l'île, et une partie de la garnison turque périt égorgée.

De Phidias j'encensai les merveilles ;
De l'Ilissus j'ai vu les bords fleurir.
J'ai sur l'Hymète éveillé les abeilles ;
C'est là, c'est là que je voudrais mourir.

Dieux ! qu'un seul jour, éblouissant ma vue,
Ce beau soleil me réchauffe le cœur !
La Liberté, que de loin je salue,
Me crie : Accours ! Thrasybule est vainqueur.
Partons ! partons ! la barque est préparée.
Mer, en ton sein garde-moi de périr,
Laisse ma muse aborder au Pirée :
C'est là, c'est là que je voudrais mourir.

Il est bien doux, le ciel de l'Italie ;
Mais l'esclavage en obscurcit l'azur.
Vogue plus loin, nocher, je t'en supplie ;
Vogue où là-bas renaît un jour si pur.
Quels sont ces flots ? quel est ce roc sauvage ?
Quel sol brillant à mes yeux vient s'offrir ?
La tyrannie expire sur la plage ;
C'est là, c'est là que je voudrais mourir.

Daignez au port accueillir un barbare,
Vierges d'Athène ; encouragez ma voix.
Pour vos climats je quitte un ciel avare
Où le génie est l'esclave des rois.
Sauvez ma lyre, elle est persécutée ;
Et, si mes chants pouvaient vous attendrir,
Mêlez ma cendre aux cendres de Tyrtée :
Sous ce beau ciel je suis venu mourir.

L'IN-OCTAVO ET L'IN-TRENTE-DEUX.

(Cette chanson a été faite pour servir de préface à l'édition in-8°
de 1828.)

Air du Carnaval.

Quoi, mes couplets, encore une sottise !
Osez-vous bien paraître in-octavo ?
Juge, critique, et docteur de l'Église,
Vont après vous s'acharner de nouveau.
L'in-trente-deux trompait l'œil du myope,
Mais vos défauts vont être tous sentis :
C'est le ciron vu dans un microscope.
Mieux vous allait de rester tout petits,
Petits, petits, oui, petits, tout petits.

« Quel trait d'orgueil ! dira la Calomnie :
« Ferait-on plus pour des alexandrins ?
« Le chansonnier vise à l'Académie,
« Et veut au Pinde anoblir ses refrains. »
Viser si haut, malgré cette imposture,
N'est point mon fait, je vous en avertis.
Pour conserver vos lettres de roture,
Mieux vous allait de rester tout petits,
Petits, petits, oui, petits, tout petits.

Je vois deux sots rendus à leur province :
« Messieurs, dit l'un, sifflons le troubadour ;
« Il veut des croix, et, pour l'offrir au prince,

« A son recueil a mis l'habit de cour.
« Le roi, dit l'autre, a daigné lui sourire,
« Même a trouvé ses vers assez gentils. »
Voyez du roi ce que vous ferez dire!
Mieux vous allait de rester tout petits,
Petits, petits, oui, petits, tout petits.

L'humble format sut plaire à cette classe
Sur qui les arts sèment trop peu de fleurs;
Il se fourrait jusque dans la besace
De l'indigent dont il séchait les pleurs.
A la guinguette instruisant ces recrues,
D'obscurs lauriers j'ai fait large abatis.
Pour rencontrer la Gloire au coin des rues,
Mieux vous allait de rester tout petits,
Petits, petits, oui, petits, tout petits.

Je dois trembler; car moi, qui suis prophète,
Je vois de loin l'oubli fondre sur vous.
De tant d'échos dont la voix vous repète,
L'un meurt, puis l'autre, et puis cent, et puis tous.
Déjà mon front sent glisser sa couronne;
Comme les miens vos beaux jours sont partis.
Pour disparaître au premier vent d'automne,
Mieux vous allait de rester tout petits,
Petits, petits, oui, petits, tout petits.

COUPLETS

SUR UN PRÉTENDU PORTRAIT DE MOI

MIS EN TÊTE D'UNE ÉDITION DE MES CHANSONS [1].

Air : Je loge au quatrième étage.

Petit portrait de fantaisie
Mis en tête de mon recueil,
Penses-tu que par courtoisie
Le monde entier te fasse accueil ? (*Bis.*)
Tu peux te parer, si tu l'oses,
D'un laurier modeste et discret ;
Tu peux te couronner de roses :
Non, non, tu n'es pas mon portrait. } *Bis.*

Jamais je ne me suis fait peindre :
Mais qui donc représentes-tu ?
Peut-être un cafard qui sait feindre
Jusqu'au charme de la vertu ;
Un petit saint pétri de ruse
Qu'à Montrouge on encenserait.
La bonne enseigne pour ma Muse !
Non, non, tu n'es pas mon portrait.

---

[1] Ce portrait est le même que celui que j'ai rencontré quelquefois chez les marchands de caricatures. Depuis l'époque où cette chanson fut faite, il a été gravé un portrait de moi d'après M. Scheffer.

Ou serais-tu l'auteur tragique
Qui calcula, rima, lima
Maint rôle bien académique
Qu'en vain a réchauffé Talma?
Quoi! parer d'une noble image
Mes petits vers de cabaret!
Pour l'alexandrin quel outrage!
Non, non, tu n'es pas mon portrait.

Dans ton masque à mine pincée
Est-ce un vil censeur que je vois,
Rat de cave de la pensée
Qu'il confisque au profit des rois?
J'ai de la fraude en pacotille
Qu'à la barrière on saisirait :
Tu me tiendras lieu d'estampille.
Non, non, tu n'es pas mon portrait.

Mais ta laideur serait la mienne,
Que ta gloire y gagnerait peu.
Crains même qu'un prêtre ne vienne
Saintement te livrer au feu.   (*Bis.*)
Dans l'avenir je devrais vivre,
Que de toi l'on se passerait :
Je suis bien mieux peint dans ce livre. } *Bis.*
Non, non, tu n'es pas mon portrait.

LE GRENIER.

Air du Carnaval de Meissonnier.

Je viens revoir l'asile où ma jeunesse
De la misère a subi les leçons.
J'avais vingt ans, une folle maîtresse,
De francs amis et l'amour des chansons.
Bravant le monde, et les sots, et les sages,
Sans avenir, riche de mon printemps,
Leste et joyeux, je montais six étages.
Dans un grenier qu'on est bien à vingt ans!

C'est un grenier, point ne veux qu'on l'ignore.
Là fut mon lit bien chétif et bien dur;
Là fut ma table, et je retrouve encore
Trois pieds d'un vers charbonnés sur le mur.
Apparaissez, plaisirs de mon bel âge,
Que d'un coup d'aile a fustigés le Temps.
Vingt fois pour vous j'ai mis ma montre en gage.
Dans un grenier qu'on est bien à vingt ans!

Lisette ici doit surtout apparaître,
Vive, jolie, avec un frais chapeau :
Déjà sa main à l'étroite fenêtre
Suspend son châle en guise de rideau.
Sa robe aussi va parer ma couchette;
Respecte, Amour, ses plis longs et flottants.
J'ai su depuis qui payait sa toilette.
Dans un grenier qu'on est bien à vingt ans!

A table un jour, jour de grande richesse,
De mes amis les voix brillaient en chœur,
Quand jusqu'ici monte un cri d'allégresse :
A Marengo Bonaparte est vainqueur!
Le canon gronde, un autre chant commence ;
Nous célébrons tant de faits éclatants.
Les rois jamais n'envahiront la France.
Dans un grenier qu'on est bien à vingt ans!

Quittons ce toit où ma raison s'enivre.
Oh! qu'ils sont loin, ces jours si regrettés!
J'échangerais ce qu'il me reste à vivre
Contre un des mois qu'ici Dieu m'a comptés.
Pour rêver gloire, amour, plaisir, folie,
Pour dépenser sa vie en peu d'instants,
D'un long espoir pour la voir embellie,
Dans un grenier qu'on est bien à vingt ans!

L'ÉCHELLE DE JACOB.

Air : Ah! si ma dame me voyait.

Lorsqu'un patriarche, en dormant,
Vit la plus longue des échelles,
Où, de crainte d'user leurs ailes,
Les anges montaient lestement
Jusqu'aux portes du firmament,
Il vit ses fils, quelqu'un l'assure,
Sur l'échelle aussi se hisser,
Croyant qu'au ciel on fait l'usure.
Grand Dieu! le pied va leur glisser!

De ce cri du fils d'Isaac
Sa race ne tient aucun compte.
A l'échelle chaque hébreu monte,
Fraudant eau-de-vie et tabac,
Des écus rognés dans un sac.
Chargés de bijoux et de traites,
Ils vont d'abord, pour commencer,
Aux anges vendre des lorgnettes.
Grand Dieu! le pied va leur glisser!

Mais Jacob en voit deux ou trois
Dont nos désastres font la gloire.
Un page leur tient l'écritoire;
Ils ont des titres, et, je crois,
Des crachats et même des croix.
Riches de l'or de cent provinces,
Sur leur coffre ils ont fait tracer :
« Mont-de-piété pour les princes. »
Grand Dieu! le pied va leur glisser!

« Ah! dit Jacob, des fils si chers
« Prouvent que Dieu tient sa promesse.
« Seuls ils font la hausse et la baisse,
« Ont seuls tous les emprunts ouverts :
« Mes fils règnent sur l'univers.
« C'est la peste à qui rien n'échappe;
« Voyez dix rois les caresser.
« Ils se font bénir par le pape [1].
« Grand Dieu! le pied va leur glisser!

[1] Sa Sainteté a aussi fait des emprunts.

« Qui les suit? c'est un cordon bleu
« Qu'en frère chacun d'eux embrasse.
« Cet homme est-il bien de ma race?
« Son *trois pour cent* le prouve un peu,
« Mais *sandis!* n'est pas de l'hébreu. [1]
« A mes fils comme il se cramponne !
« Quoi! pour voir le Jourdain hausser
« Ils ont assuré la Garonne !
« Grand Dieu ! le pied va leur glisser ! »

Tandis qu'il les voit à grands pas
Sur l'échelle élever leur course,
Vient Satan qui crie : « A la Bourse,
« Messieurs, on craint de grands débats. »
Bien vite ils regardent en bas.
La tête tourne à la séquelle
Dont l'orgueil est si haut placé :
Le Diable a secoué l'échelle.
Grand Dieu! le pied leur a glissé !

LE CHAPEAU DE LA MARIÉE.

AIR :

Demain engagez votre foi ;
A l'église allez sans scrupule ;
Fille trompeuse, oubliez-moi
Pour un époux riche et crédule.

---

[1] Il est superflu de rappeler que le ministre des finances, à cette époque, était un citoyen de Toulouse.

Des roses qui naissaient pour lui
La dîme à tort me fut payée ;
Mais en retour j'offre aujourd'hui
Le chapeau de la mariée.

Acceptez ces fleurs d'oranger ;
Qu'à votre voile on les attache.
Sous le joug fier de se ranger,
Que l'époux dise : Elle est sans tache.
L'Amour se plaint, mais c'est tout bas ;
Mais par vous la Vierge est priée.
Allez, on n'arrachera pas
Le chapeau de la mariée.

Quand vos sœurs se partageront
Ces fleurs qu'on dit d'heureux augure,
Les garçons vous déroberont
Une plus secrète parure.
La jarretière, pensez-y !
Chez-moi vous l'avez oubliée.
Me faudra-t-il la joindre aussi
Au chapeau de la mariée ?

La nuit vient ; vous poussez deux cris
Imités de ce cri si tendre
Qu'un jour au cœur le plus épris
Votre innocence a fait entendre.
Le lendemain, l'époux cent fois
Raconte à la noce égayée
Que l'Hymen s'est piqué les doigts
Au chapeau de la mariée.

Le voilà trompé, ce mari !
Ah ! qu'il le soit bien plus encore.
Dieu ! quel fol espoir m'a souri
Quand pour lui l'autel se décore !
Malgré le prêtre et ton serment,
Oui, par tes pleurs justifiée,
Tu viendras payer à l'amant
Le chapeau de la mariée.

LA MÉTEMPSYCOSE.

Air du vaudeville de la Robe et des Bottes.

Grand partisan de la métempsycose,
En philosophe, hier, sur l'oreiller,
De mes penchants pour connaître la cause,
J'ai mis mon âme en train de babiller.
Elle m'a dit : Tu me dois un beau cierge,
Car sans mon souffle au néant tu restais ;
Mais jusqu'à toi je n'arrivai point vierge.
    — Ah ! mon âme, je m'en doutais, } *Bis.*
    Je m'en doutais, je m'en doutais.

Je m'en souviens, oui, dit-elle, humble lierre,
J'ai couronné jadis des fronts joyeux ;
Puis, échauffant plus subtile matière,
Petit oiseau, je saluai les cieux.
Dans le bocage, auprès des pastourelles,
Je voltigeais, je sautais, je chantais ;
L'indépendance agrandissait mes ailes.

— Ah! mon âme, je m'en doutais,
Je m'en doutais, je m'en doutais.

Je fus Médor, des chiens le plus habile,
Qui, d'un aveugle unique et sûr appui,
Entre ses dents sut prendre une sébile,
Guider son maître et mendier pour lui.
Utile au pauvre, au riche sachant plaire,
Pour nourrir l'un, chez l'autre je quêtais.
J'ai fait du bien, puisque j'en ai fait faire.
— Ah! mon âme, je m'en doutais,
Je m'en doutais, je m'en doutais.

Puis j'animai la beauté d'une fille.
Que j'étais bien dans ma douce prison!
Mais de mon gîte on s'empare, on le pille;
Tous les Amours y mettent garnison.
En vrais soudards ils y faisaient esclandre;
Et jour et nuit, du coin que j'habitais,
A la maison je voyais le feu prendre.
— Ah! mon âme, je m'en doutais,
Je m'en doutais, je m'en doutais.

Sur tes penchants que mon récit t'éclaire;
Mais, dit mon âme, apprends aussi de moi
Qu'au ciel un jour ayant osé déplaire,
Pour m'en punir, Dieu m'enferma chez toi.
Veilles, travaux, artifices de femme,
Pleurs, désespoir, et des maux que je tais,
Font qu'un poëte est l'enfer pour une âme.
— Ah! mon âme, je m'en doutais, } *Bis.*
Je m'en doutais, je m'en doutais.

LES PAUVRES AMOURS.

Air : Jupiter un jour en fureur.

Trois douzaines de Cupidons,
Qu'une actrice a mis sur la paille,
Hier mendiaient, et la marmaille
Les poursuivait de gais lardons.
Chez Lise ils frappent d'un air triste.
Lise répond : Nous sommes sourds.
  Quoi vivrez-vous donc toujours,
  Vieux petits culs nus d'Amours ?
  Allez, Dieu vous assiste ! (*Bis.*)

Partout en France on vous fourra.
Vous avez guindé la sculpture,
Vous avez fardé la peinture,
Vous affadissez l'Opéra.
Des Anacréons j'ai la liste :
Ils encombrent ville et faubourgs.
  Vous les couronnez toujours,
  Vieux petits culs nus d'Amours ;
  Allez, Dieu vous assiste !

Quittez votre Olympe en débris.
Que Mars, Phébus, Bacchus, Minerve,
Voguent avec vous de conserve ;
A Gnide remmenez Cypris.
Les Grâces suivront à la piste,

Phébé guidera votre cours.
Émigrez, mais pour toujours,
Vieux petits culs nus d'Amours !
Allez, Dieu vous assiste !

Emballez avec tous vos dieux
Flore et l'Aurore aux doigts de roses :
Par leurs noms appelons les choses,
Les choses n'en plairont que mieux.
Mon cœur à l'amant qui persiste
Se rend bien sans votre secours.
Sans vous j'aimerai toujours,
Vieux petits culs nus d'Amours ;
Allez, Dieu vous assiste !

En leur fermant la porte au nez,
Parlait ainsi la tendre Lise,
Quand près d'eux passe une marquise
Dont à peine ils sont les aînés.
La dame, quoique moraliste,
Leur dit : Rendez-moi mes beaux jours.
Dans ma chambre et pour toujours,
Chers petits culs nus d'Amours [1],
Venez, Dieu vous assiste ! (*Bis.*)

---

[1] On ne se scandalisera pas de certain mot placé dans ce refrain, si l'on se rappelle que ce mot était employé par les dames de la cour, avant la Révolution, pour désigner une mode du temps. Madame de Genlis raconte à ce sujet, dans ses Mémoires, une anecdote on ne peut plus gaie.

A M. GOHIER,

DERNIER PRÉSIDENT DU DIRECTOIRE,
QUI M'AVAIT ADRESSÉ UNE CHANSON DONT LE REFRAIN EST

Fouette! fouette!
Chante toujours, ne t'endors pas.

Air du vaudeville des Chevilles de maître Adam.

Oui, je dormais sur un petit volume
Qui me vaudra d'être encore étrillé,
Lorsqu'en flatteur le bout de votre plume,
Me chatouillant, m'a soudain réveillé.
Je me suis dit : C'est présage céleste;
Les mauvais jours seraient-ils donc passés?
Car je ne sais si quelque fouet nous reste,
Mais jusqu'ici c'est qu'on nous a fessés.

Tout gai frondeur, semant le ridicule,
Ne peut chez nous qu'en recueillir du mal.
Notre empereur portait longue férule,
Puis est venu le martinet royal;
Et puis le knout, et puis les fils d'Ignace,
Dont tous les fouets contre nous sont dressés.
Dieu soit béni! mais, s'il ne nous fait grâce,
Les chansonniers seront toujours fessés.

J'ai bien reçu ma part des étrivières!
Grippe-Minaud m'en donna pour trois mois.

En refaisant des nœuds à ses lanières,
Il me poursuit encor d'un œil sournois.
Si de Tartufe on n'entend les trois messes,
Si pour les grands l'encens ne brûle assez,
C'est fait de nous ! nos seigneurs les Jean-fesses
Aiment à voir les bonnes gens fessés.

Vous qui chantez comme on chante au bel âge [1],
Des rois, des saints, ne plaisantez donc pas ;
Ou, trop enclin au joyeux persiflage,
Vivez longtemps, allez bien tard là-bas.
Car en enfer on marque votre place ;
Des noirs démons les bras sont retroussés.
Vous et Collé, même aussi votre Horace,
Ensemble un jour vous serez tous fessés.

LE SACRE DE CHARLES LE SIMPLE [2].

Air du beau Tristan (de BEAUPLAN).

Français, que Reims a réunis,
Criez : Montjoie et Saint-Denis !
On a refait la sainte ampoule,
Et, comme au temps de nos aïeux,

---

[1] M. Gohier avait alors près de quatre-vingts ans.

[2] Charles III, dit le *Simple*, l'un des successeurs de Charlemagne, fut d'abord évincé du trône par Eudes, comte de Paris. Il se réfugia en Angleterre, puis en Allemagne. Mais, à la mort d'Eudes (en 898), les seigneurs et les évêques français, s'étant

Des passereaux lâchés en foule
Dans l'Église volent joyeux [1].
D'un joug brisé ces vains présages
Font sourire Sa Majesté.
Le peuple s'écrie : Oiseaux, plus que nous soyez sages ;
Gardez bien, gardez bien votre liberté. (*Bis*.)

Puisqu'aux vieux us on rend leurs droits,
Moi je remonte à Charles Trois.
Ce successeur de Charlemagne
De Simple mérita le nom ;
Il avait couru l'Allemagne
Sans illustrer son vieux pennon.
Pourtant à son sacre on se presse :
Oiseaux et flatteurs ont chanté.
Le peuple s'écrie : Oiseaux, point de folle allégresse ;
Gardez bien, gardez bien votre liberté.

Chamarré de vieux oripeaux,
Ce roi, grand avaleur d'impôts,
Marche entouré de ses fidèles,
Qui tous, en des temps moins heureux,
Ont suivi les drapeaux rebelles
D'un usurpateur généreux.

---

rattachés à Charles, lui rendirent la couronne, qu'il perdit enfin lorsque, trahi par Hébert, comte de Vermandois, il fut emprisonné à Péronne, où il mourut en 924.

[1] Au sacre de Charles X, on lâcha dans l'Église un grand nombre d'oiseaux qui se précipitèrent dans toutes les parties de la nef. Cette imitation d'une vieille coutume nous valut un des morceaux de poésie les plus parfaits de madame Tastu, à qui nous devons tant de productions délicieuses.

Un milliard les met en haleine :
C'est peu pour la fidélité.
Le peuple s'écrie : Oiseaux, nous payons notre chaîne ;
Gardez bien, gardez bien votre liberté.

Aux pieds des prélats cousus d'or,
Charles dit son *Confiteor*.
On l'habille, on le baise, on l'huile,
Puis, au bruit des hymnes sacrés,
Il met la main sur l'Évangile.
Son confesseur lui dit : « Jurez.
« Rome, que l'article concerne [1],
« Relève d'un serment prêté. »
Le peuple s'écrie : Oiseaux, voilà comme on gouverne ;
Gardez bien, gardez bien votre liberté.

De Charlemagne, en vrai luron,
Dès qu'il a mis le ceinturon,
Charles s'étend sur la poussière.
Roi ! crie un soldat, levez-vous !
« Non, dit l'évêque ; et, par Saint Pierre,
« Je te couronne : enrichis-nous.
« Ce qui vient de Dieu vient des prêtres.
« Vive la légitimité ! »
Le peuple s'écrie : Oiseaux, notre maître a des maîtres ;
Gardez bien, gardez bien votre liberté.

Oiseaux, ce roi miraculeux

---

[1] L'article de la Charte relatif à la liberté des cultes causait, dit-on, une grande répugnance à Charles X, qui, assure-t-on encore, n'en voulait pas jurer l'observation.

Va guérir tous les scrofuleux.
Fuyez, vous qui de son cortége
Dissipez seuls l'ennui mortel :
Vous pourriez faire un sacrilége [1]
En voltigeant sur cet autel.
Des bourreaux sont les sentinelles
Que pose ici la piété.
Le peuple s'écrie : Oiseaux, nous envions vos ailes;
Gardez bien, gardez bien votre liberté. (*Bis.*)

LE CONVOI DE DAVID [2].

Air de Roland.

Non, non, vous ne passerez pas,
Crie un soldat sur la frontière
A ceux qui de David, hélas!
Rapportaient chez nous la poussière.
— Soldat, disent-ils dans leur deuil,
Proscrit-on aussi sa mémoire?
Quoi! vous repoussez son cercueil,
Et vous héritez de sa gloire!

CHOEUR.

Fût-il privé de tous les biens,

---

[1] Allusion à la fameuse loi du sacrilége, loi barbare dont la Révolution de juillet nous a délivrés.

[2] Les enfants de ce grand peintre, ayant sollicité en vain l'autorisation de rapporter sa dépouille en France, ont été obligés de le faire inhumer dans une église de Bruxelles, après en avoir obtenu la permission du roi des Pays-Bas.

Eût-il à trembler sous un maître,
Heureux qui meurt parmi les siens
Aux bords sacrés (*bis*) qui l'ont vu naître ! (*Bis.*)

Non, non, vous ne passerez pas,
Dit le soldat avec furie.
— Soldat, ses yeux jusqu'au trépas
Se sont tournés vers la patrie.
Il en soutenait la splendeur
Du fond d'un exil qui l'honore ;
C'est par lui que notre grandeur
Sur la toile respire encore.

CHOEUR.

Fût-il privé de tous les biens,
Eût-il à trembler sous un maître,
Heureux qui meurt parmi les siens
Aux bords sacrés qui l'ont vu naître !

Non, non, vous ne passerez pas,
Redit plus bas la sentinelle.
— Le peintre de Léonidas
Dans la liberté n'a vu qu'elle.
On lui dut le noble appareil [1]

---

[1] On sait que David fut l'ordonnateur des cérémonies publiques qui eurent lieu au commencement de la Révolution. Il faut ajouter qu'il eut la plus grande influence sur le mouvement imprimé aux arts par la Révolution française.

Comme tous les réformateurs, David a dû pousser à l'exagération des principes avec lesquels il combattit l'école des Vanloo et des Boucher ; mais, malgré cette exagération, il n'en restera pas moins une de nos plus grandes gloires dans les arts.

Des jours de joie et d'espérance,
Où les beaux-arts à leur réveil
Fêtaient le réveil de la France.

CHOEUR.

Fût-il privé de tous les biens,
Eût-il à trembler sous un maître,
Heureux qui meurt parmi les siens
Aux bords sacrés qui l'ont vu naître !

Non, non, vous ne passerez pas,
Dit le soldat; c'est ma consigne.
— Du plus grand de tous les soldats
Il fut le peintre le plus digne.
A l'aspect de l'aigle si fier,
Plein d'Homère et l'âme exaltée,
David crut peindre Jupiter,
Hélas! il peignait Prométhée.

CHOEUR.

Fût-il privé de tous les biens,
Eût-il à trembler sous un maître,
Heureux qui meurt parmi les siens
Aux bords sacrés qui l'ont vu naître !

Non, non, vous ne passerez pas,
Dit le soldat, devenu triste.
— Le héros après cent combats
Succombe, et l'on proscrit l'artiste.
Chez l'étranger la mort l'atteint :

Qu'il dut trouver sa coupe amère!
Aux cendres d'un génie éteint,
France, tends les bras d'une mère.

CHŒUR.

Fût-il privé de tous les biens,
Eût-il à trembler sous un maître,
Heureux qui meurt parmi les siens
Aux bords sacrés qui l'ont vu naître!

Non, non, vous ne passerez pas,
Dit la sentinelle attendrie.
— Eh bien, retournons sur nos pas.
Adieu, terre qu'il a chérie!
Les arts ont perdu le flambeau
Qui fit pâlir l'éclat de Rome.
Allons mendier un tombeau
Pour les restes de ce grand homme.

CHŒUR.

Fût-il privé de tous les biens,
Eût-il à trembler sous un maître,
Heureux qui meurt parmi les siens
Aux bords sacrés (*bis*) qui l'ont vu naître! (*Bis.*)

LES INFINIMENT PETITS,

ou

LA GÉRONTOCRATIE.

Air : Ainsi jadis un grand prophète.

J'ai foi dans la sorcellerie.
Or un grand sorcier, l'autre soir,
M'a fait voir de notre patrie
Tout l'avenir dans un miroir.
Quelle image désespérante !
Je vois Paris et ses faubourgs :
Nous sommes en dix-neuf cent trente,
Et les barbons règnent toujours.

Un peuple de nains nous remplace :
Nos petits-fils sont si petits,
Qu'avec peine dans cette glace,
Sous leurs toits je les vois blottis.
La France est l'ombre du fantôme
De la France de mes beaux jours.
Ce n'est qu'un tout petit royaume ;
Mais les barbons règnent toujours.

Combien d'imperceptibles êtres !
De petits jésuites bilieux !
De milliers d'autres petits prêtres
Qui portent de petits bons dieux !

Béni par eux, tout dégénère ;
Par eux, la plus vieille des cours
N'est plus qu'un petit séminaire ;
Mais les barbons règnent toujours.

Tout est petit, palais, usines,
Sciences, commerce, beaux-arts.
De bonnes petites famines
Désolent de petits remparts.
Sur la frontière mal fermée,
Marche, au bruit de petits tambours,
Une pauvre petite armée ;
Mais les barbons règnent toujours.

Enfin le miroir prophétique,
Complétant ce triste avenir,
Me montre un géant hérétique
Qu'un monde a peine à contenir.
Du peuple pygmée il s'approche,
Et, bravant de petits discours,
Met le royaume dans sa poche ;
Mais les barbons règnent toujours.

LE CHASSEUR ET LA LAITIÈRE.

Air : Je ne vous vois jamais rêveuse (de *Ma Tante Aurore*).

L'alouette à peine éveillée
Chante l'aurore d'un beau jour ;
Suis le chasseur sous la feuillée,

Laitière ; il parlera d'amour.
Dans la rosée allons, ma chère,
Cueillir pour toi fleurs du printemps.
— Non, beau chasseur, je crains ma mère.
Je ne veux pas perdre mon temps.

Ta mère et sa chèvre fidèle
Sont loin derrière ce coteau.
Écoute une chanson nouvelle
Qui vient des dames du château.
Fille qui la peut faire entendre
Doit fixer les plus inconstants.
— Chasseur, j'en sais une aussi tendre.
Je ne veux pas perdre mon temps.

Pour la dire apprends l'aventure
Du spectre d'un baron jaloux,
Entraînant à sa sépulture
La beauté dont il fut l'époux.
Ce récit, quand la nuit est noire,
Fait frissonner les assistants.
— Chasseur, je connais cette histoire
Je ne veux pas perdre mon temps.

Je puis t'enseigner des prières
Pour charmer la fureur des loups,
Ou pour conjurer des sorcières
L'œil malfaisant tourné vers nous.
Crains qu'une vieille, en sa misère,
Ne jette un sort sur ton printemps.
— Chasseur, n'ai-je pas un rosaire?
Je ne veux pas perdre mon temps.

Eh bien, vois cette croix qui brille;
Compte ses rubis précieux.
Sur le sein d'une jeune fille
Elle attirerait tous les yeux.
Prends-la, malgré ce qu'elle coûte;
Mais songe au prix que j'en attends!
— Qu'elle est belle! ah! je vous écoute.
Ce n'est pas là perdre mon temps.

BONSOIR.

COUPLETS A M. LAISNEY, IMPRIMEUR A PÉRONNE [1].

Air de la République.

Mon cher Laisney, trinquons, trinquons encore
A nos beaux jours promptement écoulés.
Comme ils sont loin, les feux de notre aurore!
Que de plaisirs avec eux envolés!
Mais de regrets faut-il qu'on se repaisse?
Non; la gaieté nourrit encor l'espoir.
Mon vieil ami, quand pour nous le jour baisse,
    Souhaitons-nous un gai bonsoir.

Cinquante hivers ont passé sur ta tête;
J'ai de bien près cheminé sur tes pas.

---

[1] C'est dans son imprimerie que je fus mis en apprentissage. N'ayant pu parvenir à m'enseigner l'orthographe, il me fit prendre goût à la poésie, me donna des leçons de versification, et corrigea mes premiers essais.

Mais ces hivers ont eu leurs jours de fête
Tout ne fut point aquilons et frimas.
Aurions-nous mieux employé la jeunesse,
Vécu moins vite avec un riche avoir?
Mon vieil ami, quand pour nous le jour baisse,
   Souhaitons-nous un gai bonsoir.

Dans l'art des vers c'est toi qui fus mon maître :
Je t'effaçai sans te rendre jaloux.
Si les seuls fruits que pour nous Dieu fit naître
Sont des chansons, ces fruits sont assez doux.
Dans nos refrains que le passé renaisse;
L'illusion nous rendra son miroir.
Mon vieil ami, quand pour nous le jour baisse,
   Souhaitons-nous un gai bonsoir.

Reposons-nous ; car les Amours, sans doute,
Pour qui jadis nous avons tant marché,
Nous crieraient tous, s'ils nous trouvaient en route :
Allez dormir, le soleil est couché.
Mais l'Amitié, l'ombre fût-elle épaisse,
Vient allumer nos lampes pour y voir.
Mon vieil ami, quand pour nous le jour baisse,
   Souhaitons-nous un gai bonsoir.

LE MISSIONNAIRE DE MONTROUGE.

POUR LA FÊTE DE MARIE ***.

(C'est un dindon qui est censé parler.)

Air : Allez-vous-en, gens de la noce.

Ave, Maria! ma voisine,
Que le ciel daigne vous toucher !
Montrouge, où l'Esprit saint domine,
M'envoie ici pour vous prêcher.
On exalte en vain votre grâce,
Votre gaieté, vos heureux goûts.
    Glous! glous! glous! glous! (*Bis.*)
Reconnaissez la voix d'Ignace :
Pleurez et convertissez-vous.

Vous applaudissez aux lumières
D'un siècle aveugle et perverti ;
Votre raison ne se plaît guères
Qu'avec Voltaire et son parti.
Ah ! préférez à leur audace
L'esprit d'un frère coupe-choux.
    Glous! glous! glous! glous!
Reconnaissez la voix d'Ignace :
Pleurez et convertissez-vous.

Les arts vous tiennent sous le charme,

Phébus pour vous prend son archet ;
Mais leur gloire aussi nous alarme :
Demandez à l'ami Franchet [1].
Aigles et cygnes, quoi qu'on fasse,
Sont toujours de méchants ragoûts.
    Glous ! glous ! glous ! glous !
Reconnaissez la voix d'Ignace :
Pleurez et convertissez-vous.

Cessez de vanter l'industrie
Dont votre époux soutient l'honneur.
Vous croyez qu'il sert la patrie,
Que du travail naît le bonheur ;
Mais au peuple on rend la besace
Pour qu'il dépende encor de nous.
    Glous ! glous ! glous ! glous !
Reconnaissez la voix d'Ignace :
Pleurez et convertissez-vous.

Vous êtes surtout bienfaisante,
Le pauvre au pauvre le redit ;
Mais la bonté reste impuissante
Lorsqu'on est chez nous sans crédit.
Voici les parts qu'il faut qu'on fasse :
A nous l'or, aux pauvres les sous.
    Glous ! glous ! glous ! glous !
Reconnaissez la voix d'Ignace :
Pleurez et convertissez-vous.

Grâce à tous les gens de ma robe

---

[1] Alors directeur de la police au ministère de l'intérieur.

Qui sont martyrs en ces bas lieux,
Souffrez qu'à l'enfer je dérobe
Votre âme si digne des cieux.
Avant peu, si Dieu nous fait grâce,
On rôtira d'autres que nous.
  Glous! glous! glous! glous!
Reconnaissez la voix d'Ignace :
Pleurez et convertissez-vous.

Oui, Marie, en vain l'on se moque
Du pauvre père de la foi;
Vos beaux esprits, que je provoque,
A table plairaient moins que moi.
Qu'à la vôtre on me donne place,
J'embellirai ce jour si doux.
  Glous! glous! glous! glous!
De truffes parfumez Ignace :
Riez et divertissez-vous.

COUPLETS

SUR

LA JOURNÉE DE WATERLOO.

Air : Muse des bois et des accords champêtres.

De vieux soldats m'ont dit : « Grâce à ta Muse,
« Le peuple enfin a des chants pour sa voix.
« Ris du laurier qu'un parti te refuse;
« Consacre encor des vers à nos exploits.

« Chante ce jour qu'invoquaient des perfides,
« Ce dernier jour de gloire et de revers. »
J'ai répondu, baissant des yeux humides :
— Son nom jamais n'attristera mes vers.

Qui dans Athène, au nom de Chéronée,
Mêla jamais des sons harmonieux ?
Par la fortune Athènes détrônée
Maudit Philippe et douta de ses dieux.
Un jour pareil voit tomber notre empire,
Voit l'étranger nous rapporter des fers,
Voit des Français lâchement leur sourire.
Son nom jamais n'attristera mes vers.

Périsse enfin le géant des batailles !
Disaient les rois : peuples, accourez-tous.
La Liberté sonne ses funérailles ;
Par vous sauvés, nous régnerons par vous.
Le géant tombe, et ces nains sans mémoire
A l'esclavage ont voué l'univers.
Des deux côtés ce jour trompa la Gloire.
Son nom jamais n'attristera mes vers.

Mais quoi ! déjà les hommes d'un autre âge
De ma douleur se demandent l'objet.
Que leur importe en effet ce naufrage ?
Sur le torrent leur berceau surnageait.
Qu'ils soient heureux ! leur astre, qui se lève,
Du jour funeste efface les revers.
Mais, dût ce jour n'être plus qu'un vain rêve,
Son nom jamais n'attristera mes vers.

COUPLET

ÉCRIT SUR L'ALBUM DE MADAME AMÉDÉE DE V...

Air.

Que bien longtemps cet album vous redise
Qu'un chansonnier tendre, mais déjà vieux,
Trouvant en vous bonté, grâce, franchise,
Fut un moment la dupe de vos yeux.
Quoi! par amour? Non : il n'y doit plus croire.
Mais, las! il prit, par vous trop bien flatté,
  Pour un sourire de la gloire
  Le sourire de la beauté.

ORAISON FUNÈBRE DE TURLUPIN.

Air : C'est à boire, à boire, à boire, etc.

Il meurt, et la joie expire!
Il meurt, lui qui si souvent
Nous a fait mourir de rire
A son théâtre en plein vent!
Il nous charmait à toute heure,
  Ah!
Soit en Gilles, soit en Scapin.
  Que l'on pleure, pleure, pleure
  Au convoi de Turlupin.

Sans daigner le reconnaître,
Notre siècle si profond
A vu Socrate renaître
Sous l'habit de ce bouffon.
Pour que son nom lui survive,
  Ah!
Prends, Clio, prends ton calepin.
 Qu'on écrive, écrive, écrive
 L'histoire de Turlupin.

Culot d'une sainte abbesse
Et d'un prélat respecté,
Turlupin de sa noblesse
Ne tirait point vanité.
Il ne pouvait voir sans rire,
  Ah!
Ses aïeux cités dans Turpin.
 Qu'on admire, admire, admire
 Le bon sens de Turlupin.

D'abord il prit la Bastille,
Fut soldat, et puis blessé,
Vint jouer à la Courtille,
Par la misère engraissé.
La gaieté fut sa recette,
  Ah!
Sa poudre de prelinpinpin.
 Qu'on achète, achète, achète
 Le secret de Turlupin.

Doux censeur des grandeurs fausses,
Aux pauvres, ses bons amis,

En rafistolant ses chausses,
Il disait, pauvre et mal mis :
Au vrai bonheur puisqu'il mène,
  Ah!
Le sabot vaut bien l'escarpin.
 Que l'on prenne, prenne, prenne
 Des leçons de Turlupin.

— Du roi viens voir la personne.
— Non, répondait-il, non pas.
Otera-t-il sa couronne
Quand je mettrai chapeau bas?
Ma foi, s'il faut crier Vive!
  Ah!
Vive l'ami qui cuit mon pain!
 Que l'on suive, suive, suive
 L'exemple de Turlupin.

— Chante au peuple des dimanches
Les vainqueurs pour dix écus.
— Moi, déshonorer mes planches!
Non, dit-il, gloire aux vaincus!
— En prison suis-nous donc vite.
  — Ah!
Je vous suis, monsieur de Crispin.
 Qu'on imite, imite, imite
 Ce beau trait de Turlupin.

Veux-tu qu'Ignace t'assiste?
— Non, fi de ces noirs manteaux!
Entre eux et nous il existe
Rivalité de tréteaux.

Ton dieu, Marie Alacoque,
   Ah !
N'est pas plus mon dieu que Jupin.
   Qu'on invoque, invoque, invoque
   Le dieu du bon Turlupin.

Messieurs, honorons la cendre
De qui n'eut qu'un seul défaut.
Sa mère était chaude et tendre,
Turlupin fut tendre et chaud.
Il eût de la pomme d'Ève,
   Ah !
Croqué jusqu'au dernier pepin.
   Qu'on élève, élève, élève
   Une tombe à Turlupin.

A MADEMOISELLE ***,

EN LUI ENVOYANT MES DERNIÈRES CHANSONS.

Air : Muse des bois et des accords champêtres.

Accueillez-les, ces chansons où ma Muse
Vous peint l'Amour tout prêt à m'échapper;
Vante la Gloire, ombre qui nous abuse,
Qu'un jour produit, qu'un jour peut dissiper.
L'un est pour vous un dieu sans importance,
L'autre séduit votre esprit hasardeux.
Quant à l'Amour, moi je soutiens, Hortense,
Qu'il est encor le moins trompeur des deux.

LES DEUX GRENADIERS.

Air : Guide mes pas, ô Providence ! (des *Deux Journées.*)

PREMIER GRENADIER.

A notre poste on nous oublie.
Richard, minuit sonne au château.

DEUXIÈME GRENADIER.

Nous allons revoir l'Italie.
Demain, adieu Fontainebleau !

PREMIER GRENADIER.

Par le ciel ! que j'en remercie,
L'île d'Elbe est un beau climat.

DEUXIÈME GRENADIER.

Fût-elle au fond de la Russie,
Vieux grenadiers, suivons un vieux soldat.

ENSEMBLE.

Vieux grenadiers, suivons un vieux soldat,
Suivons un vieux soldat. (*Bis.*)

DEUXIÈME GRENADIER.

Qu'elles sont promptes, les défaites !
Où sont Moscou, Wilna, Berlin ?
Je crois voir sur nos baïonnettes
Luire encor les feux du Kremlin.

Et, livré par quelques perfides,
Paris coûte à peine un combat!
Nos gibernes n'étaient pas vides.
Vieux grenadiers, suivons un vieux soldat.

PREMIER GRENADIER.

Chacun nous répète : Il abdique.
Quel est ce mot? Apprends-le moi.
Rétablit-on la république?

DEUXIÈME GRENADIER.

Non, puisqu'on nous ramène un roi.
L'Empereur aurait cent couronnes,
Je concevrais qu'il les cédât :
Sa main en faisait des aumônes.
Vieux grenadiers, suivons un vieux soldat.

PREMIER GRENADIER.

Une lumière, à ces fenêtres,
Brille à peine dans le château.

DEUXIÈME GRENADIER.

Les valets à nobles ancêtres
Ont fui, le nez dans leur manteau.
Tous, dégalonnant leurs costumes,
Vont au nouveau chef de l'État
De l'aigle mort vendre les plumes.
Vieux grenadiers, suivons un vieux soldat.

PREMIER GRENADIER.

Des maréchaux, nos camarades,
Désertent aussi, gorgés d'or.

DEUXIÈME GRENADIER.

Notre sang paya tous leurs grades ;
Heureux qu'il nous en reste encor !
Quoi ! la Gloire fut en personne
Leur marraine un jour de combat [1],
Et le parrain, on l'abandonne !
Vieux grenadiers, suivons un vieux soldat.

PREMIER GRENADIER.

Après vingt-cinq ans de services
J'allais demander du repos.

DEUXIÈME GRENADIER.

Moi, tout couvert de cicatrices,
Je voulais quitter les drapeaux.
Mais, quand la liqueur est tarie,
Briser le vase est d'un ingrat.
Adieu, femme, enfants et patrie !
Vieux grenadiers, suivons un vieux soldat.

ENSEMBLE.

Vieux grenadiers, suivons un vieux soldat.
Suivons un vieux soldat. (*Bis.*)

---

[1] Presque tous les maréchaux de l'Empire portaient le nom des batailles où ils s'étaient signalés sous Napoléon.

LE PÈLERINAGE DE LISETTE.

AIR : Babababalancez-vous donc.

A Notre-Dame de Liesse
Allons, me dit Lisette un jour.
J'ai peu de foi, je le confesse ;
Mais Lise, malgré plus d'un tour,
Ferait tout croire à mon amour.
Ami, notre joyeux ménage
Scandalise le voisinage.
Prenons, dit-elle, prenons donc,
Pour aller en pèlerinage,
Prenons, dit-elle, prenons donc
Coquilles, rosaire et bourdon.

Dame Sorbonne, ajoute Lise,
Remonte sur ses grands chevaux.
Nos ducs vont bâiller à l'église,
Et nos philosophes nouveaux
Se sont faits tant soit peu dévots.
Chaque siècle a son amusette :
Nous édifierons la *Gazette*.
Prenons, mon ami, prenons donc,
Pour qu'on dise sainte Lisette,
Prenons, mon ami, prenons donc
Coquilles, rosaire et bourdon.

Voilà les pèlerins en route.

A pied nous chantons en marchant.
A chaque auberge, quoi qu'il coûte,
Nouveau repas et nouveau chant,
Partout trinquant, partout couchant.
Le dieu qui d'aï nous asperge
Sourit sous des rideaux de serge.
Ma Lisette, prenions-nous donc
Pour mener l'Amour à l'auberge,
Ma Lisette, prenions-nous donc
Coquilles, rosaire et bourdon?

Aux pieds de la Vierge des vierges,
A genoux enfin nous voilà.
Vient un diacre allumer nos cierges;
Lise se dit : A Loyola
Je veux souffler cet abbé-là.
Je me fâche, et de ses poursuites
Lui montre, hélas! les tristes suites.
Quoi! volage, preniez-vous donc,
Pour vous mettre à dos les jésuites,
Quoi! volage, preniez-vous donc
Coquilles, rosaire et bourdon?

Mais à souper Lise l'attire,
Le fait boire, jurer, chanter.
De l'enfer il se prend à rire,
Du pape il ose plaisanter;
Moi, je m'endors à l'écouter.
A mon réveil, Dieu! le peindrai-je,
Abjurant ses goûts de collége?...
Ah! traîtresse! vous preniez donc,
Pour les plaisirs du sacrilége,

Ah ! traîtresse, vous preniez donc
Coquilles, rosaire et bourdon ?

Des beaux miracles de Liesse
Je garde un triste souvenir.
Notre abbé dit messe sur messe,
Et, Dieu l'aidant à parvenir,
Archevêque, il veut nous bénir.
Sainte Lisette par famine
Quelque jour se fera béguine.
Prenez, grisettes, prenez donc
Des leçons de la pèlerine ;
Prenez, grisettes, prenez donc
Coquilles, rosaire et bourdon.

ENCORE DES AMOURS.

Air :

Je me disais : Tous les dieux du bel âge
M'ont délaissé ; me voilà seul et vieux.
Adieu l'espoir que leur troupe volage
M'avait donné de me fermer les yeux !
Je le disais lorsqu'une enchanteresse
Vient et d'un mot ravit mes sens troublés.
Ah ! c'est encor quelque beauté traîtresse :
Tous les Amours ne sont pas envolés.

Oui, c'est encor quelque sujet de peine ;
Mais du repos je suis si fatigué !

Lorsqu'à trente ans je pliais sous ma chaîne,
Plus malheureux, pourtant j'étais plus gai.
Le ciel m'envoie une reine nouvelle;
Combien d'attraits les siens m'ont rappelés!
Roses d'automne, effeuillez-vous pour elle :
Tous les Amours ne sont pas envolés.

Mes yeux encor ont des pleurs à répandre;
Ma voix encor a des chants amoureux.
Aimons, chantons. La beauté vient m'apprendre
A triompher des hivers rigoureux.
Tout me sourit : les fleurs brillent plus belles,
Les jours plus purs, les cieux plus étoilés.
Dans l'air plus doux j'entends battre des ailes :
Tous les Amours ne sont pas envolés.

LA MORT DU DIABLE.

Air du Vilain.

Du miracle que je retrace
Dans ce récit des plus succincts,
Rendez gloire au grand saint Ignace,
Patron de tous nos petits saints.
Par un tour qui serait infâme
Si les saints pouvaient avoir tort,
Au diable il a fait rendre l'âme. (*Bis.*)
Le diable est mort, le diable est mort. (*Ter.*)

Satan, l'ayant surpris à table,

Lui dit : Trinquons, ou sois honni.
L'autre accepte, mais verse au diable,
Dans son vin, un poison béni.
Satan boit, et, pris de colique,
Il jure, il grimace, il se tord ;
Il crève comme un hérétique.
Le diable est mort, le diable est mort.

Il est mort! disent tous les moines ;
On n'achètera plus d'*agnus*.
Il est mort! disent les chanoines ;
On ne paiera plus d'*oremus*.
Au conclave on se désespère :
Adieu puissance et coffre-fort!
Nous avons perdu notre père.
Le diable est mort, le diable est mort.

L'Amour sert bien moins que la crainte ;
Elle nous comblait de ses dons.
L'intolérance est presque éteinte ;
Qui rallumera ses brandons?
A notre joug si l'homme échappe,
La Vérité luira d'abord :
Dieu sera plus grand que le pape.
Le diable est mort, le diable est mort.

Ignace accourt : Que l'on me donne,
Leur dit-il, sa place et ses droits.
Il n'épouvantait plus personne ;
Je ferai trembler jusqu'aux rois.
Vols, massacres, guerres ou pestes,
M'enrichiront du sud au nord.

Dieu ne vivra que de mes restes.
Le diable est mort, le diable est mort.

Tous de s'écrier : Ah ! brave homme !
Nous te bénissons dans ton fiel.
Soudain son ordre, appui de Rome,
Voit sa robe effrayer le ciel.
Un chœur d'anges, l'âme contrite,
Dit : Des humains plaignons le sort;
De l'enfer saint Ignace hérite. . (*Bis.*)
Le diable est mort, le diable est mort.   (*Ter.*)

LE PRISONNIER DE GUERRE.

Air : Chante, chante, troubadour, chante (de Romagnesi).

Marie, enfin quitte l'ouvrage,
Voici l'étoile du berger.
— Ma mère, un enfant du village
Languit captif chez l'étranger :
Pris sur mer, loin de sa patrie,
Il s'est rendu, mais le dernier.

File, file, pauvre Marie,
Pour secourir le prisonnier;
File, file, pauvre Marie,
File, file pour le prisonnier.

Tu le veux, ma lampe s'allume.
Eh quoi ! ma fille, encor des pleurs !

— D'ennui, ma mère, il se consume ;
L'Anglais insulte à ses malheurs.
Tout jeune, Adrien m'a chérie ;
Il égayait notre foyer.

File, file, pauvre Marie,
Pour secourir le prisonnier ;
File, file, pauvre Marie,
File, file pour le prisonnier.

Pour lui je filerais moi-même,
Mon enfant ; mais j'ai tant vieilli !
— Envoyez à celui que j'aime
Tout le gain par moi recueilli.
Rose à sa noce en vain me prie :
Dieu ! j'entends le ménétrier !

File, file, pauvre Marie,
Pour secourir le prisonnier ;
File, file, pauvre Marie,
File, file pour le prisonnier.

Plus près du feu file, ma chère ;
La nuit vient refroidir le temps.
— Adrien, m'a-t-on dit, ma mère,
Gémit dans des cachots flottants.
On repousse la main flétrie
Qu'il étend vers un pain grossier.

File, file, pauvre Marie,
Pour secourir le prisonnier ;
File, file, pauvre Marie,

File, file pour le prisonnier.

Ma fille, j'ai naguère encore
Rêvé qu'il était ton époux.
Même avant la trentième aurore
Mes rêves s'accomplissent tous.
— Quoi! l'herbe à peine refleurie
Verra le retour du guerrier!

File, file, pauvre Marie,
Pour secourir le prisonnier;
File, file, pauvre Marie,
File, file pour le prisonnier.

LE PAPE MUSULMAN.

Air : Eh! ma mère, est-c' que j' sais ça?

Jadis, voyageant pour Rome,
Un pape, né sous le froc,
Pris sur mer, fut, le pauvre homme,
Mené captif à Maroc.
D'abord il tempête, il sacre,
Reniant Dieu bel et bien.
— Saint-Père, lui dit son diacre,
Vous vous damnez comme un chien.

Sur un pal que l'on aiguise
Croyant déjà qu'on le met,
Le fondement de l'Église

Dit : Invoquons Mahomet.
Ce prophète en vaut bien d'autres ;
Je me fais son paroissien.
— Saint-Père, au nez des apôtres,
Vous vous damnez comme un chien.

Aïe ! aïe ! on le circoncise.
Le voilà bon musulman,
Sinon parfois qu'il se grise
Avec un coquin d'iman.
Il fait de sa vieille Bible
Un usage peu chrétien.
— Saint-Père, c'est trop risible ;
Vous vous damnez comme un chien.

En vrai corsaire il s'équipe ;
Pour le Croissant il combat,
Prend le sorbet et la pipe ;
Dans un harem il s'ébat.
Près des femmes qu'il capture
Voyez donc ce grand vaurien !
— Saint-Père, quelle posture !
Vous vous damnez comme un chien.

A Maroc survient la peste ;
Soudain fuit notre forban,
Qui dans Rome, d'un air leste,
Rentre avec son beau turban.
— Souffrez qu'on vous rebaptise.
— Non, dit-il, ça n'y fait rien.
— Saint-Père, quelle bêtise !
Vous vous damnez comme un chien.

Depuis, frondant nos mystères,
Ce renégat enragé
Veut vider les monastères,
Veut marier le clergé.
Sous lui l'Église déchue
Ne brûle juif ni païen.
— Saint-Père, Rome est fichue;
Vous vous damnez comme un chien.

LE DAUPHIN.

CONTE.

Air du Carnaval.

Du bon vieux temps souffrez que je vous parle.
Jadis Richard, troubadour renommé,
Eut pour roi Jean, Louis, Philippe ou Charle,
Ne sais lequel, mais il en fut aimé.
D'un gros Dauphin on fêtait la naissance;
Richard à Blois était depuis un jour.
Il apprit là le bonheur de la France.
Pour votre roi chantez, gai troubadour !
Chantez, chantez, jeune et gai troubadour !

La harpe en main, Richard vient sur la place.
Chacun lui dit : Chantez notre garçon.
Dévotement à la Vierge il rend grâce,
Puis au Dauphin consacre une chanson.
On l'applaudit : l'auteur était en veine.

Mainte beauté le trouve fait au tour,
Disant tout bas : Il doit plaire à la reine.
Pour votre roi chantez, gai troubadour !
Chantez, chantez, jeune et gai troubadour !

Le chant fini, Richard court à l'église.
Qu'y va-t-il faire ? il cherche un confesseur ;
Il en trouve un, gros moine à barbe grise,
Des mœurs du temps inflexible censeur.
— Ah ! sauvez-moi des flammes éternelles !
Mon père, hélas ! c'est un vilain séjour.
— Qu'avez-vous fait ! — J'ai trop aimé les belles.
Pour votre roi chantez, gai troubadour !
Chantez, chantez, jeune et gai troubadour !

Le grand malheur, mon père, c'est qu'on m'aime.
— Parlez, mon fils, expliquez-vous enfin.
— J'ai fait, hélas ! narguant le diadème,
Un gros péché, car j'ai fait un Dauphin.
D'abord le moine a la mine ébahie ;
Mais il reprend : Vous êtes bien en cour ?
Pourvoyez-nous d'une riche abbaye.
Pour votre roi chantez, gai troubadour !
Chantez, chantez, jeune et gai troubadour !

Le moine ajoute : Eût-on fait à la reine
Un prince ou deux, on peut être sauvé.
Parlez de nous à notre souveraine ;
Allez, mon fils, vous direz cinq *Ave*.
Richard absous, gagnant la capitale,
Au nouveau-né voit prodiguer l'amour.
Vive à jamais notre race royale !

Pour votre roi chantez, gai troubadour !
Chantez, chantez, jeune et gai troubadour !

LE PETIT HOMME ROUGE [1].

Air : C'est le gros Thomas.

Foin des mécontents !
Comme balayeuse on me loge,
Depuis quarante ans,
Dans le château, près de l'horloge.
Or, mes enfants, sachez
Que là, pour mes péchés,
Du coin d'où le soir je ne bouge,
J'ai vu le petit homme rouge.
Saints du paradis,
Priez pour Charles dix.

Vous figurez-vous
Ce diable habillé d'écarlate ?
Bossu, louche et roux,
Un serpent lui sert de cravate.

---

[1] Une ancienne tradition populaire supposait l'existence d'un homme rouge qui apparaissait dans les Tuileries à chaque événement malheureux qui menaçait les maîtres de ce château. Cette tradition reprit cours sous Napoléon. On a prétendu même que ce démon familier lui avait apparu en Égypte. C'était un vol fait au château des Tuileries en faveur des Pyramides.

Il a le nez crochu;
Il a le pied fourchu;
Sa voix rauque, en chantant, présage
Au château grand remû-ménage.
 Saints du paradis,
 Priez pour Charles dix.

 Je le vis, hélas!
En quatre-vingt-douze apparaître.
 Nobles et prélats
Abandonnaient notre bon maître.
 L'homme rouge venait,
 En sabots, en bonnet.
M'endormais-je un peu sur ma chaise,
Il entonnait la *Marseillaise*.
 Saints du paradis,
 Priez pour Charles dix.

(9 thermidor.) J'eus à balayer;
 Mais lui bientôt par la gouttière
 Revint m'effrayer
Pour ce bon monsieur Robespierre.
 Lors il était poudré [1],
 Parlait mieux qu'un curé,
Ou, comme riant de lui-même,
Chantait l'hymne à l'*Être suprême*.
 Saints du paradis,
 Priez pour Charles dix.

(Mars 1814.) Depuis la terreur

---

[1] Robespierre portait de la poudre.

Plus n'y pensais, lorsque sa vue
   Du bon Empereur
M'annonça la chute imprévue.
   En toque il avait mis
   Vingt plumets ennemis,
Et chantait au son d'une vielle
Vive Henri quatre et *Gabrielle!*
   Saints du paradis,
   Priez pour Charles dix.

Soyez donc instruits,
Enfants, mais qu'ailleurs on l'ignore,
   Que depuis trois nuits
L'homme rouge apparaît encore.
   Riant d'un air moqueur,
   Il chante comme au chœur,
Baise la terre, et puis ensuite
Met un grand chapeau de jésuite.
   Saints du paradis,
   Priez pour Charles dix.

LE MARIAGE DU PAPE.

Air du Méléagre Champenois.

   Vite en carrosse,
   Vite à la noce;
Juif ou chrétien, tout le monde est prié.
   Vite en carrosse,
   Vite à la noce.
Alleluia! le pape est marié.

Ainsi chantait un fou que je crois sage,
Sinon qu'en pape il s'érigeait un jour.
Disant : Corbleu! tâtons du mariage;
Pour le clergé sanctifions l'amour.

  Vite en carrosse,
  Vite à la noce;
Juif ou chrétien, tout le monde est prié.
  Vite en carrosse,
  Vite à la noce.
Alleluia! le pape est marié.

Oui, je suis pape, et prends femme qui m'aime.
Chantons! dansons! bonne chère et bon vin!
Faisons la noce, et qu'avant neuf mois même,
Mon premier-né soit tenu par Calvin.

  Vite en carrosse,
  Vite à la noce;
Juif ou chrétien, tout le monde est prié.
  Vite en carrosse,
  Vite à la noce.
Alleluia! le pape est marié,

Sur l'Évangile on a fait un long somme;
Réveillons-nous, desservants du saint lieu.
Pour nous sauver quand un Dieu s'est fait homme,
De son vicaire on osait faire un Dieu!

  Vite en carrosse,
  Vite à la noce;
Juif ou chrétien, tout le monde est prié.

Vite en carrosse,
Vite à la noce.
Alleluia! le pape est marié.

Ayons des mœurs, pour sauver du naufrage
L'Église en butte à tous nos ennemis;
Mais, par réforme usant du mariage,
N'avouons pas que c'est *in extremis*.

Vite en carrosse,
Vite à la la noce;
Juif ou chrétien, tout le monde est prié.
Vite en carrosse,
Vite à la noce.
Alleluia! le pape est marié.

Du célibat rompez, rompez l'entrave,
Prélats, curés, chartreux et capucins.
Vous, plus d'erreurs, Florentins du conclave :
La foi chancelle, il faut faire des saints.

Vite en carrosse,
Vite à la noce;
Juif ou chrétien, tout le monde est prié.
Vite en carrosse,
Vite à la noce.
Alleluia! le pape est marié.

Nous étions tous intolérants en diable;
Nous changerons sous le joug conjugal.
On est moins prompt à brûler son semblable
Quand à le faire on s'est donné du mal.

Vite en carrosse,
Vite à la noce.
Juif ou chrétien, tout le monde est prié.
Vite en carrosse,
Vite à la noce.
Alleluia! le pape est marié.

Çà, ma papesse, un jour qu'on puisse dire
Qu'en bons époux tous deux avons vécu.
Vous le sentez : l'enfer mourrait de rire,
S'il apprenait que le pape est cocu.

Vite en carrosse,
Vite à la noce;
Juif ou chrétien, tout le monde est prié.
Vite en carrosse,
Vite à la noce.
Alleluia! le pape est marié.

Ainsi chantait ce fou que je crois sage,
Quand un impie arrive triomphant,
Pour nous parler d'un curé de village
Que sa servante accuse d'un enfant.

Vite en carrosse,
Vite à la noce;
Juif ou chrétien, tout le monde est prié.
Vite en carrosse,
Vite à la noce.
Alleluia! le pape est marié.

LES BOHÉMIENS.

Air : Mon pòr' m'a donné un mari.

Sorciers, bateleurs ou filous,
    Reste immonde
  D'un ancien monde;
Sorciers, bateleurs ou filous,
Gais bohémiens, d'où venez-vous?

D'où nous venons? l'on n'en sait rien.
    L'hirondelle
  D'où vous vient-elle?
D'où nous venons? l'on n'en sait rien,
Où nous irons, le sait-on bien?

Sans pays, sans prince et sans lois,
    Notre vie
  Doit faire envie;
Sans pays, sans prince et sans lois,
L'homme est heureux un jour sur trois.

Tous indépendants nous naissons,
    Sans église
  Qui nous baptise;
Tous indépendants nous naissons
Au bruit du fifre et des chansons.

Nos premiers pas sont dégagés,

Dans ce monde
Où l'erreur abonde;
Nos premiers pas sont dégagés
Du vieux maillot des préjugés.

Au peuple, en butte à nos larcins,
Tout grimoire
En peut faire accroire;
Au peuple, en butte à nos larcins,
Il faut des sorciers et des saints.

Trouvons-nous Plutus en chemin,
Notre bande
Gaiement demande;
Trouvons-nous Plutus en chemin,
En chantant nous tendons la main.

Pauvres oiseaux que Dieu bénit,
De la ville
Qu'on nous exile;
Pauvres oiseaux que Dieu bénit,
Au fond des bois pend notre nid.

A tâtons l'Amour, chaque nuit,
Nous attelle
Tous pêle-mêle;
A tâtons l'Amour, chaque nuit,
Nous attelle au char qu'il conduit.

Ton œil ne peut se détacher,
Philosophe
De mince étoffe;

Ton œil ne peut se détacher
Du vieux coq de ton vieux clocher.

Voir, c'est avoir. Allons courir !
    Vie errante
   Est chose enivrante.
Voir, c'est avoir. Allons courir !
Car tout voir, c'est tout conquérir.

Mais à l'homme on crie en tout lieu,
    Qu'il s'agite
   Ou croupisse au gîte ;
Mais à l'homme on crie en tout lieu :
« Tu nais, bonjour ; tu meurs, adieu. »

Quand nous mourons vieux ou bambin,
    Homme ou femme,
   A Dieu soit notre âme !
Quand nous mourons, vieux ou bambin,
On vend le corps au carabin.

Nous n'avons donc, exempts d'orgueil,
    De lois vaines,
   De lourdes chaînes ;
Nous n'avons donc, exempts d'orgueil,
Ni berceau, ni toit, ni cercueil.

Mais, croyez-en notre gaieté,
    Noble ou prêtre,
   Valet ou maître ;
Mais, croyez-en notre gaieté,
Le bonheur, c'est la liberté.

Oui, croyez-en notre gaieté,
Noble ou prêtre,
Valet ou maître;
Oui, croyez-en notre gaieté,
Le bonheur, c'est la liberté.

LES SOUVENIRS DU PEUPLE.

Air : Passez votre chemin, beau sire.

On parlera de sa gloire
Sous le chaume bien longtemps.
L'humble toit, dans cinquante ans,
Ne connaîtra plus d'autre histoire.
Là viendront les villageois
Dire alors à quelque vieille :
Par des récits d'autrefois,
Mère, abrégez notre veille.
Bien, dit-on, qu'il nous ait nui,
Le peuple encor le révère,
Oui, le révère.
Parlez-nous de lui, grand'mère;
Parlez-nous de lui. *(Bis.)*

Mes enfants, dans ce village,
Suivi de rois, il passa.
Voilà bien longtemps de ça :
Je venais d'entrer en ménage.
A pied grimpant le coteau
Où pour voir je m'étais mise,

Il avait petit chapeau
Avec redingote grise.
Près de lui je me troublai;
Il me dit : Bonjour, ma chère,
　　Bonjour, ma chère.
　— Il vous a parlé, grand'mère!
　　Il vous a parlé!

L'an d'après, moi, pauvre femme,
A Paris étant un jour,
Je le vis avec sa cour :
Il se rendait à Notre-Dame.
Tous les cœurs étaient contents;
On admirait son cortége.
Chacun disait : Quel beau temps!
Le ciel toujours le protége.
Son sourire était bien doux;
D'un fils Dieu le rendait père,
　　Le rendait père.
　— Quel beau jour pour vous, grand'mère!
　　Quel beau jour pour vous!

Mais, quand la pauvre Champagne
Fut en proie aux étrangers,
Lui, bravant tous les dangers,
Semblait seul tenir la campagne.
Un soir, tout comme aujourd'hui,
J'entends frapper à la porte;
J'ouvre. Bon Dieu! c'était lui,
Suivi d'une faible escorte.
Il s'assoit où me voilà,
S'écriant : Oh! quelle guerre!

Oh! quelle guerre !
— Il s'est assis là, grand'mère !
　　Il s'est assis là !

　J'ai faim, dit-il ; et bien vite
　Je sers piquette et pain bis ;
　Puis il sèche ses habits,
Même à dormir le feu l'invite.
　Au réveil, voyant mes pleurs,
　Il me dit : Bonne espérance !
　Je cours de tous ses malheurs
　Sous Paris venger la France.
　Il part ; et, comme un trésor,
　J'ai depuis gardé son verre,
　　　Gardé son verre.
— Vous l'avez encor, grand'mère !
　　Vous l'avez encor !

　Le voici. Mais à sa perte
　Le héros fut entraîné.
　Lui, qu'un pape a couronné,
Est mort dans une île déserte.
　Longtemps aucun ne l'a cru ;
　On disait : il va paraître.
　Par mer il est accouru ;
　L'étranger va voir son maître.
　Quand d'erreur on nous tira,
　Ma douleur fut bien amère !
　　　Fut bien amère !
— Dieu vous bénira, grand'mère,
　　Dieu vous bénira. (*Bis.*)

LES NÈGRES ET LES MARIONNETTES.

FABLE.

Air : Pégase est un cheval qui porte.

Sur son navire un capitaine
Transportait des noirs au marché.
L'ennui les tuait par vingtaine :
Peste! dit-il, quel débouché !
Fi! que c'est laid, sots que vous êtes!
Mais j'ai de quoi vous guérir tous :
Venez voir mes marionnettes ; } *Bis.*
Bons esclaves, amusez-vous.

Pour tromper leur douleur mortelle,
Soudain un théâtre est monté ;
Soudain paraît Polichinelle,
Pour des noirs grande nouveauté.
D'abord ils ne savent qu'en dire,
Ils se regardent en dessous ;
Puis aux pleurs se mêle un sourire.
Bons esclaves, amusez-vous.

Voilà monsieur le commissaire :
Il s'attaque au roi des bossus,
Qui, trouvant un exemple à faire,
Vous l'assomme et *souffle* dessus.
Oubliant tout, jusqu'à leurs chaînes,

Nos gens poussent des rires fous.
L'homme est infidèle à ses peines :
Bons esclaves, amusez-vous.

Le diable vient ; l'ange rebelle
Leur plaît surtout par sa couleur.
Il emporte Polichinelle,
Autre accroc fait à la douleur.
Cette fin charme l'auditoire :
Un noir a triomphé pour tous.
Les pauvres gens rêvent la gloire :
Bons esclaves, amusez-vous.

Ainsi, voguant vers l'Amérique,
Où s'aggraveront leurs destins,
De leur humeur mélancolique
Ils sont tirés par des pantins.
Tout roi que la peur désenivre
Nous prodigue aussi des joujoux.
N'allez pas vous lasser de vivre : }
Bons esclaves, amusez-vous. } *Bis.*

L'ANGE GARDIEN.

Air : Jadis un célèbre empereur.

A l'hospice un gueux tout perclus
Voit apparaître son bon ange ;
Gaiement il lui dit : Ne faut plus
Que votre altesse se dérange.

Tout compté, je ne vous dois rien :
Bon ange, adieu; portez-vous bien.

Sur la paille né dans un coin,
Suis-je enfant du Dieu qu'on nous prêche ?
Oui, dit l'ange : aussi j'eus grand soin
Que ta paille fût toujours fraîche.
Tout compté, je ne vous dois rien :
Bon ange, adieu; portez-vous bien.

Jeune et vivant à l'abandon,
L'aumône fut mon patrimoine.
Oui, dit l'ange, et je te fis don
Des trois besaces d'un vieux moine.
Tout compté, je ne vous dois rien :
Bon ange, adieu; portez-vous bien.

Soldat bientôt, courant au feu,
Je perdis une jambe en route.
Oui, dit l'ange; mais avant peu
Cette jambe aurait eu la goutte.
Tout compté, je ne vous dois rien :
Bon ange, adieu; portez-vous bien.

Pour mes jours gras, du vin fraudé
Mit le juge après mes guenilles.
Oui, dit l'ange; mais je plaidai :
Tu ne fus qu'un an sous les grilles.
Tout compté, je ne vous dois rien.
Bon ange, adieu; portez-vous bien.

Chez Vénus j'entre en maraudeur :
C'est tout fruit vert que j'en rapporte.

Oui, dit l'ange; mais, par pudeur,
Là je te quittais à la porte.
Tout compté, je ne vous dois rien :
Bon ange, adieu; portez-vous bien.

D'un laideron je deviens l'époux,
Priant qu'il ne soit que volage.
Oui, dit l'ange; mais nul de nous
Ne se mêle de mariage.
Tout compté, je ne vous dois rien :
Bon ange, adieu; portez-vous bien.

Vieillard, affranchi de regrets,
Au terme heureux enfin atteins-je?
Oui, dit l'ange, et je tiens tout prêts
De l'huile, un prêtre et du vieux linge.
Tout compté, je ne vous dois rien :
Bon ange, adieu; portez-vous bien.

De l'enfer serai-je habitant,
Ou droit au ciel veut-on que j'aille?
Oui, dit l'ange; ou bien non pourtant.
Crois-moi, tire à la courte-paille.
Tout compté je ne vous dois rien :
Bon ange, adieu; portez-vous bien.

Ce pauvre diable ainsi parlant
Mettait en gaieté tout l'hospice.
Il éternue, et, s'envolant,
L'ange lui dit : Dieu te bénisse!
Tout compté, je ne vous dois rien :
Bon ange, adieu; portez-vous bien.

LA MOUCHE.

Air : Je loge au quatrième étage.

Au bruit de notre gaieté folle,
Au bruit des verres, des chansons,
Quelle mouche murmure et vole,
Et revient quand nous la chassons? (*Bis.*)
C'est quelque dieu, je le soupçonne,
Qu'un peu de bonheur rend jaloux.
Ne souffrons point qu'elle bourdonne, } *Bis.*
Qu'elle bourdonne autour de nous.

Transformée en mouche hideuse,
Amis, oui c'est, j'en suis certain,
La Raison, déité grondeuse,
Qu'irrite un si joyeux festin.
L'orage approche, le ciel tonne;
Voilà ce que dit son courroux.
Ne souffrons point qu'elle bourdonne,
Qu'elle bourdonne autour de nous.

C'est la Raison qui vient me dire :
« A ton âge on vit en reclus.
« Ne bois plus tant, cesse de rire,
« Cesse d'aimer, ne chante plus. »
Ainsi son beffroi toujours sonne
Aux lueurs des feux les plus doux.
Ne souffrons point qu'elle bourdonne,
Qu'elle bourdonne autour de nous.

C'est la Raison ; gare à Lisette !
Son dard la menace toujours.
Dieux ! il perce la collerette :
Le sang coule ! accourez, Amours !
Amours, poursuivez la félonne ;
Qu'elle expire enfin sous vos coups.
Ne souffrons point qu'elle bourdonne,
Qu'elle bourdonne autour de nous.

Victoire ! amis, elle se noie
Dans l'aï que Lise a versé ;
Victoire ! et qu'aux mains de la Joie
Le sceptre enfin soit replacé. (*Bis.*)
Un souffle ébranle sa couronne ;
Une mouche nous troublait tous.
Ne craignons plus qu'elle bourdonne, ⎱ *Bis.*
Qu'elle bourdonne autour de nous. ⎰

LES LUTINS DE MONTLHÉRI.

Air : Ce soir-là sous son ombrage.

A pied, la nuit, en voyage,
Je m'étais mis à l'abri
Contre le vent et l'orage,
Dans la tour de Montlhéri.
Je chantais, lorsqu'un long rire
D'épouvante m'a glacé ;
 Puis tout haut j'entends dire :
 Notre règne est passé.

Des follets brillent dans l'ombre,
Et la voix que j'entendais
Se mêle aux cris d'un grand nombre
De lutins, de farfadets.
Au bruit d'une aigre trompette
Le sabbat a commencé.
 Plus haut la voix répète :
 Notre règne est passé.

« Non, dit la voix, plus de fêtes !
« Esprits, vite délogeons.
« La Raison, par ses conquêtes,
« Nous bannit des vieux donjons.
« Le monde a changé d'oracles ;
« Nos prodiges ont cessé.
 « L'homme fait des miracles ;
 « Notre règne est passé.

« Nous donnâmes à la Grèce
« Ces dieux créés pour les sens,
« Dont l'éternelle jeunesse
« Vivait de fleurs et d'encens.
« Dans la Gaule encor sauvage
« Pour nous le sang fut versé.
 « Hélas ! même au village
 « Notre règne est passé.

« On nous vit, sous vos trophées,
« Paladins et troubadours,
« Enchaîner aux pieds des fées
« Les rois, les saints, les Amours.
« La magie à notre empire

« Soumit le ciel courroucé.
« Des sorciers j'entends rire ;
« Notre règne est passé.

« La raison nous exorcise ;
« Esprits, fuyons sans retour. »
La voix se tait... O surprise !
J'ai cru voir crouler la tour.
De leur retraite chérie
Tous ont fui d'un vol pressé.
Au loin la voix s'écrie :
Notre règne est passé.

LA COMÈTE DE 1832 [1].

Air : A soixante ans il ne faut pas remettre.

Dieu contre nous envoie une comète ;
A ce grand choc nous n'échapperons pas.
Je sens déjà crouler notre planète ;
L'Observatoire y perdra ses compas.   (*Bis.*)
Avec la table, adieu tous les convives !
Pour peu de gens le banquet fut joyeux.   (*Bis.*)

---

[1] On n'a pas oublié qu'il y a quelques années, des astronomes allemands annoncèrent pour 1832 la rencontre d'une comète avec notre globe, et le bouleversement de celui-ci. Les savants de l'Observatoire se crurent obligés d'opposer leurs calculs à ceux de leurs confrères d'Allemagne.

Vite à confesse allez, âmes craintives. } *Bis.*
Finissons-en : le monde est assez vieux, }
   Le monde est assez vieux. (*Bis.*)

Oui, pauvre globe égaré dans l'espace,
Embrouille enfin tes nuits avec tes jours,
Et, cerf-volant dont la ficelle casse,
Tourne en tombant, tourne et tombe toujours.
Va, franchissant des routes qu'on ignore,
Contre un soleil te briser dans les cieux.
Tu l'éteindrais, que de soleils encore !
Finissons-en : le monde est assez vieux,
   Le monde est assez vieux.

N'est-on pas las d'ambitions vulgaires,
De sots parés de pompeux sobriquets,
D'abus, d'erreurs, de rapines, de guerres,
De laquais-rois, de peuples de laquais ?
N'est-on pas las de tous nos dieux de plâtre,
Vers l'avenir las de tourner les yeux ?
Ah ! c'en est trop pour si petit théâtre.
Finissons-en : le monde est assez vieux,
   Le monde est assez vieux.

Les jeunes gens me disent : Tout chemine ;
A petit bruit chacun lime ses fers ;
La presse éclaire, et le gaz illumine,
Et la vapeur vole aplanir les mers.
Vingt ans au plus, bonhomme, attends encore ;
L'œuf éclôra sous un rayon des cieux.
Trente ans, amis, j'ai cru le voir éclore.

Finissons-en : le monde est assez vieux,
　　Le monde est assez vieux.

Bien autrement je parlais quand la vie
Gonflait mon cœur et de joie et d'amour.
Terre, disais-je, ah ! jamais ne dévie
Du cercle heureux où Dieu sema le jour. (*Bis.*)
Mais je vieillis, la beauté me rejette;
Ma voix s'éteint; plus de concerts joyeux. (*Bis.*)
Arrive donc, implacable comète.
Finissons-en : le monde est assez vieux, } *Bis.*
　　Le monde est assez vieux. (*Bis.*)

LE TOMBEAU DE MANUEL.

Air : *T'en souviens-tu ?*

Tout est fini; la foule se disperse;
A son cercueil un peuple a dit adieu,
Et l'Amitié des larmes qu'elle verse
Ne fera plus confidence qu'à Dieu.
J'entends sur lui la terre qui retombe.
Hélas ! Français, vous l'allez oublier.
A vos enfants pour indiquer sa tombe, } *Bis.*
Prêtez secours au pauvre chansonnier.

Je quête ici pour honorer les restes
D'un citoyen votre plus ferme appui.
J'eus le secret de ses vertus modestes :
Bras, tête et cœur, tout était peuple en lui.

L'humble tombeau qui sied à sa dépouille
Est par nous tous un tribut à payer.
Près de sa fosse un ami s'agenouille :
Prêtez secours au pauvre chansonnier.

Mon cœur lui doit ces soins pieux et tendres.
Voilà douze ans qu'en des jours désastreux,
Sur les débris de la patrie en cendres,
Nous nous étions rencontrés tous les deux.
Moi, je chantais; lui, vétéran d'Arcole,
Sourit au luth vengeur d'un vieux laurier.
Grâce à vos dons, qu'un tombeau me console :
Prêtez secours au pauvre chansonnier.

L'ambition n'effleurait point sa vie;
Mais, même aux champs, rêvant un beau trépas,
Il écoutait si la France asservie,
En appelant, ne se réveillait pas.
Contre la mort j'aurais eu son courage,
Quand sur son bras je pouvais m'appuyer.
Ma voix pour lui demande un peu d'ombrage :
Prêtez secours au pauvre chansonnier.

Contre un pouvoir qui de nous se sépare
Son éloquence a toujours combattu.
Ce n'était pas la foudre qui s'égare;
C'était un glaive aux mains de la Vertu.
De la tribune on l'arrache; il en tombe
Entre les bras d'un peuple tout entier.
La haine est là; défendons bien sa tombe :
Prêtez secours au pauvre chansonnier.

Tu l'oublias, peuple encor trop volage,
Sitôt qu'à l'ombre il goûta le repos.
Mais noble esquif, mis à sec sur la plage,
Il dut compter sur le retour des flots.
La seule mort troubla la solitude
Où mes chansons accouraient l'égayer.
Pour effacer quatre ans d'ingratitude,
Prêtez secours au pauvre chansonnier.

Oui, qu'un tombeau témoigne de nos larmes.
Assistez-moi, vous pour qui j'ai chanté
Paix et concorde au bruit sanglant des armes,
Et sous le joug espoir et liberté.
Payez mes chants doux à votre mémoire :
Je tends la main au plus humble denier.
De Manuel pour consacrer la gloire,   ⎫
Prêtez secours au pauvre chansonnier.   ⎬ *Bis.*

PRÉFACES

ET

CHANSONS NOUVELLES

PRÉFACE

Novembre 1815.

Pourquoi les libraires ne cessent-ils de vouloir des préfaces, et pourquoi les lecteurs ont-ils cessé de les lire? On agite tous les jours, dans de graves assemblées, une foule de questions bien moins importantes que celle-ci; et je me propose de la résoudre dans un ouvrage en trois volumes in-8°, qui, si l'on en permet la publication, pourra amener la réforme de plusieurs abus très-dangereux. Forcé, en attendant, de me conformer à l'usage, je me creusais la tête depuis un mois pour trouver le moyen de dire au public, qui ne s'en soucie guère, qu'ayant fait des chansons, je prends le parti de les faire imprimer. Le Bourgeois-Gentilhomme, embrouillant son compliment à la belle comtesse, est moins embarrassé que je ne l'étais. J'appelais mes amis à mon aide; et l'un d'eux, profond érudit, vint il y a quelques jours m'offrir, pour mettre en tête de mon recueil, une dissertation qu'il trouve excellente, et dans laquelle il prouve que les *flonflons*, les *fariradondé*, les *tourelouribo*, et tant d'autres refrains qui ont eu le privilége de charmer nos pères, dérivent du grec et de l'hébreu. Quoique je sois ignorant comme un chansonnier, j'aime beaucoup les traits d'érudition. Enchanté de cette dissertation, je me préparais à en faire mon profit, ou plutôt celui du libraire, lorsqu'un autre de mes amis, car j'ai beaucoup d'amis (c'est ce qu'il est bon de consigner ici, attendu que les journaux pourront faire croire le contraire); lorsque, dis-je, un de mes amis, homme de plaisir et de bon sens, m'apporta d'un air empressé un chiffon de papier trouvé dans le fond d'un vieux secrétaire.

« C'est de l'écriture de Collé! me dit-il du plus loin qu'il m'aper-

« çut; j'ai confronté ce fragment avec le manuscrit des Mémoires
« du premier de nos chansonniers, et je vous en garantis l'authenti-
« cité. Vous verrez, en le lisant, pourquoi il n'a pas trouvé place
« dans ces Mémoires, qui ne contiennent pas toujours des choses
« aussi raisonnables. »

Je ne me le fis pas dire deux fois; je lus avec la plus grande attention ce morceau, dont le fond des idées me séduisit tellement, que d'abord je ne m'aperçus pas que le style pouvait faire douter un peu que Collé en fût l'auteur.

Malgré toutes les observations de mon ami le savant, qui tenait à ce que j'adoptasse sa dissertation, je fis sur-le-champ le projet de me servir, pour ma préface, de ce legs que le hasard me procurait dans l'héritage d'un homme qui n'a laissé que des collatéraux.

Ceux qui trouveront ce petit dialogue indigne de Collé pourront s'en prendre à l'ami qui me l'a fourni, et qui m'a assuré devoir en déposer le manuscrit chez un notaire, pour le soumettre à la confrontation des incrédules. Ces précautions prises, je le transcris ici en toute sûreté de conscience.

CONVERSATION

ENTRE MON CENSEUR ET MOI

15 Janvier 1768.

(Je prends la liberté de substituer le nom de Collé au Moi qui se trouve dans tout le dialogue.)

LE CENSEUR.

Voici, monsieur, mon approbation pour votre Théâtre de Société. Il contient des ouvrages charmants.

COLLÉ.

Et mes chansons, monsieur, mes chansons, comment les avez-vous traitées?

LE CENSEUR.

Vous me trouverez sévère. Mais je ne puis vous dissimuler que le choix ne m'en paraît pas sagement fait.

COLLÉ.

Connaîtriez-vous quelque bonne chanson que j'aurais omise?

LE CENSEUR.

J'ai été au contraire forcé d'indiquer la suppression d'un grand nombre.

COLLÉ, *feuilletant son manuscrit.*

Quoi, monsieur! vous exigez que je retranche...
(Ici le papier endommagé ne permet pas de deviner le titre des chansons supprimées par le censeur.)

LE CENSEUR.

Vous n'avez pas dû penser que cela passerait à la censure.

COLLÉ.

Elles ont bien passé ailleurs.

LE CENSEUR.

Raison de plus.

COLLÉ.

Pardonnez; je ne connaissais pas bien encore les raisons d'un censeur.

LE CENSEUR.

Examinons avec sang-froid les deux genres de chansons qui m'ont contraint à la sévérité. D'abord, pourquoi, dans des vaudevilles, mêlez-vous toujours quelques traits de satire relatifs aux circonstances?

COLLÉ.

Que ne me demandez-vous plutôt pourquoi je fais des vaudevilles? La chanson est essentiellement du parti de l'opposition. D'ailleurs, en frondant quelques abus qui n'en seront pas moins éternels, en ridiculisant quelques personnages à qui l'on pourrait souhaiter de n'être que ridicules, ai-je insulté jamais à ce qui a droit au respect de tous? Le respect pour le souverain paraît-il me coûter?

LE CENSEUR.

Mais les ministres, monsieur, les ministres! Si à Naples on peut sans danger offenser la Divinité, il n'y fait pas bon pour ceux qui parlent mal de saint Janvier.

COLLÉ.

Je le conçois : à Naples saint Janvier passe pour faire des miracles.

LE CENSEUR.

Vous y seriez aussi incrédule qu'à Paris.

COLLÉ.

Dites aussi clairvoyant.

LE CENSEUR.

Tant pis pour vous, monsieur. Au fait, de quoi se mêlent les faiseurs de chansons? vous en pouvez convenir avec moins de peine qu'un autre : les chansonniers sont en littérature ce que les ménétriers sont en musique.

COLLÉ.

Je l'ai dit cent fois avant vous. Mais convenez, à votre tour, qu'il en est quelques-uns qui ne jouent pas du violon pour tout le monde. Plusieurs ne seraient pas indignes de faire partie de la musique dont le grand Condé se servait pour ouvrir la tranchée [1], et tous deviennent utiles lorsqu'il s'agit de faire célébrer au peuple des triomphes dont sans eux, fort souvent, il ne sentirait que le poids.

LE CENSEUR.

Je n'ai point oublié la jolie chanson du Port-Mahon. Monsieur Collé ce n'est pas à vous qu'on reprochera l'*anglomanie;* mais cela ne suffit pas. Pourquoi, par exemple, vous être fait l'apôtre de certains principes d'indépendance qu'il vaudrait mieux combattre?

COLLÉ.

J'entends de quelles idées vous voulez parler. Combattre ces idées, monsieur! il n'y aurait pas plus de mérite à cela qu'à faire en Prusse des épigrammes contre les capucins. Ne trouvez-vous pas même que la plupart de ceux qui attaquent ces idées, qui peut-être au fond sont les vôtres, ressemblent à des aveugles qui voudraient casser les réverbères?

LE CENSEUR.

Je suis de votre avis, si vous voulez dire qu'ils frappent à côté. Mais revenons à vos chansons. Tout le monde rend justice à la loyauté de votre caractère, à la régularité de vos mœurs; et je pense qu'il sera aisé de vous convaincre du tort que vous feraient certaines *gaillardises* que je vous engage à faire disparaître de votre recueil.

COLLÉ.

C'est parce que je ne crains point qu'on examine mes mœurs que je me suis permis de peindre celles du temps avec une exactitude qui participe de leur licence [2].

LE CENSEUR.

Vos tableaux choqueront les regards des gens rigides.

COLLÉ.

La chasteté porte un bandeau.

LE CENSEUR.

Elle n'est pas sourde, et le ton libre de plusieurs de vos chansons peut augmenter la corruption dont vous faites la satire.

---

[1] Le grand Condé ouvrit la tranchée devant Lérida au son des violons et des hautbois.

[2] Plusieurs de ces raisonnements se retrouvent dans une notice piquante et spirituelle placée en tête du recueil complet des chansons de Collé, publié par M. Auger, censeur et membre de l'Académie française.

COLLÉ.

Quoi ! comme l'a dit le bon La Fontaine,

> Les mères, les maris, me prendront aux cheveux
> Pour dix ou douze contes bleus !
> Voyez un peu la belle affaire !
> Ce que je n'ai pas fait, mon livre irait le faire !

LE CENSEUR.

L'autorité d'un grand homme est déplacée ici. Il ne s'agit que de bagatelles que vous pouvez bien sacrifier sans regret.

COLLÉ.

En avez-vous de les connaître ?

LE CENSEUR.

Je ne dis pas cela.

COLLÉ.

En êtes-vous moins censeur et très-censeur ?

LE CENSEUR.

Je vous en fais juge.

COLLÉ.

Eh bien, après avoir lu ou chanté en secret mes couplets les plus graveleux, les prudes n'en auront pas plus de charité, et les bigots pas plus de tolérance. Laissez à ces gens-là le soin de me mettre à l'*index*. Si vous leur ôtez le plaisir de crier de temps à autre, on finira par croire à la réalité de leurs vertus. Mes chansons peuvent fournir une occasion de savoir à quoi s'en tenir sur le compte de ces messieurs et de ces dames. C'est un service qu'elles rendront aux gens véritablement sages, qui, toujours indulgents, pardonnent des écarts à la gaieté, et permettent à l'innocence de sourire.

LE CENSEUR.

Hors de mon cabinet, je pourrais trouver vos raisons bonnes ; ici elles ne sont que spécieuses. Je vous répète donc qu'il est impossible que j'autorise l'impression des chansons que vous défendez si bien.

COLLÉ.

En ce cas, je prends mon parti. Je les ferai imprimer en Hollande, sous le titre de *Chansons que mon censeur n'a pas dû me passer.*

LE CENSEUR.

Je vous en retiens un exemplaire.

COLLÉ.

Vous mériteriez que je vous les dédiasse.

LE CENSEUR.

Vous pouvez les adresser mieux, vous, monsieur Collé, qui avez pour protecteur un prince de l'auguste maison dont vous avez si bien fait parler le héros.

COLLÉ.

Que ne me protége-t-il contre les censeurs?

LE CENSEUR.

Et contre les feuilles périodiques.

COLLÉ.

En effet, elles sont la seconde plaie de la littérature.

LE CENSEUR.

Quelle est la première, s'il vous plaît?

COLLÉ.

Je vous le laisse à deviner, et cours chez l'imprimeur, qui m'attend.

LE CENSEUR.

Un moment. Je sais que jour par jour vous écrivez ce que vous avez dit et fait. Ne vous avisez point de transcrire ainsi notre conversation.

COLLÉ.

Vous n'y seriez point compromis.

LE CENSEUR.

Bien; mais un jour quelque écolier pourrait s'appuyer de vos arguments, et, à l'abri de votre nom, tenter de justifier...

Ici l'écriture, absolument illisible, m'a privé du reste de ce dialogue, qui n'est peut-être intéressant que pour un auteur placé dans une situation pareille à celle où Collé s'est trouvé. Malgré le soin qu'il avait pris de ne pas le joindre aux Mémoires de sa vie, ce que le censeur avait craint est arrivé; et l'écolier n'hésite point à se servir du nom de son maître, au risque d'être en butte à de graves reproches. Mon ami l'érudit m'a annoncé qu'il m'en arriverait malheur, et, pour donner du poids au pronostic, m'a retiré sa dissertation sur les flonflons. Le public n'y perdra rien. Il doit l'augmenter considérablement, et l'adresser en forme de mémoire à la troisième classe de l'Institut. Elle obtiendra peut-être plus de succès que je n'ose en espérer pour mon recueil. Le moment serait mal choisi pour publier des chansons, si la futilité même des productions n'était pas une recommandation, à une époque où l'on a plus besoin de se distraire que de s'occuper. Souhaitons que bientôt l'on puisse lire des poëmes épiques, sans souhaiter néanmoins qu'il en paraisse autant que chaque année voit éclore de chansonniers nouveaux.

POST-SCRIPTUM DE 1821.

Je crois inutile d'ajouter aucune réflexion à cette préface du recueil chantant que je publiai à la fin de 1815. J'ai fait depuis quelques tentatives pour étendre le domaine de la chanson. Le succès seul peut les justifier. Des amateurs du genre pourront se plaindre de la gravité de certains sujets que j'ai cru pouvoir traiter. Voici ma réponse : La chanson vit de l'inspiration du moment. Notre époque est sérieuse, même un peu triste : j'ai dû prendre le ton qu'elle m'a donné; il est probable que je ne l'aurais pas choisi. Je pourrais repousser aussi plusieurs autres critiques, s'il n'était naturel de penser qu'on accordera trop peu d'attention à ces chansons pour qu'il soit nécessaire de les défendre sérieusement. Un recueil de chansons est et sera toujours un livre sans conséquence.

CHANSONS NOUVELLES

ET DERNIÈRES

DÉDICACE

A

M. LUCIEN BONAPARTE

PRINCE DE CANINO.

En 1803, privé de ressources, las d'espérances déçues, versifiant sans but et sans encouragement, sans instruction et sans conseils, j'eus l'idée (et combien d'idées semblables étaient restées sans résultat), j'eus l'idée de mettre sous enveloppe mes informes poésies et de les adresser, par la poste, au frère du premier consul, M. Lucien Bonaparte, déjà célèbre par un grand talent oratoire et par l'amour des arts et des lettres. Mon épître d'envoi, je me le rappelle encore, digne d'une jeune tête toute républicaine, portait l'empreinte de l'orgueil blessé par le besoin de recourir à un protecteur. Pauvre, inconnu, désappointé tant de fois, je n'osais compter sur le succès d'une démarche que personne n'appuyait. Mais le troisième jour, ô joie indicible! M. Lucien m'appelle auprès de lui, s'informe de ma position, qu'il adoucit bientôt, me parle en poëte et me prodigue des encouragements et des conseils. Malheureusement il est forcé de s'éloigner de la France. J'allais me croire oublié, lorsque je reçois de Rome une procuration pour toucher le traitement de l'Institut, dont M. Lucien était membre, avec une lettre que j'ai précieusement conservée et où il me dit :

« Je vous adresse une procuration pour toucher mon traitement de l'Institut. Je vous prie d'accepter ce traitement, et je ne doute pas que, si vous continuez de cultiver votre talent par le travail, vous ne soyez un jour un des ornements de notre Parnasse. Soignez surtout la délicatesse du rhythme : ne cessez pas d'être hardi, mais soyez plus élégant, » etc., etc.

Jamais on n'a fait le bien avec une grâce plus encourageante ; jamais, en arrachant un jeune poëte à la misère, on ne l'a mieux relevé à ses propres yeux. Aux sages avis qui accompagnent de tels bienfaits, on sent que ce n'est pas la froide main d'une générosité banale qui vient vous tirer de l'abîme. Quel cœur n'en eût été vivement ému! j'aurais voulu pouvoir rendre ma reconnaissance publique ; la censure s'y opposa. Mon protecteur était proscrit comme il l'est encore.

Pendant les *Cent-Jours*, M. Lucien Bonaparte me fit entendre qu'en m'adonnant à la chanson je détournais mon talent de la vocation plus élevée qu'il semblait avoir eue d'abord. Je le sentais, mais j'ai toujours penché à croire qu'à certaines époques les lettres et les arts ne doivent pas être de simples objets de luxe, et je commençais à deviner le parti qu'on pourrait tirer, pour la cause de la liberté, d'un genre de poésie éminemment national. Je ne sais ce que M. Lucien pense aujourd'hui de mes chansons ; j'ignore même s'il les connaît. Je lui ai plusieurs fois écrit pendant la Restauration, sans en obtenir de réponse. En vain me suis-je dit qu'en me répondant il craignait sans doute de me compromettre, son silence m'a affligé. Depuis la Révolution de juillet j'ai cru devoir attendre la publication de mon dernier recueil pour lui rappeler tout ce qu'il a fait pour moi.

En ce moment où mes regards se portent en arrière, il m'est bien doux de les arrêter sur l'homme illustre qui jadis m'a sauvé de l'infortune ; sur celui qui, en me donnant foi dans mon talent, a rendu à mon âme les forces que le malheur allait achever de lui ravir! Sa protection placée ailleurs eût pu procurer un grand poëte à la France, mais elle ne pouvait rencontrer un cœur plus reconnaissant.

Le souvenir de mon bienfaiteur me suivra jusque dans la tombe. J'en atteste les larmes que je répands encore après trente ans, lorsque je me reporte au jour béni cent fois où, assuré d'une telle protection, je crus tenir de la Providence elle-même une promesse de bonheur et de gloire.

Puisse l'hommage de ces sentiments si vrais, si mérités, parvenir jusqu'à M. Lucien Bonaparte, et adoucir pour lui l'exil où mes vœux ne sont que trop habitués à l'aller chercher! Puisse surtout ma voix être entendue, et la France se hâter enfin de tendre les bras à ceux de ses enfants qui portent le grand nom dont elle sera éternellement fière!

Passy, 15 janvier 1833.

PRÉFACE DE L'AUTEUR.

Au moment de prendre congé du public, je sens avec une émotion plus profonde la reconnaissance que je lui dois; je me retrace plus vivement les marques d'intérêt dont il m'a comblé, depuis près de vingt ans que mon nom a commencé à lui être connu.

Telle a été sa bienveillance, qu'il n'eût tenu qu'à moi de me faire illusion sur le mérite de mes ouvrages. J'ai toujours mieux aimé attribuer ma popularité, qui m'est bien chère, à mes sentiments patriotiques, à la constance de mes opinions, et j'ose ajouter, au dévouement désintéressé avec lequel je les ai défendues et propagées.

Qu'il me soit donc permis de rendre compte à ce même public, dans une simple causerie, des circonstances et des impressions qui m'ont été particulières, et auxquelles se rattache la publication des chansons qu'il a accueillies si favorablement. C'est une sorte de narration familière où il reconnaîtra du moins tout le prix que j'attache à ses suffrages.

Je dois parler d'abord de ce dernier volume.

Chacune de mes publications a été pour moi le résultat d'un pénible effort. Celle-ci m'aura causé à elle seule plus de malaise que toutes les autres ensemble. Elle est la dernière; malheureusement elle vient trop tard. C'est immédiatement après la Révolution de juillet que ce volume eût dû paraître : ma modeste mission était alors terminée. Mes éditeurs savent pourquoi il ne m'a pas été permis d'achever plus tôt un rôle privé désormais de l'intérêt qu'il pouvait avoir sous le règne de la légitimité. Beaucoup de chansons de ce nouveau recueil appartiennent à ce temps déjà loin de nous, et plusieurs même auront besoin de notes.

Mes chansons, c'est moi. Aussi le triste progrès des années s'y fait sentir au fur et à mesure que les volumes s'accumulent, ce qui me fait craindre que celui-ci ne paraisse bien sérieux. Si beaucoup de personnes m'en font un reproche, quelques-unes m'en sauront gré, je l'espère; elles reconnaîtront que l'esprit de l'époque actuelle a dû contribuer, non moins que mon âge, à rendre le choix de mes sujets plus grave et plus philosophique.

Les chansons nées depuis 1830 semblent, en effet, se rattacher plutôt aux questions d'intérêt social qu'aux discussions purement politiques. En doit-on être étonné? Une fois qu'on suppose reconquis le principe gouvernemental pour lequel on a combattu, il est naturel que l'intelligence éprouve le besoin d'en faire l'application au profit du plus grand nombre. Le bonheur de l'humanité a été le songe de ma vie. J'en ai l'obligation, sans doute, à la classe dans laquelle je suis né, et à l'éducation pratique que j'y ai reçue. Mais il a fallu bien des circonstances extraordinaires pour qu'il fût permis à un chansonnier de s'immiscer dans les hautes questions d'améliorations sociales. Heureusement une foule d'hommes jeunes et courageux, éclairés et ardents, ont donné depuis peu un grand développement à ces questions, et sont parvenus à les rendre presque vulgaires. Je souhaite que quelques-unes de mes compositions prouvent à ces esprits élevés ma sympathie pour leur généreuse entreprise.

Je n'ai rien à dire des chansons qui appartiennent au temps de la Restauration, si ce n'est qu'elles sont sorties toutes faites de la prison de la *Force*. J'aurais peu tenu à les imprimer, si elles ne complétaient ces espèces de mémoires chantants que je publie depuis 1815. Je n'ai pas, au reste, à craindre qu'on me fasse le reproche de ne montrer de courage que lorsque l'ennemi a disparu. On pourra même remarquer que ma détention, bien qu'assez longue, ne m'avait nullement aigri : il est vrai qu'alors je croyais voir s'approcher l'accomplissement de mes prophéties contre les Bourbons. C'est ici l'occasion de m'expliquer sur la petite guerre que j'ai faite aux princes de la branche déchue.

Mon admiration enthousiaste et constante pour le génie de l'Empereur, ce qu'il inspirait d'idolâtrie au peuple, qui ne cessa de voir en lui le représentant de l'égalité victorieuse; cette admiration, cette idolâtrie, qui devaient faire un jour de Napoléon le plus noble objet de mes chants, ne m'aveuglèrent jamais sur le despotisme toujours croissant de l'Empire. En 1814, je ne vis dans la chute du colosse que les malheurs d'une patrie que la République m'avait appris à adorer. Au retour des Bourbons, qui m'étaient indifférents, leur faiblesse me parut devoir rendre facile la renaissance des libertés nationales. On nous assurait qu'ils feraient alliance avec elles : malgré la Charte, j'y croyais peu; mais on pouvait leur imposer ces libertés. Quant au peuple, dont je ne me suis jamais séparé, après le dénoûment fatal de si longues guerres, son opinion ne me parut pas d'abord décidément contraire aux maîtres qu'on venait d'exhumer pour lui. Je chantai alors la gloire de la France; je la chantai en présence des étrangers, frondant déjà toutefois quelques ridicules de cette époque, sans être encore hostile à la royauté restaurée.

On m'a reproché d'avoir fait une opposition de haine aux Bourbons; ce que je viens de dire répond à cette accusation, que peu de personnes aujourd'hui, j'en suis sûr, tiendraient à repousser, et qu'autrefois j'acceptais en silence.

Les illusions durèrent peu ; quelques mois suffirent pour que chacun pût se reconnaître, et dessillèrent les yeux des moins clairvoyants ; je ne parle que des gouvernés.

Le retour de l'Empereur vint bientôt partager la France en deux camps, et constituer l'opposition qui a triomphé en 1830. Il releva le drapeau national et lui rendit son avenir, en dépit de Waterloo et des désastres qui en furent la suite. Dans les *Cent-Jours*, l'enthousiasme populaire ne m'abusa pas : je vis que Napoléon ne pouvait gouverner constitutionnellement; ce n'était pas pour cela qu'il avait été donné au monde. Tant bien que mal, j'exprimai mes craintes dans la chanson intitulée la *Politique de Lise*, dont la forme a si peu de rapport avec le fond : ainsi que le prouve mon premier recueil, je n'avais pas encore osé faire prendre à la chanson un vol plus élevé; ses ailes poussaient. Il me fut plus facile de livrer au ridicule les Français qui ne rougissaient pas d'appeler de leurs vœux impies le triomphe et le retour des armées étrangères. J'avais répandu des larmes à leur première entrée à Paris ; j'en versai à la seconde : il est peut-être des gens qui s'habituent à de pareils spectacles.

J'eus alors la conviction profonde que, les Bourbons fussent-ils tels que l'osaient encore dire leurs partisans, il n'y avait plus pour eux possibilité de gouverner la France, ni pour la France possibilité de leur faire adopter les principes libéraux, qui, depuis 1814, avaient reconquis tout ce que leur avaient fait perdre la terreur, l'anarchie directoriale et la gloire de l'Empire. Cette conviction, qui ne m'a plus abandonné, je la devais moins d'abord aux calculs de ma raison qu'à l'instinct du peuple. A chaque événement je l'ai étudié avec un soin religieux, et j'ai presque toujours attendu que ses sentiments me parussent en rapport avec mes réflexions pour en faire ma règle de conduite dans le rôle que l'opposition d'alors m'avait donné à remplir. Le peuple, c'est ma muse.

C'est cette muse qui me fit résister aux prétendus sages, dont les conseils, fondés sur des espérances chimériques, me poursuivirent maintes fois. Les deux publications qui m'ont valu des condamnations judiciaires m'exposèrent à me voir abandonné de beaucoup de mes amis politiques. J'en courus le risque. L'approbation des masses me resta fidèle, et les amis revinrent [1].

Je tiens à ce qu'on sache bien qu'à aucune époque de ma vie de chansonnier je n'ai donné droit à personne de me dire : Fais ou ne fais pas ceci ; va ou ne va pas jusque-là. Quand je sacrifiai le modeste emploi que je ne devais qu'à M. Arnault, et qui était alors ma seule ressource, des hommes pour qui j'ai conservé une reconnaissance profonde me firent des offres avantageuses que j'eusse pu accepter sans rougir ; mais ils avaient une position politique trop influente pour qu'elle ne m'eût pas gêné quelquefois. Mon humeur indépendante résista aux séductions de l'amitié. Aussi étais-je surpris et affligé lorsqu'on me disait le pensionné de tel ou tel, de Pierre ou de Paul, de Jacques ou de Philippe. Si cela eût été, je n'en aurais pas fait mystère. C'est parce que je sais quel pouvoir la reconnaissance exerce sur moi que j'ai craint de contracter de semblables obligations, même envers les hommes que j'estime le plus [2].

---

[1] Par un rapprochement singulier, dont je m'honore, ces deux condamnations me réunirent en prison à M. Cauchois-Lemaire, ex-proscrit, écrivain encore plus intempestif que moi, c'est-à-dire plus courageux, et par conséquent aussi plus abandonné des uns et plus maltraité des autres.

[2] J'ai cependant reçu un service pécuniaire à cette époque. Lorsque j'étais à la Force, en 1829, une souscription fut ouverte pour payer mon amende et les

Il en est un que mes lecteurs auront nommé d'abord : M. Laffitte. Peut-être ses instances eussent-elles fini par triompher de mes refus, si des malheurs dont la France entière a gémi n'étaient venus mettre un terme à l'infatigable générosité de ce grand et vertueux citoyen, le seul homme de notre temps qui ait su rendre la richesse populaire.

La Révolution de juillet a aussi voulu faire ma fortune ; je l'ai traitée comme une puissance qui peut avoir des caprices auxquels il faut être en mesure de résister. Tous ou presque tous mes amis ont passé au ministère : j'en ai même encore un ou deux qui restent suspendus à ce mât de cocagne. Je me plais à croire qu'ils y sont accrochés par la basque, malgré les efforts qu'ils font pour descendre. J'aurais donc pu avoir part à la distribution des emplois. Malheureusement je n'ai pas l'amour des sinécures, et tout travail obligé m'est devenu insupportable, hors peut-être encore celui d'expéditionnaire. Des médisants ont prétendu que je faisais de la vertu. Fi donc! Je faisais de la paresse. Ce défaut m'a tenu lieu de bien des qualités ; aussi je le recommande à beaucoup de nos honnêtes gens. Il expose pourtant à de singuliers reproches. C'est à cette paresse si douce que des censeurs rigides ont attribué l'éloignement où je me suis tenu de ceux de mes honorables amis qui ont eu le malheur d'arriver au pouvoir. Faisant trop d'honneur à ce qu'ils veulent bien appeler ma bonne tête, et oubliant trop combien il y a loin du simple bon sens à la science des grandes affaires, ces censeurs prétendent que mes conseils eussent éclairé plus d'un ministre. A les en croire, tapi derrière le fauteuil de velours de nos hommes d'État, j'aurais conjuré les vents, dissipé les orages, et fait nager la France dans un océan de délices. Nous aurions tous de la liberté à revendre ou plutôt à donner. Car nous n'en savons pas bien encore le prix. Eh! messieurs mes deux ou trois amis, qui prenez un chansonnier pour un magicien, on ne vous a donc pas dit que le pouvoir est une cloche qui empêche ceux qui la mettent en

---

frais de justice. Malgré tous les efforts de mes jeunes amis de la société *Aide-toi, le ciel t'aidera*, la souscription ne fut pas remplie entièrement, grâce aux mêmes personnes qui avaient empêché la réélection de Manuel en 1824. Je n'ai point su quelle somme il manquait ; mais je n'ai pu ignorer que l'un de nos plus recommandables citoyens, M. Bérard, chez qui la souscription était ouverte, m'acquitta envers le fisc. Ce service, au reste, doit me sembler de peu d'importance, comparé à ceux de tout genre que m'a rendus l'amitié de M. Bérard.

branle d'entendre aucun autre son! Sans doute des ministres consultent quelquefois ceux qu'ils ont sous la main : consulter est un moyen de parler de soi qu'on néglige rarement. Mais il ne suffirait pas de consulter de bonne foi des gens qui conseilleraient de même; il faudrait encore exécuter : ceci est la part du caractère. Les intentions les plus pures, le patriotisme le plus éclairé, ne le donnent pas toujours. Qui n'a vu de hauts personnages quitter un donneur d'avis avec une pensée courageuse, et, l'instant d'après, revenir vers lui, de je ne sais quel lieu de fascination, avec l'embarras d'un démenti donné aux résolutions les plus sages! Oh! disent-ils, nous n'y serons plus repris! quelle galère! Le plus honteux ajoute : Je voudrais bien vous voir à ma place. Quand un ministre dit cela, soyez sûr qu'il n'a plus la tête à lui. Cependant il en est un, mais un seul, qui, sans avoir perdu la tête, a répété souvent ce mot de la meilleure foi du monde; aussi ne l'adressait-il jamais à un ami.

Je n'ai connu qu'un homme dont il ne m'eût pas été possible de m'éloigner, s'il fût arrivé au pouvoir. Avec son imperturbable bon sens, plus il était propre à donner de sages conseils, plus sa modestie lui faisait rechercher ceux des gens dont il avait éprouvé la raison. Les déterminations une fois prises, il les suivait avec fermeté et sans jactance. S'il en avait reçu l'inspiration d'un autre, ce qui était rare, il n'oubliait point de lui en faire honneur. Cet homme, c'était Manuel, à qui la France doit encore un tombeau.

Sous le ministère emmiellé de M. de Martignac, lorsque, fatigués d'une lutte si longue contre la légitimité, plusieurs de nos chefs politiques travaillaient à la fameuse fusion, un d'eux s'écria : Sommes-nous heureux que celui-là soit mort! C'est un éloge funèbre qui dit tout ce que Manuel vivant n'eût pas fait à cette époque de promesses hypocrites et de concessions funestes.

Moi, je puis dire ce qu'il aurait fait pendant les Trois-Journées. La rue d'Artois, l'Hôtel-de-Ville et les barricades l'auraient vu tour à tour, délibérant ici, se battant là; mais les barricades d'abord, car son courage de vieux soldat s'y fût trouvé plus à l'aise au milieu de tout le brave peuple de Paris. Oui, il eût travaillé au berceau de notre révolution. Certes, on n'eût pas eu à dire de lui ce qu'on a répété de plusieurs, qu'ils sont comme des greffiers de mairie qui se croiraient les pères des enfants dont ils n'ont que dressé l'acte de naissance.

Il est vraisemblable que Manuel eût été forcé d'accepter une part aux affaires du nouveau gouvernement. Je l'aurais suivi les yeux fermés, par tous les chemins qu'il lui eût fallu prendre pour revenir bientôt sans doute au modeste asile que nous partagions. Patriote avant tout, il fût rentré dans la vie privée sans humeur, sans arrière-pensées ; à l'heure qu'il est, de l'opposition probablement encore, mais sans haine de personnes, car la force donne de l'indulgence, mais sans désespérer du pays, parce qu'il avait foi dans le peuple.

Le bonheur de la France le préoccupait sans cesse ; eût-il vu accomplir ce bonheur par d'autres que lui, sa joie n'en eût pas été moins grande. Je n'ai jamais rencontré d'homme moins ambitieux, même de célébrité. La simplicité de ses mœurs lui faisait chérir la vie des champs. Dès qu'il eût été sûr que la France n'avait plus besoin de lui, je l'entends s'écrier : Allons vivre à la campagne.

Ses amis politiques ne l'ont pas toujours bien apprécié ; mais, survenait-il quelque embarras, quelque danger, tous s'empressaient de recourir à sa raison imperturbable, à son inébranlable courage. Son talent ressemblait à leur amitié : c'est dans les moments de crise qu'il en avait toute la plénitude, et que bien des faiseurs de phrases, qu'on appelle orateurs, baissaient la tête devant lui.

Tel fut l'homme que je n'aurais pas quitté, eût-il dû vieillir dans une position éminente. Loin de lui la pensée de m'affubler d'aucun titre, d'aucun emploi ! car il respectait mes goûts. C'est comme simple volontaire qu'il eût voulu me garder à ses côtés sur le champ de bataille du pouvoir. Et moi, en restant auprès de lui, je lui aurais du moins fait gagner le temps que lui eussent pris, chaque jour, les visites qu'il n'eût pas manqué de me faire, si je m'étais obstiné à vivre dans notre paisible retraite. Aux sentiments les plus élevés s'unissaient dans son cœur les affections les plus douces ; il n'était pas moins tendre ami que citoyen dévoué.

Ces derniers mots suffiront pour justifier cette digression, qui d'ailleurs ne peut déplaire aux vrais patriotes. Ils n'ont jamais plus regretté Manuel que depuis la Révolution de juillet, en dépit de quelques gens qui peut-être répètent tout bas : Sommes-nous heureux que celui-là soit mort !

Il est temps de jeter un coup d'œil général sur mes chansons. Je le confesse d'abord : je conçois les reproches que plusieurs ont dû m'attirer de la part des esprits austères, peu disposés à pardonner quelque chose, même à un livre qui n'a pas la prétention de servir à l'éducation des demoiselles. Je dirai seulement, sinon comme défense, au moins comme excuse, que ces chansons, folles inspirations de la jeunesse et de ses retours, ont été des compagnes fort utiles, données aux graves refrains et aux couplets politiques. Sans leur assistance, je suis tenté de croire que ceux-ci auraient bien pu n'aller ni aussi loin, ni aussi bas, ni même aussi haut; ce dernier mot dût-il scandaliser les vertus de salon.

Quelques-unes de mes chansons ont été traitées d'impies, les pauvrettes ! par MM. les procureurs du roi, avocats généraux et leurs substituts, qui sont tous gens très-religieux à l'audience. Je ne puis à cet égard que répéter ce qu'on a dit cent fois. Quand, de nos jours, la religion se fait instrument politique, elle s'expose à voir méconnaître son caractère sacré; les plus tolérants deviennent intolérants pour elle; les croyants, qui croient autre chose que ce qu'elle enseigne, vont quelquefois, par représailles, l'attaquer jusque dans son sanctuaire. Moi, qui suis de ces croyants, je n'ai jamais été jusque-là : je me suis contenté de faire rire de la livrée du catholicisme. Est-ce de l'impiété ?

Enfin, grand nombre de mes chansons ne sont que des inspirations de sentiments intimes ou des caprices d'un esprit vagabond; ce sont là mes filles chéries : voilà tout le bien que j'en veux dire au public. Je ferai seulement observer encore qu'en jetant une grande variété dans mes recueils, celles-ci ont dû n'être pas inutiles non plus au succès des chansons politiques.

Quant à ces dernières, à n'en croire même que les adversaires les plus prononcés de l'opinion que j'ai défendue pendant quinze ans, elles ont exercé une puissante influence sur les masses, seul levier qui désormais rende les grandes choses possibles. L'honneur de cette influence, je ne l'ai pas réclamé au moment de la victoire : mon courage s'évanouit aux cris qu'elle fait pousser. Je crois, en vérité, que la défaite va mieux à mon humeur. Aujourd'hui j'ose donc réclamer ma part dans le triomphe de 1830, triomphe que je n'ai su chanter que longtemps après, et devant les sépultures des citoyens à qui nous le devons. Ma chanson d'*adieu* se ressent de ce mouvement de vanité politique, produit sans doute par les flatteries qu'une jeunesse enthousiaste m'a prodiguées et me prodigue encore. Prévoyant que bientôt l'oubli enveloppera les chansons et le chansonnier, c'est une épitaphe que j'ai voulu préparer pour notre tombe commune.

Malgré tout ce que l'amitié a pu faire, malgré les plus illustres suffrages et l'indulgence des interprètes de l'opinion publique, j'ai toujours pensé que mon nom ne me survivrait pas, et que ma réputation déclinerait d'autant plus vite qu'elle a été nécessairement fort exagérée par l'intérêt de parti qui s'y est attaché. On a jugé de sa durée par son étendue; j'ai fait, moi, un calcul différent qui se réalisera de mon vivant, pour peu que je vieillisse. A quoi bon nous révéler cela? diront quelques aveugles. Pour que mon pays me sache gré, surtout, de m'être livré au genre de poésie que j'ai jugé le plus utile à la cause de la liberté, lorsque je pouvais tenter des succès plus solides dans les divers genres que j'avais cultivés d'abord.

Sur le point de faire ici un examen consciencieux de ces productions fugitives, le courage m'a manqué, je l'avoue. J'ai craint qu'on ne me prît au mot lorsque je relèverais des fautes, et qu'on ne fît la sourde oreille aux cajoleries paternelles que je pourrais adresser à mes chansons; car encore faut-il bien que tout n'en soit pas mauvais. Puis, malgré la politesse des critiques à mon égard, ce serait peut-être pousser la reconnaissance trop loin que de faire ainsi leur besogne. Je le répète : le courage m'a manqué. On n'incendie guère sa maison que lorsqu'elle est assurée. Ce que je puis dire d'avance à ceux qui se font les exécuteurs des hautes œuvres littéraires, c'est que je suis complétement innocent des éloges exagérés qui m'ont été prodigués; que jamais il ne m'est arrivé de solliciter le moindre article de bienveillance ; que j'ai été même jusqu'à prier des amis journalistes d'être pour moi plus sobres de louanges ; que, loin de vouloir ajouter le bruit au bruit, j'ai évité les ovations qui l'augmentent, me suis tenu loin des coteries qui le propagent, et que j'ai fermé ma porte aux commis voyageurs de la Renommée, ces gens qui se chargent de colporter votre réputation en province et jusque dans l'étranger, dont les *revues* et les *magasins* leur sont ouverts.

Je n'ai jamais poussé mes prétentions plus haut que ne l'indique le titre de chansonnier, sentant bien qu'en mettant toute ma gloire à conserver ce titre auquel je dois tant, je lui devrais encore d'être jugé avec plus d'indulgence, placé par là loin et au-dessous de toutes les grandes illustrations de mon siècle. Le besoin de cette position spéciale a toujours dû m'ôter l'idée de courir après les dignités littéraires les plus enviées et les plus dignes de l'être, quelque instance que m'aient faite des amis influents et dévoués, qui, dans la poursuite de ces dignités, me promettaient, je suis honteux de le dire, plus de bonheur que n'en a eu B. Constant, grand publiciste, grand orateur, grand écrivain. Pauvre Constant!

A ceux qui douteraient de la sincérité de mes paroles je répondrai :

Les rêves poétiques les plus ambitieux ont bercé ma jeunesse; il n'est presque point de genre élevé que je n'aie tenté en silence. Pour remplir une immense carrière, à vingt ans, dépourvu d'études, même de celle de latin, j'ai cherché à pénétrer le génie de notre langue et les secrets du style. Les plus nobles encouragements m'ont été donnés alors. Je vous le demande : croyez-vous qu'il ne me soit rien resté de tout cela, et qu'aujourd'hui, jetant un regard de profonde tristesse sur le peu que j'ai fait, je sois disposé à m'en exagérer la valeur? mais j'ai utilisé ma vie de poëte, et c'est là ma consolation. Il fallait un homme qui parlât au peuple le langage qu'il entend et qu'il aime, et qui se créât des imitateurs pour varier et multiplier les versions du même texte. J'ai été cet homme. La Liberté et la Patrie, dira-t-on, se fussent bien passées de vos refrains. La Liberté et la Patrie ne sont pas d'aussi grandes dames qu'on le suppose : elles ne dédaignent le concours de rien de ce qui est populaire. Il y aurait, selon moi, injustice à porter sur mes chansons un jugement où il ne me serait pas tenu compte de l'influence qu'elles ont exercée. Il est des instants, pour une nation, où la meilleure musique est celle du tambour qui bat la charge.

Après tout, si l'on trouve que j'exagère beaucoup l'importance de mes couplets, qu'on pardonne au vétéran qui prend sa retraite de grossir tant soit peu ses états de service. On pourra même observer que je parle à peine de mes blessures. D'ailleurs, la récompense que je sollicite ne fera pas ajouter un centime au budget.

Comme chansonnier, il me faut répondre à une critique que j'ai vue plusieurs fois reproduite. On m'a reproché d'avoir dénaturé la chanson en lui faisant prendre un ton plus élevé que celui des Collé, des Panard, des Désaugiers. J'aurais mauvaise grâce à le contester, car c'est, selon moi, la cause de mes succès. D'abord, je ferai remarquer que la chanson, comme plusieurs autres genres, est toute une langue, et que, comme telle, elle est susceptible de prendre les tons les plus opposés. J'ajoute que, depuis 1789, le peuple ayant mis la main aux affaires du pays, ses sentiments et ses idées patriotiques ont acquis un très-grand développement; notre histoire le prouve. La chanson, qu'on avait définie l'*expression des sentiments populaires*, devait dès lors s'élever à la hauteur des impressions de joie ou de tristesse que les triomphes ou les désastres produisaient sur la classe la plus nombreuse. Le vin et l'amour ne pouvaient guère plus que fournir des cadres pour les idées qui préoccupaient le peuple exalté par la Révolution, et ce n'était plus seulement avec les maris trompés, les procureurs avides et la *barque à Caron*, qu'on pouvait obtenir l'honneur d'être chanté par nos artisans et nos soldats aux tables des guinguettes. Ce succès ne suffisait pas encore; il fallait de plus que la nouvelle expression des sentiments du peuple pût obtenir l'entrée des salons pour y faire des conquêtes dans l'intérêt de ces sentiments. De là, autre nécessité de perfectionner le style et la poésie de la chanson.

Je n'ai pas fait seul toutes les chansons depuis quinze ou dix-huit ans. Qu'on feuillette tous les recueils, et l'on verra que c'est dans le style le plus grave que le peuple voulait qu'on lui parlât de ses regrets et de ses espérances. Il doit sans doute l'habitude de ce diapason élevé à l'immortelle *Marseillaise*, qu'il n'a jamais oubliée, comme on l'a pu voir dans la grande Semaine.

Pourquoi nos jeunes et grands poëtes ont-ils dédaigné les succès que, sans nuire à leurs autres travaux, la chanson leur eût procurés? Notre cause y eût gagné, et j'ose le leur dire, eux-mêmes eussent profité à descendre quelquefois des hauteurs de notre vieux Pinde, un peu plus aristocratique que ne le voudrait le génie de notre bonne langue française. Leur style eût sans doute été obligé de renoncer, en partie, à la pompe des mots; mais, par compensation, ils se seraient habitués à résumer leurs idées en de petites compositions variées et plus ou moins dramatiques, compositions que saisit l'instinct du vulgaire, lors même que les détails les plus heureux lui échappent. C'est là, selon moi, mettre de la poésie en *dessous*. Peut-être est-ce, en définitive, une obligation qu'impose la simplicité de notre langue et à laquelle nous nous conformons trop rarement. La Fontaine en a pourtant assez bien prouvé les avantages.

J'ai pensé quelquefois que si les poëtes contemporains avaient réfléchi que désormais c'est pour le peuple qu'il faut cultiver les lettres, ils m'auraient envié la petite palme qu'à leur défaut je suis parvenu à cueillir, et qui sans doute eût été durable, mêlée à de plus glorieuses. Quand je dis peuple, je dis la foule ; je dis le peuple d'en bas, si l'on veut. Il n'est pas sensible aux recherches de l'esprit, aux délicatesses du goût ; soit ! mais, par là même, il oblige les auteurs à concevoir plus fortement, plus grandement, pour captiver son attention. Appropriez donc à sa forte nature et vos sujets et leurs développements ; ce ne sont ni des idées abstraites ni des types qu'il vous demande : montrez-lui à nu le cœur humain. Il me semble que Shakspeare fut soumis à cette heureuse condition. Mais que deviendra la perfection du style ? Croit-on que les vers inimitables de Racine, appliqués à l'un de nos meilleurs mélodrames, eussent empêché, même aux boulevards, l'ouvrage de réussir ? Inventez, concevez pour ceux qui tous ne savent pas lire ; écrivez pour ceux qui savent écrire.

Par suite d'habitudes enracinées, nous jugeons encore le peuple avec prévention. Il ne se présente à nous que comme une tourbe grossière, incapable d'impressions élevées, généreuses, tendres. Toutefois, chez nous, il y a pis, même en matière de jugements littéraires, surtout au théâtre. S'il reste de la poésie au monde, c'est, je n'en doute pas, dans ses rangs qu'il faut l'aller chercher. Qu'on essaye donc d'en faire pour lui ; mais, pour y parvenir, il faut étudier ce peuple. Quand par hasard nous travaillons pour nous en faire applaudir, nous le traitons comme font ces rois qui, dans leurs jours de munificence, lui jettent des cervelas à la tête et le noient dans du vin frelaté. Voyez nos peintres : représentent-ils des hommes du peuple, même dans des compositions historiques, ils semblent se complaire à les faire hideux. Ce peuple ne pourrait-il pas dire à ceux qui le représentent ainsi : « Est-ce ma faute si je suis misérablement déguenillé ? si mes traits sont flétris par le besoin, quelquefois même par le vice ? Mais dans ces traits hâves et fatigués a brillé l'enthousiasme du courage et de la liberté ; mais sous ces haillons coule un sang que je prodigue à la voix de la patrie. C'est quand mon âme s'exalte qu'il faut me peindre. Alors je suis beau. » Et le peuple aurait raison de parler ainsi.

Tout ce qui appartient aux lettres et aux arts est sorti des classes inférieures, à peu d'exceptions près. Mais nous ressemblons tous à des parvenus désireux de faire oublier leur origine ; ou, si nous voulons bien souffrir chez nous des portraits de famille, c'est à condition d'en faire des caricatures. Beau moyen de s'anoblir, vraiment ! Les Chinois sont plus sages ; ils anoblissent leurs aïeux.

Le plus grand poëte des temps modernes, et peut-être de tous les temps, Napoléon, lorsqu'il se dégageait de l'imitation des anciennes formes monarchiques, jugeait le peuple ainsi que devraient le juger nos poëtes et nos artistes. Il voulait, par exemple, que le spectacle des représentations *gratis* fût composé des chefs-d'œuvre de la scène française. Corneille et Molière en faisaient souvent les honneurs, et l'on a remarqué que jamais leurs pièces ne furent applaudies avec plus de discernement. Le grand homme avait appris de bonne heure, dans les camps et au milieu des troubles révolutionnaires, jusqu'à quel degré d'élévation peut atteindre l'instinct des masses, habilement remuées. On serait tenté de croire que c'est pour satisfaire à cet instinct qu'il a tant fatigué le monde. L'amour que porte à sa mémoire la génération nouvelle, qui ne l'a pas connu, prouve assez combien l'émotion poétique a de pouvoir sur le peuple. Que nous auteurs travaillent donc sérieusement pour cette foule si bien préparée à recevoir l'instruction dont elle a besoin. En sympathisant avec elle ils achèveront de la rendre morale, et plus ils ajouteront à son intelligence, plus ils étendront le domaine du génie et de la gloire.

Les jeunes gens, je l'espère, me pardonneront ces réflexions, que je ne hasarde ici que pour eux. Il en est peu qui ne sachent l'intérêt que tous m'inspirent. Combien de fois me suis-je entendu reprocher des applaudissements donnés à leurs plus audacieuses innovations ! Pouvais-je ne pas applaudir, même en blâmant un peu ? Dans mon grenier, à leur âge, sous le règne de l'abbé Delille, j'avais moi-même projeté l'escalade de bien des barrières. Je ne sais quelle voix me criait : Non, les Latins et les Grecs mêmes ne doivent pas être des modèles ; ce sont des flambeaux : sachez vous en servir. Déjà la partie littéraire et poétique des admirables ouvrages de M. de Chateaubriand m'avait arraché aux lisières des le Batteux et des la Harpe, service que je n'ai jamais oublié.

Je l'avoue pourtant, je n'aurais pas voulu plus tard voir recourir à la langue morte de Ronsard, le plus classique de nos vieux auteurs ; je n'aurais pas voulu surtout qu'on tournât le dos à notre siècle d'affranchissement, pour ne fouiller qu'au cercueil du moyen âge, à moins que ce ne fût pour mesurer et peser les chaînes dont les hauts barons accablaient les pauvres serfs, nos aïeux. Peut-être avais-je tort, après tout. C'est lorsqu'à travers l'Atlantique il croyait voguer vers l'Asie, berceau de l'ancien monde, que Colomb rencontra un monde nouveau. Courage donc, jeunes gens ! il y a de la raison dans votre audace; mais, puisque vous avez l'avenir pour vous, montrez un peu moins d'impatience contre la génération qui vous a précédés, et qui marche encore à votre tête par rang d'âge. Elle a été riche aussi en grands talents, et tous se sont plus ou moins consacrés aux progrès des libertés dont les fruits ne mûriront guère que pour vous. C'est du milieu des combats à mort de la tribune, au bruit des longues et sanglantes batailles, dans les douleurs de l'exil, au pied des échafauds, que, par de brillants et nombreux succès, ils ont entretenu le culte des Muses, et qu'ils ont dit à la barbarie : Tu n'iras pas plus loin. Et vous le savez, elle ne s'arrête que devant la gloire.

Quant à moi, qui, jusqu'à présent, n'ai eu qu'à me louer de la jeunesse, je n'attendrai pas qu'elle me crie : Arrière, bonhomme ! laisse-nous passer. Ce que l'ingrate pourrait faire avant peu. Je sors de la lice pendant que j'ai encore la force de m'en éloigner. Trop souvent, au soir de la vie, nous nous laissons surprendre par le sommeil sur la chaise où il vient nous clouer. Mieux vaudrait aller l'attendre au lit, dont alors on a si grand besoin. Je me hâte de gagner le mien, quoiqu'il soit un peu dur.

Quoi ! vous ne ferez plus de chansons? Je ne promets pas cela; entendons-nous, de grâce. Je promets de n'en pas publier davantage. Aux joies du travail succèdent les dégoûts du besoin de vivre; bon gré, mal gré, il faut trafiquer de la Muse : le commerce m'ennuie ; je me retire. Mon ambition n'a jamais été à plus d'un morceau de pain pour mes vieux jours; elle est satisfaite, bien que je ne sois pas même électeur, et que je ne puisse espérer jamais l'honneur d'être éligible, en dépit de la Révolution de juillet, à qui je n'en veux pas pour cela. A ne faire des chansons que pour vous, dira-t-on, le dégoût vous prendra bien vite. Eh ! ne puis-je faire autre chose que des couplets pour ma fête? Je n'ai pas renoncé à être utile. Dans la retraite où je vais me confiner, les souvenirs se presseront en foule. Ce sont les bonnes fortunes d'un vieillard. Notre époque, agitée par tant de passions extrêmes, ne transmettra que peu de jugements équitables sur les contemporains qui occupent ou ont occupé la scène, qui ont soufflé les acteurs ou encombré les coulisses. J'ai connu un grand nombre d'hommes qui ont marqué depuis vingt ans; sur presque tous ceux que je n'ai pas vus ou que je n'ai fait qu'entrevoir, ma mémoire a recueilli quantité de faits plus ou moins caractéristiques. Je veux faire une espèce de Dictionnaire historique, où, sous chaque nom de nos notabilités politiques et littéraires, jeunes ou vieilles, viendront se classer mes nombreux souvenirs et les jugements que je me permettrai de porter ou que j'emprunterai aux autorités compétentes. Ce travail peu fatigant, qui n'exige ni des connaissances profondes ni le talent de prosateur, remplira le reste de ma vie. Je jouirai du plaisir de rectifier bien des erreurs et des calomnies qu'enfante toujours une lutte envenimée; car ce n'est pas dans un esprit de dénigrement, on le conçoit, que j'ai formé ce projet. Dans une cinquantaine d'années, ceux qui voudront écrire l'histoire de ces jours féconds en événements n'auront à consulter, je le crains bien, que des documents entachés de partialités. Les notes que je laisserai à ma mort pourront inspirer quelque confiance, même dans ce qu'elles auront de sévère, car je ne prétends pas n'être qu'un panégyriste. Les historiens savent tant de choses, qu'ils sauront sans doute alors que j'ai eu peu à me plaindre des hommes, même des hommes puissants; que, si je n'ai rien été, c'est comme d'autres sont quelque chose, je veux dire en me donnant de la peine pour cela; ils n'auront donc pas à me ranger au nombre des gens désappointés et chagrins. Ils sauront peut-être aussi que j'ai joui de la réputation d'observateur assez attentif, assez exact, assez pénétrant, et qu'enfin je m'en suis toujours plutôt pris à la faiblesse des hommes qu'à leur mauvais vouloir du mal que j'ai pu voir faire dans mon temps. Des matériaux recueillis dans cet esprit manquent trop souvent pour que les historiens à venir ne tirent pas bon parti de ceux que je laisserai. La France, un jour, pourra m'en savoir gré. Qui sait si ce n'est pas à cet ouvrage de ma vieillesse que mon nom devra de me survivre? Il serait plaisant que la postérité dit : Le judicieux, le grave Béranger! Pourquoi pas?

Mais voici bien des pages à la suite les unes des autres, sans trop de logique, ni surtout de nécessité. Se douterait-on, à la longueur de cette préface, que j'ai toujours redouté d'entretenir le public de moi, autrement qu'en chansons? Je crains bien d'avoir abusé étrangement du privilége que donne l'instant des adieux : il me reste pourtant encore une dette de cœur à acquitter.

Au risque d'avoir l'air de solliciter pour mes nouvelles chansons l'indulgence des journaux, mise par moi si souvent à l'épreuve, je dois témoigner ma reconnaissance à leurs rédacteurs, pour l'appui qu'ils m'ont prêté dans mes petites guerres avec le pouvoir. Ceux de mon opinion ont plus d'une fois bravé les ciseaux de la censure et les ongles de la main de justice pour venir à mon secours dans les moments périlleux. Nul doute que sans eux on ne m'eût fait payer plus chèrement la témérité de mes attaques. Je ne suis point de ceux qui oublient les obligations qu'ils ont à la presse périodique.

Je me fais un devoir d'ajouter que même les journaux de l'opinion la plus opposée à la mienne, tout en repoussant l'hostilité de mes principes, m'ont paru presque toujours garder la mesure qu'un homme convaincu a droit d'attendre de ses adversaires, surtout quand il ne s'en prend qu'à ceux qui sont en position de se venger.

J'attribue cette biénveillance si générale à l'empire qu'exerce en France le genre auquel je me suis exclusivement livré. Cela seul suffirait pour m'ôter toute envie d'accoler jamais aucun autre titre à celui de chansonnier, qui m'a rendu cher à mes concitoyens.

CHANSONS NOUVELLES

ET DERNIÈRES

LE FEU DU PRISONNIER.

LA FORCE, 1829.

Air du vaudeville de Taconnet.

Combien le feu tient douce compagnie
Au prisonnier dans les longs soirs d'hiver !
Seul avec moi se chauffe un bon génie,
Qui parle haut, rime ou chante un vieux air. (*Bis.*)
Il me fait voir, sur la braise animée,
Des bois, des mers, un monde en peu d'instants. (*Bis.*)
Tout mon ennui s'envole à la fumée.
O bon génie ! amusez-moi longtemps.   } *Bis.*

Jeune, il me fit rêver, pleurer, sourire ;
Vieux, il me berce avec mes premiers jeux.
Du doigt, dans l'âtre, il signale un navire :
Je vois trois mâts sur des flots orageux.
Le vaisseau vogue, et bientôt l'équipage
Sous un beau ciel saluera le printemps.
Moi seul je reste enchaîné sur la plage.
O bon génie ! amusez-moi longtemps.

Ici, que vois-je? est-ce un aigle qui vole
Et du soleil mesure la hauteur?
C'est un ballon : voici la banderole,
Et la nacelle et le navigateur.
L'audacieux, si la pitié l'inspire,
Doit de ces murs plaindre les habitants.
Libre là-haut, quel air pur il respire!
O bon génie! amusez-moi longtemps.

D'un canton suisse, ah! voilà bien l'image :
Glaciers, torrents, vallons, lacs et troupeaux.
J'aurais dû fuir quand j'ai prévu l'orage;
La liberté, là, m'offrait le repos [1].
Je franchirais ces monts à crête immense,
Où je crois voir nos vieux drapeaux flottants.
Mon cœur n'a pu s'arracher à la France.
O bon génie! amusez-moi longtemps.

Dans mon désert encor quelque mirage!
Génie, allons sur ces coteaux boisés.
En vain tout bas on me dit : Deviens sage [2],
Plie un genou, tes fers seront brisés. (*Bis.*)
Vous qui, bravant le geôlier qui nous guette,
Me rendez jeune à près de cinquante ans, (*Bis.*)
Sur ce brasier, vite, un coup de baguette.
O bon génie! amusez-moi longtemps. } *Bis.*

---

[1] Quelques personnes m'avaient écrit de Suisse pour m'offrir un refuge, si je voulais éviter la détention dont j'étais menacé.

[2] On avait tenté de me faire entendre qu'il ne tenait qu'à moi d'obtenir des adoucissements à ma captivité.

MES JOURS GRAS DE 1829.

Air : Dis-moi donc, mon p'tit Hippolyte.

Mon bon roi, Dieu vous tienne en joie !
Bien qu'en butte à votre courroux,
Je passe encor, grâce à Bridoie [1],
Un carnaval sous les verrous.
Ici fallait-il que je vinsse
Perdre des jours vraiment sacrés !
J'ai de la rancune de prince :
Mon bon roi, vous me le paierez.

Dans votre beau discours du trône [2],
Méchant, vous m'avez désigné.
C'est me recommander au prône :
Aussi me suis-je résigné.
Mais, triste et seul, quand j'entends rire
Tout Paris en joyeux émoi,
Je reprends goût à la satire :
Vous me le paierez, mon bon roi.

Voyez, verre en main, bouche pleine,
Tous déguisés de vingt façons,

---

[1] J'ai passé à Sainte-Pélagie le carnaval de 1822.
[2] Il y avait dans le discours du trône de cette année une phrase où tout le monde a cru voir une application à l'affaire qui m'a été faite. Quel honneur !

Mes amis m'oublier sans peine,
Tout en répétant mes chansons.
Avec eux, ma verve en démence
Eût perdu ses traits accérés.
J'aurais pu boire à la clémence :
Mon bon roi, vous me le paierez.

Vous connaissez Lise la folle,
Qui sur mes fers pleure d'ennui ;
Ce soir même un bal la console :
« Bah ! dit-elle, tant pis pour lui ! »
J'allais, pour complaire à la belle,
Nous peindre heureux sous votre loi ;
Serviteur ! Lise est infidèle :
Vous me le paierez, mon bon roi.

Dans mon vieux carquois où font brèche
Les coups de vos juges maudits,
Il me reste encore une flèche ;
J'écris dessus : Pour Charles dix.
Malgré ce mur qui me désole,
Malgré ces barreaux si serrés,
L'arc est tendu, la flèche vole :
Mon bon roi, vous me le paierez.

LE 14 JUILLET.

LA FORCE, 1829.

Air : A soixante ans il ne faut pas remettre.

Pour un captif, souvenir plein de charmes !
J'étais bien jeune; on criait : Vengeons-nous !
A la Bastille ! aux armes ! vite, aux armes !
Marchands, bourgeois, artisans couraient tous. (Bis.)
Je vois pâlir et mère, et femme, et fille ;
Le canon gronde aux rappels du tambour. (Bis.)
Victoire au peuple ! il a pris la Bastille !
Un beau soleil a fêté ce grand jour,
  A fêté ce grand jour [1]. (Bis.) } Bis.

Enfants, vieillards, riche ou pauvre, on s'embrasse ;
Les femmes vont redisant mille exploits ;
Héros du siége, un soldat bleu qui passe [2]
Est applaudi des mains et de la voix.
Le nom du roi frappe alors mon oreille ;

---

[1] Le 14 juillet 1789 il fit un temps magnifique : le 14 juillet 1829 fut également beau, bien que l'été ait été horriblement pluvieux.

[2] Les gardes françaises portaient l'habit bleu. Une grande partie de cette milice s'échappa des casernes où elle était consignée, et prêta le plus utile secours aux Parisiens pour prendre la vieille forteresse féodale.

De la Fayette on parle avec amour.
La France est libre et ma raison s'éveille.
Un beau soleil a fêté ce grand jour,
    A fêté ce grand jour.

Le lendemain un vieillard docte et grave
Guida mes pas sur d'immenses débris.
« Mon fils, dit-il, ici d'un peuple esclave
« Le despotisme étouffait tous les cris.
« Mais des captifs pour y loger la foule,
« Il creusa tant au pied de chaque tour,
« Qu'au premier choc le vieux château s'écroule.
« Un beau soleil a fêté ce grand jour,
    « A fêté ce grand jour.

« La Liberté, rebelle antique et sainte,
« Mon fils, s'armant des fers de nos aïeux,
« A son triomphe appelle en cette enceinte
« L'Égalité qui redescend des cieux.
« De ces deux sœurs la foudre gronde et brille.
« C'est Mirabeau tonnant contre la cour.
« Sa voix nous crie : Encore une Bastille !
« Un beau soleil a fêté ce grand jour,
    « A fêté ce grand jour.

« Où nous semons chaque peuple moissonne.
« Déjà vingt rois, au bruit de nos débats,
« Portent, tremblants, la main à leur couronne,
« Et leurs sujets de nous parlent tout bas.
« Des droits de l'homme, ici, l'ère féconde
« S'ouvre et du globe accomplira le tour.
« Sur ces débris Dieu crée un nouveau monde.

« Un beau soleil a fêté ce grand jour,
    « A fêté ce grand jour. »

De ces leçons qu'un vieillard m'a données,
Le souvenir dans mon cœur sommeillait.
Mais je revois, après quarante années,
Sous les verrous, le quatorze Juillet. (*Bis.*)
O Liberté! ma voix, qu'on veut proscrire,
Redit ta gloire aux murs de ce séjour. (*Bis.*)
A mes barreaux l'aurore vient sourire ; } *Bis.*
Un beau soleil fête encor ce grand jour,
    Fête encor ce grand jour. (*Bis.*)

PASSEZ, JEUNES FILLES.

Air :

Dieu ! quel essaim de jeunes filles
Passe et repasse sous mes yeux !
Au printemps toutes sont gentilles ;
Toutes ; mais quoi ! me voilà vieux.
Cent fois redisons-leur mon âge :
Les cœurs jeunes sont insensés.
Endossons le manteau du sage.
Passez, jeunes filles, passez.

Voilà Zoé qui me regarde.
Zoé, votre mère, entre nous,
Dirait de combien je retarde

Quand vient l'heure du rendez-vous.
Pour un amant elle est sévère :
S'il n'aime trop, il n'aime assez.
Suivez les conseils d'une mère..
Passez, jeunes filles, passez.

Votre grand'mère, aimable Laure,
Des amours m'a transmis la loi.
Elle veut l'enseigner encore,
Bien qu'elle ait dix ans plus que moi.
Au salon ou sur la pelouse,
Laure, jamais ne m'agacez :
Grand'maman est un peu jalouse.
Passez, jeunes filles, passez.

Rose, vous daignez me sourire.
Éprouvez-vous quelque accident ?
Chez vous, la nuit, ai-je ouï dire,
On surprit un noble imprudent.
Mais la nuit fait place à l'aurore ;
Aux maris gaiement vous chassez.
Pour vous je suis trop jeune encore.
Passez, jeunes filles, passez.

Passez vite, folles et belles ;
Un doux feu cause votre émoi.
Craignez que quelques étincelles
N'arrivent de vous jusqu'à moi.
Sous les murs d'une poudrière
Par le temps presque renversés,
La main devant votre lumière,
Passez, jeunes filles, passez.

LE CARDINAL ET LE CHANSONNIER.

LA FORCE, 1829.

Air : Je vais bientôt quitter l'empire.

Quel beau mandement vous nous faites [1] !
Prélat, il me comble d'honneur !
Vous lisez donc mes chansonnettes ?
Ah ! je vous y prends, Monseigneur. (*Bis.*)
Entre deux vins, souvent ma muse
Perdit son manteau virginal. (*Bis.*)
Petit péché, si son ivresse amuse.
Qu'en dites-vous, monsieur le cardinal ? (*Bis.*)

Çà, que vous semble de Lisette,
Qui dicta mes chants les plus doux ?

---

[1] En mars 1829, M. de Clermont-Tonnerre, archevêque de Toulouse, publia un mandement pour le carême, où, dans une attaque aux lumières du siècle, il faisait une longue sortie contre moi et mes chansons, en félicitant toutefois les juges du châtiment qu'ils m'avaient infligé. C'est à la *Force* que j'ai eu le plaisir de lire ce morceau d'éloquence très-catholique, mais peu chrétienne.

En répondant à cette éminence, morte depuis, je n'ai oublié ni son grand âge ni sa position sociale.

M. de Clermont-Tonnerre n'est pas le seul évêque qui m'ait honoré de son charitable souvenir ; celui de Meaux, dans un mandement de même date, a lancé aussi contre moi les foudres de son éloquence, qui heureusement n'est pas celle de Bossuet.

Vous vous signez sous la barrette !
Lise a vieilli : rassurez-vous.
Des jésuites elle raffole [1] ;
Et priant Dieu tant bien que mal,
Pour leurs enfants Lise tient une école.
Qu'en dites-vous, monsieur le cardinal ?

A chaque vers patriotique [2],
Je vous vois me faire un procès.
Tout prélat se croit hérétique
Qui chez nous a le cœur français.
Sans y moissonner, moi, pauvre homme,
J'aime avant tout le sol natal.
J'y tiens autant que vous tenez à Rome.
Qu'en dites-vous, monsieur le cardinal ?

Puisque vous fredonnez mes rimes,
Vous, grand lévite ultramontain,
N'y trouvez-vous pas des maximes
Dignes du bon Samaritain [3] ?
D'huile et de baume les mains pleines,
Il eût rougi d'aigrir le mal.

---

[1] On sait combien M. de Clermont-Tonnerre tenait aux jésuites, et l'on connaît ses protestations contre les ordonnances relatives à l'instruction publique.

[2] Le titre de *poëte national*, qu'on veut bien me donner quelquefois, choquait particulièrement le prince de l'Église romaine.

[3] Dans l'évangile du *bon Samaritain*, un prêtre et un lévite passent d'abord auprès de l'homme expirant, sans lui porter secours. Pourtant Jésus-Christ ne dit point qu'ils insultent à son malheur. Mais c'est un hérétique qui lave et panse les blessures du moribond.

Ah! d'un captif il n'eût vu que les chaînes.
Qu'en dites-vous, monsieur le cardinal?

Enfin, avouez qu'en mon livre
Dieu brille à travers ma gaieté.
Je crois qu'il nous regarde vivre,
Qu'il a béni ma pauvreté.
Sous les verrous sa voix m'inspire
Un appel à son tribunal.
Des grands du monde elle m'enseigne à rire.
Qu'en dites-vous, monsieur le cardinal?

Au fond vous avez l'âme bonne.
Pardonnez à l'homme de bien,
Monseigneur, pour qu'il vous pardonne
Votre mandement peu chrétien.
Mais au conclave on met la nappe [1],
Partez pour Rome à ce signal.
Le Saint-Esprit fasse de vous un pape!
Qu'en dites-vous, monsieur le cardinal?

COUPLET.

Air : C'est le meilleur homme du monde.

J'ai suivi plus d'enterrements
Que de noces et de baptêmes;
J'ai distrait bien des cœurs aimants

---

[1] Léon XII venait de mourir, le conclave s'assemblait, et l'archevêque de Toulouse se mettait en route pour Rome.

Des maux qu'ils aggravaient eux-mêmes.
Mon Dieu, vous m'avez bien doté :
Je n'ai ni force ni sagesse;
Mais je possède une gaieté
Qui n'offense point la tristesse. (*Bis.*)

MON TOMBEAU.

Air d'Aristippe.

Moi, bien portant, quoi! vous pensez d'avance,
A m'ériger une tombe à grands frais!
Sottise, amis! point de folle dépense.
Laissez aux grands le faste des regrets.
Avec le prix ou du marbre ou du cuivre,
 Pour un gueux mort habit cent fois trop beau,
Faites achat d'un vin qui pousse à vivre;
Buvons gaiement l'argent de mon tombeau. (*Bis.*)

A votre bourse un galant mausolée
Pourrait coûter vingt mille francs et plus :
Sous le ciel pur d'une riche vallée,
Allons six mois vivre en joyeux reclus.
Concerts et bals où la beauté convie
Vont de plaisirs nous meubler un château.
Je veux risquer de trop aimer la vie;
Mangeons gaiement l'argent de mon tombeau.

Mais je vieillis, et ma maîtresse est jeune.
Or il lui faut des parures de prix.

L'éclat du luxe adoucit un long jeûne :
Témoin Longchamp, où brille tout Paris.
Vous devez bien quelque chose à ma belle;
D'un cachemire elle attend le cadeau.
En viager sur un cœur si fidèle
Plaçons gaiement l'argent de mon tombeau.

Non, mes amis, au spectacle des ombres
Je ne veux point d'une loge d'honneur.
Voyez ce pauvre au teint pâle, aux yeux sombres;
Près de mourir, ah! qu'il goûte au bonheur.
A ce vieillard qui, las de sa besace,
Doit avant moi voir lever le rideau,
Pour qu'au parterre il me garde une place,
Donnons gaiement l'argent de mon tombeau.

Qu'importe à moi que mon nom sur la pierre
Soit déchiffré par un futur savant?
Et quant aux fleurs qu'on promet à ma bière,
Mieux vaut, je crois, les respirer vivant.
Postérité, qui peux bien ne pas naître,
A me chercher n'use point ton flambeau.
Sage mortel, j'ai su par la fenêtre
Jeter gaiement l'argent de mon tombeau.

LES DIX MILLE FRANCS.

LA FORCE, 1829.

Air : T'en souviens-tu? *ou* du vaudeville de Taconnet.

Dix mille francs, dix mille francs d'amende [1] !
Dieu! quel loyer pour neuf mois de prison!
Le pain est cher et la misère est grande,
Et pour longtemps je dîne à la maison.
Cher président, n'en peut-on rien rabattre?
« Non, non, jeûnez, et vous et vos parents.
« Pour fait d'outrage aux enfants d'Henri quatre [2],
« De par le roi, payez dix mille francs. »

Je paierai donc; mais, las! que va-t-on faire
De cet argent que si bien j'emploierais?
D'un substitut sera-t-il le salaire?
D'un conseiller paiera-t-il les arrêts?
Déjà s'avance une main longue et sale :
C'est la police et ses comptes courants.
Quand sur ma muse on venge la morale [3],
Pour les mouchards comptons deux mille francs.

Moi-même ainsi partageant ma dépouille,

---

[1] Le 10 décembre 1828, je fus condamné à neuf mois de prison et 10,000 fr. d'amende.

[2] Je fus condamné pour outrage à la personne du roi et à la famille royale.

[3] Je fus aussi condamné pour atteinte à la morale publique.

Sur mon budget portons les affamés.
Au pied du trône une harpe se rouille :
Bardes du sacre, êtes-vous enrhumés [1] ?
Chantez, messieurs, faites pondre la poule ;
Envahissez croix, titres, biens et rangs.
Dût-on encor briser la sainte ampoule,
Pour les flatteurs comptons deux mille francs.

Que de géants là-bas je vois paraître [2] !
Vieux ou nouveaux, tous nobles à cordons,
Fiers de servir, ils font au gré du maître
Signes de croix, saluts ou rigodons.
A tout gâteau leur main fait large entaille ;
Car ils sont grands, même infiniment grands.
Ils nous feront une France à leur taille.
Pour ces laquais comptons trois mille francs.

Je vois briller chapes, mitres et crosses,
Chapeaux pourprés, vases d'argent et d'or,
Couvents, hôtels, valets, blasons, carrosses.
Ah ! saint Ignace a pillé le trésor.
De mes refrains l'un des siens qui le venge
Promet mon âme aux gouffres dévorants [3].

---

[1] La chanson du sacre de Charles le Simple fut la cause première de ma condamnation.

La sainte ampoule, brisée en 93 sur la place publique de Reims, fut retrouvée miraculeusement pour le sacre de Charles X. Je ne sais qui a eu l'honneur de cette invention.

[2] Allusion à la chanson des *Infiniment petits*, seconde cause de ma condamnation.

[3] Un prédicateur, dans une des principales églises de Paris, fit une sortie contre moi, après ma condamnation, et dit que la

Déjà le diable a plumé mon bon ange [1].
Pour le clergé comptons trois mille francs.

Vérifions, la somme en vaut la peine :
Deux et deux, quatre; et trois, sept; et trois, dix.
C'est bien leur compte. Ah! du moins la Fontaine
Sans rien payer fut exilé jadis [2].
Le fier Louis eût biffé la sentence
Qui m'appauvrit pour quelques vers trop francs.
Monsieur Loyal [3], délivrez-moi quittance.
Vive le roi! voilà dix mille francs [4].

---

peine qu'on m'infligeait ici-bas n'était rien auprès de celle qui m'attendait en enfer.

[1] L'*Ange gardien*, prétexte de ma condamnation pour atteinte à la morale publique ; on ne voulut pas ne faire porter le jugement que sur des chansons politiques, et on n'osa pas incriminer les chansons contre les jésuites. Il fallut, bon gré, mal gré, que l'*Ange gardien* payât pour toutes.

[2] Le dévouement de la Fontaine pour Fouquet le fit exiler en Touraine, avec son cousin Jeannard; on doit à cet exil les lettres de la Fontaine à sa femme. On y voit que le lieutenant criminel leur fournit de l'argent pour leur voyage. Les temps sont bien changés.

[3] M. Loyal, l'huissier de *Tartufe*.

[4] Il y a ici une inexactitude. Ce n'est point 10,000, mais 11,250 francs qu'on m'a fait payer, grâce au dixième de guerre et aux frais judiciaires.

LE JUIF-ERRANT.

Air du Chasseur rouge, d'AMÉDÉE DE BEAUPLAN.

Chrétien, au voyageur souffrant
Tends un verre d'eau sur ta porte :
Je suis, je suis le Juif-Errant,
Qu'un tourbillon toujours emporte. (*Bis.*)
Sans vieillir, accablé de jours,
La fin du monde est mon seul rêve.
Chaque soir j'espère toujours :
Mais toujours le soleil se lève.
    Toujours, toujours, (*Bis.*) ⎫
Tourne la terre où moi je cours, ⎬ *Bis.*
Toujours, toujours, toujours, toujours. ⎭

Depuis dix-huit siècles, hélas !
Sur la cendre grecque et romaine,
Sur les débris de mille États,
L'affreux tourbillon me promène :
J'ai vu sans fruit germer le bien,
Vu des calamités fécondes ;
Et, pour survivre au monde ancien,
Des flots j'ai vu sortir deux mondes.
    Toujours, toujours,
Tourne la terre où moi je cours,
Toujours, toujours, toujours, toujours.

Dieu m'a changé pour me punir :

A tout ce qui meurt je m'attache.
Mais du toit prêt à me bénir
Le tourbillon soudain m'arrache.
Plus d'un pauvre vient implorer
Le denier que je puis répandre,
Qui n'a pas le temps de serrer
La main qu'en passant j'aime à tendre.
  Toujours, toujours,
Tourne la terre où moi je cours,
Toujours, toujours, toujours, toujours.

Seul, au pied d'arbustes en fleurs,
Sur le gazon, au bord de l'onde,
Si je repose mes douleurs,
J'entends le tourbillon qui gronde.
Eh! qu'importe au ciel irrité
Cet instant passé sous l'ombrage?
Faut-il moins que l'éternité
Pour délasser d'un tel voyage?
  Toujours, toujours,
Tourne la terre où moi je cours,
Toujours, toujours, toujours, toujours.

Que des enfants vifs et joyeux
Des miens me retracent l'image;
Si j'en veux repaître mes yeux,
Le tourbillon souffle avec rage.
Vieillards, osez-vous à tout prix
M'envier ma longue carrière?
Ces enfants à qui je souris,
Mon pied balaiera leur poussière.
  Toujours, toujours,

Tourne la terre où moi je cours,
Toujours, toujours, toujours, toujours.

Des murs où je suis né jadis
Retrouvé-je encor quelque trace ?
Pour m'arrêter je me roidis ;
Mais le tourbillon me dit : « Passe !
« Passe ! » Et la voix me crie aussi :
« Reste debout quand tout succombe.
« Tes aïeux ne t'ont point ici
« Gardé de place dans leur tombe. »
  Toujours, toujours,
Tourne la terre où moi je cours,
Toujours, toujours, toujours, toujours.

J'outrageai d'un rire inhumain
L'Homme-Dieu respirant à peine...
Mais sous mes pieds fuit le chemin...
Adieu, le tourbillon m'entraîne. (*Bis.*)
Vous qui manquez de charité,
Tremblez à mon supplice étrange :
Ce n'est point sa divinité,
C'est l'humanité que Dieu venge.
  Toujours, toujours, (*Bis.*) ⎫
Tourne la terre où moi je cours, ⎬ *Bis.*
Toujours, toujours, toujours, toujours.

COUPLET.

Air : Trouverez-vous un parlement?

Notre siècle, penseur brutal,
Contre Delille s'évertue.
Tel vécut sur un piédestal
Qui n'aura jamais de statue.
Artiste, poëte, savant,
A la gloire en vain on s'attache :
C'est un linceul que trop souvent
La postérité nous arrache.

LA FILLE DU PEUPLE.

Air d'Aristippe.

Fille du peuple, au chantre populaire
De ton printemps tu prodigues les fleurs.
Dès ton berceau tu lui dois ce salaire ;
Ses premiers chants calmaient tes premiers pleurs.
Va, ne crains pas que baronne ou marquise
Veuille à me plaire user ses beaux atours.
Ma Muse et moi nous portons pour devise :
Je suis du peuple ainsi que mes amours.

Quand, jeune encor, j'errais sans renommée,
D'anciens châteaux s'offraient-ils à mes yeux,

Point n'invoquais, à la porte fermée,
Pour m'introduire un nain mystérieux.
Je me disais : tendresse et poésie
Ont fui ces murs chers aux vieux troubadours.
Fondons ailleurs mon droit de bourgeoisie :
Je suis du peuple ainsi que mes amours.

Fi des salons où l'ennui qui se berce
Bâille entouré d'un luxe éblouissant !
Feu d'artifice éteint par une averse,
Quand vient la joie, elle y meurt en naissant.
En souliers fins, chapeau frais, robe blanche,
Tu veux aux champs courir tous les huit jours :
Viens, tu me rends les plaisirs du dimanche.
Je suis du peuple ainsi que mes amours.

Quelle beauté, simple dame ou princesse,
A plus que toi de décence et d'attraits ;
Possède un cœur plus riche de jeunesse,
Des yeux plus doux et de plus nobles traits ?
Le peuple enfin s'est fait une mémoire :
J'ai pour ses droits lutté contre deux cours ;
Il te devait au chantre de sa gloire.
Je suis du peuple ainsi que mes amours.

LE CORDON, S'IL VOUS PLAIT.

CHANSON FAITE A LA FORCE,

POUR

LA FÊTE DE MARIE.

Air du vaudeville des Scythes et des Amazones.

Allons aux champs fêter Marie :
Hâtons-nous, le plaisir m'attend.
Le pied poudreux, la main fleurie,
Là-bas arrivons en chantant. (*Bis.*)
Gai voyageur, j'ai mes pipeaux à prendre,
Pipeaux qu'un sourd a traités de sifflet.
Portier, ce soir, gardez-vous de m'attendre. ⎫
Je veux sortir : le cordon, s'il vous plaît ; ⎭ *Bis.*
Le cordon, le cordon, s'il vous plaît. (*Bis.*)

Vite, portier ; car on m'accuse
D'oublier l'heure du repas.
Jouy déjà gronde ma muse,
Dont il soutint les premiers pas [1].
D'amis nombreux quelle troupe riante,

---

[1] M. de Jouy, qui dans les genres élevés a mérité les plus brillants succès, est l'auteur de beaucoup de chansons charmantes ; ce qui ne l'a pas empêché, dès mon début, de prêter aux miennes l'appui de sa réputation. Rien n'était plus propre à les faire connaître dans toute la France que leur éloge souvent répété dans l'*Ermite de la Chaussée d'Antin*.

Et de beautés quel brillant chapelet!
Dans sa prison l'aï s'impatiente.
Je veux sortir : le cordon, s'il vous plaît;
　Le cordon, le cordon, s'il vous plaît.

　Beaux jours d'une fête si chère,
　　A revenir toujours trop lents!
　Pour nous, l'un de l'autre diffère
　　Au plus par quelques cheveux blancs.
Puisse Marie, à ses goûts si fidèle,
Voir ses élus toujours au grand complet!
Volons chanter la liberté près d'elle.
Je veux sortir : le cordon, s'il vous plaît;
　Le cordon, le cordon, s'il vous plaît;

　Mon vieux portier dort dans sa loge :
　　Mes petits vers vont refroidir.
　D'un digne époux j'y fais l'éloge;
　　Forçons Marie à m'applaudir.
Puis montrons-la courant plaindre des peines,
Rendre au malheur l'espoir qui s'envolait,
Et consoler un ami dans les chaînes.
Je veux sortir : le cordon, s'il vous plaît;
　Le cordon, le cordon, s'il vous plaît.

　Mais mon portier, las de se taire,
　　Répond qu'on ne sort pas ainsi;
　Que j'écrive au propriétaire;
　　Que je dois trois termes ici [1]. (*Bis.*)
Fêtez Marie, ô vous à qui l'on ouvre!

---

[1] J'étais condamné à neuf mois de prison.

Sans moi, pour elle, enfantez maint couplet;
Je rougirais d'envoyer dire au Louvre : ⎫
Je veux sortir : le cordon, s'il vous plaît; ⎬ *Bis.*
Le cordon, le cordon, s'il vous plaît. (*Bis.*)

DENYS MAITRE D'ÉCOLE [1].

LA FORCE, 1829.

Air : Je vais bientôt quitter l'empire.

Denys, chassé de Syracuse,
A Corinthe se fait pédant.
Ce roi, que tout un peuple accuse,
Pauvre et déchu, se console en grondant. (*Bis.*)
Maître d'école, au moins il prime;
Son bon plaisir fait et défait des lois. (*Bis.*)
Il règne encor, car il opprime.
Jamais l'exil n'a corrigé les rois. (*Bis.*)

Sur le dîner de chaque élève
Le tyran des Syracusains,

---

[1] Denys, fils de Denys l'Ancien, après avoir opprimé Syracuse pendant plusieurs années, chassé enfin, se retira à Corinthe, où, dit-on, il se fit maître d'école. Soupçonné d'avoir tenté de remonter sur le trône de Sicile, il fut obligé de quitter Corinthe, et s'associa à des prêtres de Cybèle qui l'initièrent à leur culte. Il s'enivrait, dansait, et courait les compagnes avec eux. C'est ainsi qu'au dire de quelques historiens il finit sa triste existence.

Comme impôt, chaque jour prélève
Trois quarts des noix, du miel et des raisins.
 Ça, dit-il, qu'on le reconnaisse :
J'ai droit sur tout, je l'ai prouvé cent fois.
 Baisez la main : je vous en laisse.
Jamais l'exil n'a corrigé les rois.

 Un sournois, dernier de sa classe,
 Au bas d'un thème mal tourné
 Met ces mots : Grand roi, qu'un Dieu fasse
Périr tous ceux qui vous ont détrôné !
 Vite un prix au sot qui l'adule !
Mon fils, dit-il, tout sceptre est un grand poids.
 Sois mon second, prends la férule.
Jamais l'exil n'a corrigé les rois.

 Un autre en secret vient lui dire :
 Seigneur, un écolier transcrit,
 Là-bas, je crois, quelque satire :
C'est contre vous, car voyez comme il rit !
 Ce maître d'humeur répressive,
De l'accusé courant tordre les doigts,
 Dit : je ne veux plus qu'on écrive.
Jamais l'exil n'a corrigé les rois.

 Rêvant un jour que l'on conspire,
 Rêvant qu'il court de grands dangers,
 Ce fou, tremblant pour son empire,
Voit ses marmots narguer deux étrangers.
 Chers étrangers, dans ce repaire
Entrez, dit-il; sur eux vengez mes droits ;
 Frappez ; pour eux je suis un père.

Jamais l'exil n'a corrigé les rois.

Enfin, pères, mères, grand'mères
De maint enfant trop bien fessé,
L'accablant de plaintes amères,
L'ancien tyran de Corinthe est chassé. (*Bis.*)
Mais, pour agir encore en maître,
Maudire encor sa patrie et ses lois, (*Bis.*)
De pédant, Denys se fait prêtre.
Jamais l'exil n'a corrigé les rois. (*Bis.*)

LAIDEUR ET BEAUTÉ.

Air : C'est à mon maître en l'art de plaire.

Sa trop grande beauté m'obsède :
C'est un masque aisément trompeur.
Oui, je voudrais qu'elle fût laide,
Mais laide, laide à faire peur.
Belle ainsi faut-il que je l'aime !
Dieu, reprends ce don éclatant ;
Je le demande à l'enfer même :
Qu'elle soit laide et que je l'aime autant.

A ces mots m'apparaît le diable ;
C'est le père de la laideur :
« Rendons-la, dit-il, effroyable,
« De tes rivaux trompons l'ardeur.
« J'aime assez ces métamorphoses.

« Ta belle ici vient en chantant :
« Perles, tombez ; fanez-vous, roses.
« La voilà laide, et tu l'aimes autant.

« — Laide ! moi ! » dit-elle, étonnée,
Elle s'approche d'un miroir,
Doute d'abord, puis, consternée,
Tombe en un morne désespoir.
« Pour moi seul tu jurais de vivre, »
Lui dis-je, à ses pieds me jetant :
« A mon seul amour il te livre.
« Plus laide encor, je t'aimerais autant. »

Ses yeux éteints fondent en larmes ;
Alors sa douleur m'attendrit :
« Ah ! rendez, rendez-lui ses charmes.
« — Soit ! » répond Satan, qui sourit.
Ainsi que naît la fraîche aurore,
Sa beauté renaît à l'instant.
Elle est, je crois, plus belle encore ;
Elle est plus belle, et moi je l'aime autant.

Vite au miroir elle s'assure
Qu'on lui rend bien tous ses appas ;
Des pleurs restent sur sa figure,
Qu'elle essuie en grondant tout bas.
Satan s'envole, et la cruelle
Fuit, et s'écrie en me quittant :
« Jamais fille que Dieu fit belle
« Ne doit aimer qui peut l'aimer autant.

LE VIEUX CAPORAL.

Air du Vilain *ou* de Ninon chez madame de Sévigné.

En avant! partez, camarades,
L'arme au bras, le fusil chargé.
J'ai ma pipe et vos embrassades;
Venez me donner mon congé.
J'eus tort de vieillir au service;
Mais pour vous tous, jeunes soldats,
J'étais un père à l'exercice. (*Bis.*)
  Conscrits, au pas;
  Ne pleurez pas,
  Ne pleurez pas;
  Marchez au pas,
Au pas, au pas, au pas, au pas!

Un morveux d'officier m'outrage;
Je lui fends!... Il vient d'en guérir.
On me condamne, c'est l'usage :
Le vieux caporal doit mourir.
Poussé d'humeur et de rogomme,
Rien n'a pu retenir mon bras.
Puis, moi, j'ai servi le grand homme.
  Conscrits, au pas;
  Ne pleurez pas,
  Ne pleurez pas;
  Marchez au pas,
Au pas, au pas, au pas, au pas!

Conscrits, vous ne troquerez guères
Bras ou jambe contre une croix.
J'ai gagné la mienne à ces guerres
Où nous bousculions tous les rois.
Chacun de vous payait à boire
Quand je racontais nos combats.
Ce que c'est pourtant que la gloire !
  Conscrits, au pas ;
  Ne pleurez pas,
  Ne pleurez pas ;
  Marchez au pas,
Au pas, au pas, au pas, au pas !

Robert, enfant de mon village,
Retourne garder tes moutons.
Tiens, de ces jardins vois l'ombrage :
Avril fleurit mieux nos cantons.
Dans nos bois souvent dès l'aurore
J'ai déniché de frais appas...
Bon Dieu ! ma mère existe encore !
  Conscrits, au pas ;
  Ne pleurez pas,
  Ne pleurez pas ;
  Marchez au pas,
Au pas, au pas, au pas, au pas !

Qui là-bas sanglote et regarde ?
Eh ! c'est la veuve du tambour.
En Russie, à l'arrière-garde,
J'ai porté son fils nuit et jour.
Comme le père, enfant et femme
Sans moi restaient sous les frimas.

Elle va prier pour mon âme.
 Conscrits, au pas;
 Ne pleurez pas,
 Ne pleurez pas;
 Marchez au pas,
Au pas, au pas, au pas, au pas!

Morbleu! ma pipe s'est éteinte.
Non, pas encore... Allons, tant mieux!
Nous allons entrer dans l'enceinte;
Çà, ne me bandez pas les yeux.
Mes amis, fâché de la peine;
Surtout ne tirez point trop bas;
Et qu'au pays Dieu vous ramène! (*Bis.*)
 Conscrits, au pas;
 Ne pleurez pas,
 Ne pleurez pas;
 Marchez au pas,
Au pas, au pas, au pas, au pas!

COUPLET AUX JEUNES GENS.

AIR :

Un jour, assis sur le rivage,
Bénissant un ciel pur et doux,
Plaignez les marins que l'orage
A fatigués de son courroux.
N'ont-ils pas droit à quelque estime,
Ceux qui, las d'un si long effort,
Près de s'engloutir dans l'abîme,
Du doigt vous indiquaient le port?

LE BONHEUR.

Air :

Le vois-tu bien, là-bas, là-bas,
Là-bas, là-bas? dit l'Espérance :
Bourgeois, manants, rois et prélats,
Lui font de loin la révérence.
C'est le Bonheur, dit l'Espérance.
Courons, courons; doublons le pas,
Pour le trouver là-bas, là-bas,
    Là-bas, là-bas.

Le vois-tu bien, là-bas, là-bas,
Là-bas, là-bas, sous la verdure?
Il croit à d'éternels appas,
Même à l'amour qui toujours dure.
Qu'on est heureux sous la verdure!
Courons, courons; doublons le pas,
Pour le trouver là-bas, là-bas,
    Là-bas, là-bas.

Le vois-tu bien, là-bas, là-bas,
Là-bas, là-bas, à la campagne?
D'enfants et de grains, Dieu! quel tas
Quels gros baisers à sa compagne!
Qu'on est heureux à la campagne!
Courons, courons; doublons le pas,

Pour le trouver là-bas, là-bas,
    Là-bas, là-bas.

Le vois-tu bien, là-bas, là-bas,
Là-bas, là-bas, dans une banque?
S'il est un plaisir qu'il n'ait pas,
C'est qu'au marché ce plaisir manque.
Qu'on est heureux dans une banque!
Courons, courons; doublons le pas,
Pour le trouver là-bas, là-bas,
    Là-bas, là-bas.

Le vois-tu bien, là-bas, là-bas,
Là-bas, là-bas, dans une armée?
Il mesure au bruit des combats
Tout le bruit de sa renommée.
Qu'on est heureux dans une armée!
Courons, courons; doublons le pas,
Pour le trouver là-bas, là-bas,
    Là-bas, là-bas.

Le vois-tu bien, là-bas, là-bas,
Là-bas, là-bas, sur un navire?
L'arc-en-ciel brille dans ses mâts;
Toutes les mers vont lui sourire.
Qu'on est heureux sur un navire!
Courons, courons; doublons le pas,
Pour le trouver là-bas, là-bas,
    Là-bas, là-bas.

Le vois-tu bien, là-bas, là-bas,
Là-bas, là-bas, c'est en Asie?

Roi, pour sceptre il porte un damas
Dont il use à sa fantaisie.
Qu'on est heureux dans cette Asie!
Courons, courons; doublons le pas,
Pour le trouver, là-bas, là-bas,
    Là-bas, là-bas.

Le vois-tu bien, là-bas, là-bas,
Là-bas, là-bas, en Amérique?
Sous un arbre il met habit bas
Pour présider sa république.
Qu'on est heureux en Amérique!
Courons, courons; doublons le pas,
Pour le trouver là-bas, là-bas,
    Là-bas, là-bas.

Le vois-tu bien, là-bas, là-bas,
Là-bas, là-bas, dans ces nuages?
Ah! dit l'homme enfin vieux et las,
C'est trop d'inutiles voyages.
Enfants, courez vers ces nuages;
Courez, courez; doublez le pas,
Pour le trouver là-bas, là-bas,
    Là-bas, là-bas.

COUPLET.

Air :

Pauvres fous, battons la campagne ;
Que nos grelots tintent soudain.
Comme les beaux mulets d'Espagne,
Nous marchons tous drelin dindin.
Des erreurs de l'humaine espèce
Dieu veut que chacun ait son lot ;
Même au manteau de la Sagesse
La Folie attache un grelot.

LES CINQ ÉTAGES.

Air : Dans cette maison à quinze ans; ou J'étais bon chasseur autrefois.

Dans la soupente du portier
Je naquis au rez-de-chaussée.
Par tous les laquais du quartier
A quinze ans je fus pourchassée.
Mais bientôt un jeune seigneur
M'enlève à leur doux caquetage.
Ma vertu me vaut cet honneur ;
Et je monte au premier étage.

Là, dans un riche appartement,
Mes mains deviennent des plus blanches
Grâce à l'or de mon jeune amant,
Là, tous mes jours sont des dimanches.
Mais, par trop d'amour emporté,
Il meurt. Ah! pour moi quel veuvage !
Mes pleurs respectent ma beauté,
Et je monte au deuxième étage.

Là, je trompe un vieux duc et pair
Dont le neveu touche mon âme :
Ils ont d'un feu payé bien cher,
L'un la cendre et l'autre la flamme.
Vient un danseur : nouveaux amours ;
La noblesse alors déménage.
Mon miroir me sourit toujours,
Et je monte au troisième étage.

Là, je plume un bon gros Anglais
Qui me croit et veuve et baronne ;
Puis deux financiers vieux et laids,
Même un prélat, Dieu me pardonne !
Mais un escroc que je chéris
Me vole en parlant mariage.
Je perds tout ; j'ai des cheveux gris,
Et je monte encore un étage.

Au quatrième, autre métier :
Des nièces me sont nécessaires.
Nous scandalisons le quartier,
Nous nous moquons des commisaires.
Mangeant mon pain à la vapeur,

Des plaisirs je fais le ménage.
Trop vieille, enfin je leur fais peur,
Et je monte au cinquième étage.

Dans la mansarde me voilà,
Me voilà pauvre balayeuse.
Seule et sans feu, je finis là
Ma vie au printemps si joyeuse.
Je conte à mes voisins surpris
Ma fortune à différents âges,
Et j'en trouve encor des débris
En balayant les cinq étages.

L'ALCHIMISTE [1].

AIR de la Bonne Vieille *ou* d'Aristippe.

Tu vas, dis-tu, vieux et pauvre alchimiste,
Tirer de l'or des métaux indigents,
Et, faisant plus pour moi, que l'âge attriste,
Me rajeunir par de secrets agents.
J'ouvre ma bourse à ta science occulte;
Mon cœur crédule au grand œuvre a recours.
Chacun pourtant conservera son culte.
Tout l'or pour toi, mais rends-moi mes beaux jours.

[1] Il ne faut pas croire que cette espèce de charlatans ou de fous ait entièrement disparu de la France. C'est l'un d'eux qui m'a donné l'idée de cette chanson. Il faut convenir que celui-là avait l'air d'une profonde conviction.

Sur ce brasier souffle donc en silence,
Ou d'un vieux livre interroge les mots [1].
Ton art est sûr : le Pactole et Jouvence
Dans ce creuset vont marier leurs flots.
L'œil sur ce feu, que tu rêves de choses !
Vois-tu déjà le sourire des cours ?
Moi, pour mon front je n'attends que des roses.
Tout l'or pour toi, mais rends-moi mes beaux jours.

Ivre d'espoir, quel délire t'égare !
« O rois ! dis-tu, baisez mes pieds poudreux.
« J'aurai plus d'or que Cortez et Pizarre
« N'en ont conquis pour d'autres que pour eux. »
Naguère encor, toi qui vivais d'aumônes,
Déjà l'orgueil rugit dans tes discours.
Achète au poids et sceptres et couronnes.
Tout l'or pour toi, mais rends-moi mes beaux jours.

Oui, rends-moi-les avec leur indigence ;
Rends à mon âme un corps plus vigoureux ;

---

[1] L'Hermès des anciens Égyptiens passait dans l'antiquité pour avoir découvert tous les secrets de la nature et les avoir transmis aux prêtres de son pays. La transmutation des métaux lui était attribuée ; de là le nom de science *hermétique*. Les prétendus livres qui portent son nom sont, dit-on, l'ouvrage des Grecs du Bas-Empire. Il sont encore la règle des alchimistes et souffleurs, gens qui cherchent le grand œuvre ou la pierre philosophale, secret qui donne à la fois des trésors à volonté et la prolongation indéfinie de la vie humaine. Nicolas Flamel, qui eut la réputation chez nos aïeux d'avoir découvert la pierre philosophale, passait pour être devenu immortel, et je ne sais quel ancien voyageur raconte l'avoir rencontré en Asie deux ou trois siècles après l'époque où il vécut.

A mon esprit ôte l'expérience ;
Souffle en mon cœur un sang plus généreux.
Puis, t'échappant de ton palais de marbre,
En char pompeux bercé sur le velours,
Vois-moi dormir, heureux au pied d'un arbre.
Tout l'or pour toi, mais rends-moi mes beaux jours.

Je sais pourtant ce que vaut la richesse ;
Mais j'aime encor ; je possède, et cent fois
J'ai craint de voir ma trop jeune maîtresse
Compter mes ans et les siens par ses doigts.
C'est du soleil qui sied à sa peau brune ;
C'est de l'été qu'il faut à nos amours.
Celle que j'aime est sourde à la fortune.
Tout l'or pour toi, mais rends-moi mes beaux jours.

Mais au creuset ta main que trouve-t-elle ?
Rien ! te voilà plus pauvre et moi plus vieux.
« Non, non, dis-tu ; demain lune nouvelle ;
« Recommençons ; demain nous serons dieux. »
Tu mens, vieillard ; mais d'erreurs caressantes
J'ai tant besoin, que je te crois toujours.
Sur mon front nu vois ces rides naissantes.
Tout l'or pour toi, mais rends-moi mes beaux jours.

CHANT FUNÉRAIRE

SUR

LA MORT DE MON AMI QUÉNESCOURT.

Air : Échos des bois, errants dans ces vallons.

Quoi ! sourd aux cris d'un long *Miserere*,
Sous ce drap noir que j'asperge en silence ;
Quoi ! ce cercueil de cierges entouré,
C'est mon ami, c'est mon ami d'enfance !
Cessez vos chants, prêtres ; c'est à ma voix } *Bis.*
De le bénir pour la dernière fois.

Descendu là sans s'appuyer sur vous,
Dans l'autre vie il entre exempt d'alarmes.
Qu'est-il besoin que votre Dieux jaloux
De son enfer vienne effrayer nos larmes?
Cessez vos chants, prêtres ; c'est à ma voix
De le bénir pour la dernière fois.

Son âme, hélas ! trop tôt prenant l'essor,
Tel un fruit mûr qu'un jeune enfant dérobe,
Nous est ravie. Un ange aux ailes d'or
L'emporte au ciel dans le pan de sa robe.
Cessez vos chants, prêtres ; c'est à ma voix
De le bénir pour la dernière fois.

Modeste et bon, cet homme vertueux,
Privé des biens que l'opulence affiche,
A semblé pauvre au riche fastueux,
Et par ses dons au pauvre a semblé riche.
　Cessez vos chants, prêtres; c'est à ma voix
　De le bénir pour la dernière fois.

Las, sur les flots, d'aller rasant le bord,
Je saluai sa demeure ignorée :
Entre, et chez moi, dit-il, comme en un port,
Raccommodons ta voile déchirée.
　Cessez vos chants, prêtres; c'est à ma voix
　De le bénir pour la dernière fois.

Proclamé roi de ses festins joyeux,
A son foyer je fais sécher ma lyre.
J'y vois pour moi se dérider les cieux,
Et mon pays daigne enfin me sourire.
　Cessez vos chants, prêtres; c'est à ma voix
　De le bénir pour la dernière fois.

A mes chansons que sa joie applaudit,
Sur mes succès son cœur s'en fait accroire;
Et, s'enivrant des fleurs qu'il me prédit,
Prend leur parfum pour un encens de gloire.
　Cessez vos chants, prêtres; c'est à ma voix
　De le bénir pour la dernière fois.

Au peu d'éclat dont je brille à présent,
Ah! qu'il ait part, et puisse à ma lumière,
Comme au flambeau que porte un ver luisant,

Longtemps son nom se lire sur la pierre [1] !
Cessez vos chants, prêtres; c'est à ma voix
De le bénir pour la dernière fois.

Des hymnes saints cessez le triste accord :
Il est parti, mais pour un meilleur monde,
A mes chansons s'il peut rester encor
Dans ce cercueil un écho qui réponde,
Cessez vos chants, prêtres; c'est à ma voix \
De le bénir pour la dernière fois. / *Bis.*

---

[1] François Quénescourt, né à Péronne, où j'ai passé six ans de ma jeunesse, est mort à Nanterre, près de Paris. J'ai reçu de lui les preuves de l'amitié la plus tendre et la plus constante. Cette chanson n'exprime qu'imparfaitement tous les services que cet ami m'a rendus. Voici l'épitaphe que je lui ai composée. Qui n'a pas connu cet homme d'un extérieur si simple, d'un ton si modeste, mais dont l'esprit était si élevé, le cœur si parfait, ne peut apprécier le peu qu'il y a de mérite dans ces quatre vers où j'ai tâché de le peindre :

> Vous qui, le rencontrant, n'avez pas reconnu
> Qu'un esprit cultivé, qu'une âme tendre et fière
> Brillaient sous l'humble habit de cet homme ingénu,
> Saluez-le sous cette pierre.

JEANNE LA ROUSSE,

ou

LA FEMME DU BRACONNIER.

Air : Soir et matin sur la fougère.

Un enfant dort à sa mamelle;
Elle en porte un autre à son dos.
L'aîné, qu'elle traîne après elle,
Gêle pieds nus dans ses sabots.
Hélas! des gardes qu'il courrouce,
Au loin, le père est prisonnier.
Dieu, veillez sur Jeanne la Rousse;
On a surpris le braconnier.

Je l'ai vue heureuse et parée;
Elle cousait, chantait, lisait;
Du magister fille adorée,
Par son bon cœur elle plaisait.
J'ai pressé sa main blanche et douce
En dansant sous le marronnier.
Dieu, veillez sur Jeanne la Rousse;
On a surpris le braconnier.

Un fermier riche et de son âge,
Qu'elle espérait voir son époux,
La quitta parce qu'au village
On riait de ses cheveux roux;

Puis deux, puis trois : chacun repousse
Jeanne, qui n'a pas un denier.
Dieu, veillez sur Jeanne la Rousse ;
On a surpris le braconnier.

Mais un vaurien dit : « Rousse ou blonde,
« Moi, pour femme je te choisis,
« En vain les gardes font la ronde,
« J'ai bon repaire et trois fusils.
« Faut-il bénir mon lit de mousse,
« Du château payons l'aumônier. »
Dieu, veillez sur Jeanne la Rousse ;
On a surpris le braconnier.

Doux besoin d'être épouse et mère
Fit céder Jeanne, qui, trois fois,
Depuis, dans une joie amère,
Accoucha seule au fond des bois.
Pauvres enfants! chacun d'eux pousse
Frais comme un bouton printanier.
Dieu, veillez sur Jeanne la Rousse,
On a surpris le braconnier.

Quel miracle un bon cœur opère!
Jeanne, fidèle à ses devoirs,
Sourit encor ; car de leur père
Ses fils auront les cheveux noirs.
Elle sourit, car sa voix douce
Rend l'espoir à son prisonnier.
Dieu, veillez sur Jeanne la Rousse ;
On a surpris le braconnier.

LES RELIQUES.

Air : Donnez-vous la peine d'attendre.

D'un saint de paroisse en crédit
Seul un soir je baisais la châsse.
Vient un bon vieillard qui me dit :
Veux-tu qu'il parle? — Oh! oui, de grâce.
Oui, dis-je; et me voilà béant.
Voilà qu'il fait des croix magiques :
Voilà le saint sur son séant,
Qui dit d'un ton de mécréant :
« Dévots, baisez donc mes reliques;
« Baisez, baisez donc mes reliques. »

Il rit, ce squelette incivil,
Il rit à s'en tenir les côtes.
« Depuis huit siècles, poursuit-il,
« Je grille en enfer pour mes fautes;
« Mais un prêtre au nez bourgeonné,
« Pour mieux dîmer sur ses pratiques,
« Par un tour bien imaginé
« Fit un saint des os d'un damné.
« Dévots, baisez donc mes reliques;
« Baisez, baisez donc mes reliques.

« De mon temps je fus bateleur,
« Ribaud, filou, témoin à gage.
« Puis, en grand m'étant fait voleur,

« J'eus d'un baron mœurs et langage.
« De leurs châsses, dans mes larcins,
« J'ai dépouillé des basiliques.
« Au feu j'ai jeté de bons saints.
« Du ciel admirez les desseins!
« Dévots, baisez donc mes reliques;
« Baisez, baisez donc mes reliques.

« Baisez, sous ce dais de velours,
« La sainte qu'on priera dimanche.
« C'est une Juive, mes amours,
« Dont l'œil fut noir et la peau blanche.
« Grâce à ses charmes réprouvés,
« Dix prélats sont morts hérétiques,
« Vingt moines sont morts énervés.
« Trouvez mieux si vous le pouvez.
« Dévots, baisez donc ses reliques;
« Baisez, baisez donc ses reliques.

« Près d'elle est un vieux crâne étroit;
« Baisez ce saint d'une autre espèce.
« Jadis, de larron maladroit,
« Il devint bourreau plein d'adresse.
« Nos rois, pour se bien divertir,
« L'occupaient aux fêtes publiques.
« Hélas! je lui dois, sans mentir,
« L'honneur de passer pour martyr.
« Dévots, baisez donc ses reliques,
« Baisez, baisez donc ses reliques.

« Sous les noms de pieux patrons,
« Ainsi nos corps, mis en spectacle,

« Font pleuvoir l'argent dans les troncs;
« C'est là notre plus grand miracle.
« Mais du diable j'entends le cor.
« Bonsoir, messieurs les catholiques. »
Il se recouche, et vole encor,
Sur l'autel un crucifix d'or.
Dévots, baisez donc des reliques!
Baisez, baisez donc des reliques!

LA NOSTALGIE,

ou

LA MALADIE DU PAYS.

Air de la République.

Vous m'avez dit : « A Paris, jeune pâtre,
Viens, suis-nous, cède à tes nobles penchants.
« Notre or, nos soins, l'étude, le théâtre,
« T'auront bientôt fait oublier les champs. »
Je suis venu; mais voyez mon visage :
Sous tant de feux mon printemps s'est fané.
Ah! rendez-moi, rendez-moi mon village,
 Et la montagne où je suis né!

La fièvre court, triste et froide, en mes veines;
A vos désirs cependant j'obéis.
Ces bals charmants où les femmes sont reines,
J'y meurs, hélas! j'ai le mal du pays.
En vain l'étude a poli mon langage;

Vos arts en vain ont ébloui mes yeux.
Ah! rendez-moi, rendez-moi mon village,
 Et ses dimanches si joyeux!

Avec raison vous méprisez nos veilles,
Nos vieux récits et nos chants si grossiers.
De la féerie égalant les merveilles,
Votre opéra confondrait nos sorciers.
Au Saint des saints le ciel rendant hommage
De vos concerts doit emprunter les sons.
Ah! rendez-moi, rendez-moi mon village,
 Et sa veillée et ses chansons!

Nos toits obscurs, notre église qui croule,
M'ont à moi-même inspiré des dédains.
Des monuments j'admire ici la foule,
Surtout ce Louvre et ses pompeux jardins.
Palais magique, on dirait un mirage
Que le soleil colore à son coucher.
Ah! rendez-moi, rendez-moi mon village,
 Et ses chaumes et son clocher!

Convertissez le sauvage idolâtre :
Près de mourir, il retourne à ses dieux.
Là-bas, mon chien m'attend auprès de l'âtre;
Ma mère en pleurs repense à nos adieux.
J'ai vu cent fois l'avalanche et l'orage,
L'ours et les loups fondre sur mes brebis.
Ah! rendez-moi, rendez-moi mon village,
 Et la houlette et le pain bis.

Qu'entends-je, ô ciel! pour moi remplis d'alarmes,

« Pars, dites-vous, demain pars au réveil.
«, C'est l'air natal qui séchera tes larmes;
« Va refleurir à ton premier soleil. »
Adieu, Paris, doux et brillant rivage,
Où l'étranger reste comme enchaîné.
Ah! je revois, je revois mon village,
Et la montagne où je suis né.

MA NOURRICE.

CHANSON HISTORIQUE.

Air : Dodo, l'enfant do, etc.

De souvenir en souvenir,
J'ai reconstruit mon édifice.
Je vais conter, pour en finir,
Ce qu'on m'a dit de ma nourrice.
Au soir des ans doit sembler doux
Ce chant qui nous a bercé tous :
    Dodo, l'enfant do,
  L'enfant dormira tantôt.

Au mois d'août, voilà bien longtemps!
Six francs et ma layette en poche,
Belle nourrice de vingt ans
D'Auxerre avec moi prit le coche.
Sois bien ou mal, sanglote ou ris,
Adieu, pauvre enfant de Paris.
    Dodo, l'enfant do,
  L'enfant dormira tantôt.

En Bourgogne je débarquai,
Pour la chanson climat propice.
Nous trouvons, buvant sur le quai,
Le vieux mari de ma nourrice.
Verre en main, Jean le vigneron
Chantait les gaietés de Piron.
  Dodo, l'enfant do,
 L'enfant dormira tantôt.

Sous son chaume, au bruit du pressoir,
Bientôt j'assiste à la vendange.
Plus ivre et plus vieux chaque soir
Jean va coucher seul dans la grange.
Sa femme, en s'en moquant tout bas,
Me dit : Petiot, ne vieillis pas.
  Dodo, l'enfant do,
 L'enfant dormira tantôt.

Un moine, en voisin, vient chez nous :
Il entre sans que le chien jappe ;
Le mari sort, et l'homme roux
De ma table fripe la nappe,
Hélas! l'odeur du récollet
Fait pour neuf mois tourner mon lait.
  Dodo, l'enfant do,
 L'enfant dormira tantôt.

Au vieux moutier, huit jours plus tard,
Jean, bien payé, soignait la vigne.
Moi, gai comme un Dieu sans nectar,
Au vin du cru je me résigne.
Ma nourrice, en m'en abreuvant,

Soupire et dit : Chien de couvent !
  Dodo, l'enfant do,
L'enfant dormira tantôt.

Sur cette histoire, en bon devin,
Mon parrain, dès qu'il l'eut apprise,
Me prédit le dégoût du vin,
Le goût de tous les gens d'Église.
Pour *Requiem* je prédis, moi,
Qu'ils chanteront à mon convoi :
  Dodo, l'enfant do,
L'enfant dormira tantôt.

LES CONTREBANDIERS.

CHANSON

ADRESSÉE A M. JOSEPH BERNARD, DÉPUTÉ DU VAR,

AUTEUR

DU *BON SENS D'UN HOMME DE RIEN* 1.

Air : Cette chaumière-là vaut un palais.

Malheur ! malheur aux commis !
A nous bonheur et richesse !
Le peuple à nous s'intéresse :
  Il est de nos amis.

---

1 Le *Bon sens d'un homme de rien* est un livre d'un grand sens, fait par un homme de beaucoup d'esprit. Dans un cadre fort original, l'auteur, philanthrope consciencieux et instruit,

Oui, le peuple est partout de nos amis;
Oui, le peuple est partout, partout de nos amis.

Il est minuit. Çà, qu'on me suive,
Hommes, pacotille et mulets.
Marchons, attentifs au qui-vive.
Armons fusils et pistolets.
　Les douaniers sont en nombre;
　Mais le plomb n'est pas cher;
　Et l'on sait que dans l'ombre
　Nos balles verront clair.

Malheur! malheur aux commis!
A nous bonheur et richesse!
Le peuple à nous s'intéresse :
　Il est de nos amis.
Oui, le peuple est partout de nos amis;
Oui, le peuple est partout, partout de nos amis.

Camarades, la noble vie!
Que de hauts faits à publier!
Combien notre belle est ravie
Quand l'or pleut dans son tablier!

a traité beaucoup de questions économiques qu'il a su revêtir d'une forme à la fois piquante et familière. Les questions politiques y sont également abordées avec une franchise toute bretonne. Le style de cet ouvrage, remarquable par une correction sans recherche et une naïveté sans affectation, décèle un très-rare talent d'écrivain, fait pour s'illustrer dans la défense des intérêts populaires. A l'appui de cette opinion, on peut lire le discours prononcé par M. Bernard, à la Chambre, lors de la discussion sur la réforme du Code pénal.

Château, maison, cabane,
Nous sont ouverts partout.
Si la loi nous condamne,
Le peuple nous absout.

Malheur! malheur aux commis!
A nous bonheur et richesse!
Le peuple à nous s'intéresse :
Il est de nos amis.
Oui, le peuple est partout de nos amis;
Oui, le peuple est partout, partout de nos amis.

Bravant neige, froid, pluie, orage,
Au bruit des torrents nous dormons.
Ah! qu'on aspire de courage
Dans l'air pur du sommet des monts!
Cimes à nous connues,
Cent fois vous nous voyez
La tête dans les nues
Et la mort sous nos pieds.

Malheur! malheur aux commis!
A nous bonheur et richesse!
Le peuple à nous s'intéresse :
Il est de nos amis.
Oui, le peuple est partout de nos amis;
Oui, le peuple est partout, partout de nos amis.

Aux échanges l'homme s'exerce;
Mais l'impôt barre les chemins.
Passons : c'est nous qui du commerce
Tiendrons la balance en nos mains.

Partout la Providence
Veut, en nous protégeant,
Niveler l'abondance,
Éparpiller l'argent.

Malheur! malheur aux commis!
A nous bonheur et richesse!
Le peuple à nous s'intéresse :
Il est de nos amis.
Oui, le peuple est partout de nos amis;
Oui, le peuple est partout, partout de nos amis.

Nos gouvernants, pris de vertige,
Des biens du ciel triplant le taux,
Font mourir le fruit sur sa tige,
Du travail brisent les marteaux.
Pour qu'au loin il abreuve
Le sol et l'habitant,
Le bon Dieu crée un fleuve....
Ils en font un étang.

Malheur! malheur aux commis!
A nous bonheur et richesse!
Le peuple à nous s'intéresse :
Il est de nos amis.
Oui, le peuple est partout de nos amis;
Oui, le peuple est partout, partout de nos amis.

Quoi! l'on veut qu'uni de langage,
Aux mêmes lois longtemps soumis,
Tout peuple qu'un traité partage
Forme deux peuples d'ennemis!

Non! grâce à notre peine,
Ils ne vont pas en vain
Filer la même laine,
Sourire au même vin.

Malheur! malheur aux commis!
A nous bonheur et richesse!
Le peuple à nous s'intéresse :
Il est de nos amis.
Oui, le peuple est partout de nos amis;
Oui, le peuple est partout, partout de nos amis.

A la frontière où l'oiseau vole,
Rien ne lui dit : Suis d'autres lois.
L'été vient tarir la rigole
Qui sert de limite à deux rois.
Prix du sang qu'ils répandent,
Là, leurs droits sont perçus;
Ces bornes qu'ils défendent,
Nous sautons par-dessus.

Malheur! malheur aux commis!
A nous bonheur et richesse!
Le peuple à nous s'intéresse :
Il est de nos amis.
Oui, le peuple est partout de nos amis;
Oui, le peuple est partout, partout de nos amis.

On nous chante dans nos campagnes,
Nous, dont le fusil redouté,
En frappant l'écho des montagnes,
Peut réveiller la liberté.

Quand tombe la patrie
Sous des voisins altiers,
Mourante, elle s'écrie :
A moi, contrebandiers!

Malheur! malheur aux commis!
A nous bonheur et richesse!
Le peuple à nous s'intéresse :
Il est de nos amis.
Oui, le peuple est partout de nos amis;
Oui, le peuple est partout, partout de nos amis.

A MES AMIS

DEVENUS MINISTRES.

Air :

Non, mes amis, non, je ne veux rien être;
Semez ailleurs places, titres et croix.
Non, pour les cours Dieu ne m'a pas fait naître :
Oiseau craintif, je fuis la glu des rois.
Que me faut-il? maîtresse à fine taille,
Petit repas et joyeux entretien.
De mon berceau près de bénir la paille,
En me créant Dieu m'a dit : Ne sois rien.

Un sort brillant serait chose importune
Pour moi, rimeur, qui vis de temps perdu,
M'est-il tombé des miettes de fortune,

Tout bas je dis : Ce pain ne m'est pas dû.
Quel artisan, pauvre, hélas! quoi qu'il fasse,
N'a plus que moi droit à ce peu de bien?
Sans trop rougir fouillons dans ma besace.
En me créant Dieu m'a dit : Ne sois rien.

Au ciel, un jour, une extase profonde
Vient me ravir, et je regarde en bas.
De là, mon œil confond dans notre monde
Rois et sujets, généraux et soldats.
Un bruit m'arrive : est-ce un bruit de victoire?
On crie un nom; je ne l'entends pas bien.
Grands, dont là-bas je vois ramper la gloire,
En me créant Dieu m'a dit : Ne sois rien.

Sachez pourtant, pilotes du royaume,
Combien j'admire un homme de vertu,
Qui, regrettant son hôtel ou son chaume [1],
Monte au vaisseau par tous les vents battu.
De loin ma voix lui crie : Heureux voyage!
Priant de cœur pour tout grand citoyen.
Mais au soleil je m'endors sur la plage.
En me créant Dieu m'a dit : Ne sois rien.

Votre tombeau sera pompeux, sans doute;
J'aurai, sous l'herbe, une fosse à l'écart.
Un peuple en deuil vous fait cortége en route;
Du pauvre, moi, j'attends le corbillard.
En vain on court où votre étoile tombe;

---

[1] A l'époque où cette chanson fut faite, MM. Laffitte et Dupont (de l'Eure), faisaient encore partie du ministère.

Qu'importe alors votre gîte ou le mien?
La différence est toujours une tombe.
En me créant Dieu m'a dit : Ne sois rien.

De ce palais souffrez donc que je sorte.
A vos grandeurs je devais un salut.
Amis, adieu. J'ai derrière la porte
Laissé tantôt mes sabots et mon luth.
Sous ces lambris près de vous accourue,
La Liberté s'offre à vous pour soutien.
Je vais chanter ses bienfaits dans la rue.
En me créant Dieu m'a dit : Ne sois rien.

GOTTON.

Air des Cancans.

Deux vieilles disaient tout bas :
Belzébuth prend ses ébats.
Voyez en robe, en manteau,
Gotton, servante au château.

C'est par-ci, c'est par-là,
Trala, trala, tralala ;
C'est par-ci, c'est par-là,
C'est le diable en falbala.

Son maître est jouet d'un sort,
Oui, de l'enfer elle sort.

Gageons que son brodequin
Nous cache un pied de bouquin.

 C'est par-ci, c'est par-là,
Trala, trala, tralala;
 C'est par-ci, c'est par-là,
C'est le diable en falbala.

Au vieux baron dès qu'elle eut
Fait abjurer son salut,
Gotton, rouge de bonheur,
Se créa dame d'honneur.

 C'est par-ci, c'est par-là,
Trala, trala, tralala;
 C'est par-ci, c'est par-là,
C'est le diable en falbala.

Bien que le chemin soit long
De la cuisine au salon,
Je viens, dit-elle, à mes fins :
Dormons tard dans des draps fins.

 C'est par-ci, c'est par-là,
Trala, trala, tralala;
 C'est par-ci, c'est par-là,
C'est le diable en falbala.

Depuis lors, certain valet,
N'ouvrant qu'un coin du volet,
Au lit, d'un air échauffé,
Porte à Gotton son café.

C'est par-ci, c'est par-là,
Trala, trala, tralala;
C'est par-ci, c'est par-là,
C'est le diable en falbala.

Au château tous empâtés,
Que d'ânes elle a bâtés!
Notre maire, qui l'a fait?
Gotton et le sous-préfet.

C'est par-ci, c'est par-là,
Trala, trala, tralala;
C'est par-ci, c'est par-là,
C'est le diable en falbala.

A l'église, Dieu! quel ton!
Suisse, au banc menez Gotton,
Pour lorgner le sacripant
Qu'elle-même a fait serpent.

C'est par-ci, c'est par-là,
Trala, trala, tralala;
C'est par-ci, c'est par-là,
C'est le diable en falbala.

Mais quoi! l'infâme, aux jours gras,
Du beau curé prend le bras;
L'appelle petit coquin,
Et l'habille en arlequin.

C'est par-ci, c'est par-là,
Trala, trala, tralala;

C'est par-ci, c'est par-là,
C'est le diable en falbala.

Elle a tout': meubles, chevaux,
Bals, festins, atours nouveaux;
Riche, on l'accueille en tout lieu.
Puis courez donc prier Dieu !

C'est par-ci, c'est par-là,
Trala, trala, tralala;
C'est par-ci, c'est par-là,
C'est le diable en falbala.

L'enfer donne à ses suppôts
Trésors, plaisirs et repos :
J'en conclus qu'il est écrit
Que Gotton est l'Antechrist.

C'est par-ci, c'est par-là,
Trala, trala, tralala;
C'est par-ci, c'est par-là,
C'est le diable en falbala.

COLIBRI.

Air : Garde à vous! (de la *Fiancée*).

Mes amis,
J'ai soumis
L'enfer à ma puissance.
De son obéissance

J'ai pour gage certain
   Un lutin. (*Ter.*)
Sous forme d'oiseau-mouche,
A mon chevet il couche.
Lutin doux et chéri,
Baisez-moi, Colibri.
   Colibri! (*Ter.*)

   S'éveillant,
   Babillant,
Au jour qui naît et brille,
Son petit corps scintille
D'émeraude et d'azur,
   Et d'or pur.
Fleur qui cherche sa tige,
Le voilà qui voltige :
L'Aurore en a souri.
Baisez-moi, Colibri,
   Colibri !

   Je le vois
   A ma voix,
Voler vers qui m'implore.
Ses ailes font éclore
Richesse, honneurs, amours
   Et beaux jours.
Quelque soif qui m'embrase,
Il peut remplir le vase
Que ma bouche a tari.
Baisez-moi Colibri,
   Colibri !

Je puis voir
   Son pouvoir
Franchir l'espace et l'onde ;
Du Pérou, de Golconde,
M'apporter dans nos ports
   Les trésors.
Mais non ; point d'opulence,
Quand un peuple en silence
Souffre et meurt sans abri.
Baisez-moi, Colibri,
   Colibri !

   Je puis voir
   Son pouvoir
Me donner des couronnes,
Des palais à colonnes,
Des gardes et l'amour
   D'une cour.
Mais non ; j'en sais l'histoire :
Le monde, à tant de gloire,
De douleur pousse un cri.
Baisez-moi, Colibri,
   Colibri !

   Demandons,
   Pour seuls dons,
Simple toit, portes closes,
Des chants, du vin, des roses,
Et la paix d'un reclus,
   Rien de plus. (*Ter.*)
Mon paradis s'arrange,
Dieux ! et l'oiseau se change

En piquante houri.
Baisez-moi, Colibri,
Colibri ! (*Ter.*)

ÉMILE DEBRAUX [1].

CHANSON-PROSPECTUS

POUR LES ŒUVRES DE CE CHANSONNIER.

Air : Dis-moi, soldat, dis-moi, t'en souviens-tu ?

Le pauvre Émile a passé comme une ombre,
Ombre joyeuse et chère aux bons vivants.
Ses gais refrains vous égalent en nombre,
Fleurs d'acacia qu'éparpillent les vents.
Debraux, dix ans, régna sur la goguette,
Mit l'orgue en train et les chœurs des faubourgs,
Et roulant, roi, de guinguette en guinguette,
Du pauvre peuple il chanta les amours.

[1] Émile Debraux est mort au commencement de 1831, à l'âge de trente-trois ans. Peu de chansonniers ont pu se vanter d'une popularité égale à la sienne, qui, certes, était bien méritée. Les chansons de la *Colonne; Soldat, t'en souviens-tu; Fanfan la Tulipe; Mon p'tit Mimile*, etc., ont eu un succès prodigieux, non-seulement dans les guinguettes et les ateliers, mais aussi dans les salons libéraux.

L'existence de Debraux n'en resta pas moins obscure ; il ne savait ni se faire valoir ni solliciter. Pendant la Restauration, il se laissa poursuivre, juger, condamner, emprisonner sans se plaindre, et je ne sais si une seule feuille publique lui adressa deux mots de consolation. Souvent il fut réduit à faire des copies

Toujours enfant, gai jusqu'à faire envie,
En étourdi vers le plaisir poussé;
Pouffant de rire à voir couler sa vie
Comme le vin d'un tonneau défoncé;
Sifflant le sot sous les croix qu'il découvre,
Ou sur son char le grand mal affermi;
Sans s'informer par où l'on monte au Louvre.
Du pauvre peuple il est resté l'ami.

Mais, dites-vous, il avait donc des rentes?
Eh! non, messieurs; il logeait au grenier.
Le temps, au bruit des fêtes enivrantes,
Râpait, râpait l'habit du chansonnier.
Venait l'hiver : le bois manquait à l'âtre;
La vitre, au nord, étincelait de fleurs;
Il grelottait, mais sa muse folâtre
Du pauvre peuple allait sécher les pleurs.

De l'œil des rois on a compté les larmes;
Les yeux du peuple en ont trop pour cela :

et à barbouiller des rôles pour nourrir sa femme et ses trois enfants.

**Les sociétés chantantes, dites *goguettes*, le recherchèrent toutes, et je crois qu'il n'en négligea aucune. Si, dans ces réunions, Debraux se laissa aller à son penchant pour la vie insouciante et joyeuse, il faut dire que par des soins utiles elles adoucirent ses derniers moments, rendus si pénible par une maladie lente et douloureuse.

Sa pauvre famille n'a obtenu que d'incertains et faibles secours dans la répartition faite par le comité des récompenses nationales. Pourtant les chansons de Debraux, en contribuant à exalter le patriotisme du peuple, ont concouru au triomphe de Juillet, qu'à son lit de mort il a salué d'une voix défaillante.

La France alors pleurait l'éclat des armes
Et les grandeurs dont le cours l'ébranla.
Ta voix, Émile, évoquant notre histoire,
Du cabaret ennoblit les échos;
C'était l'asile où se cachait la gloire :
Le pauvre peuple aime tant les héros !

Bien jeune, hélas! il descend dans la fosse.
Je l'ai conduit où, vieux, j'irai demain.
Chantant au loin, des buveurs à voix fausse
Aux noirs pensers m'arrachaient en chemin.
C'étaient ses chants que disait leur ivresse,
Chants que leurs fils sauront bien rajeunir.
De son passage est-il un roi qui laisse
Au pauvre peuple un si doux souvenir ?

De sa famille allégez l'indigence;
Riches et grands, achetez ce recueil.
A tant d'esprit passez la négligence :
Ah ! du talent le besoin est l'écueil.
Ne soyez point ingrats pour nos musettes;
Songez aux maux que nous adoucissons.
Pour s'en tenir au lot que vous lui faites.
Le pauvre peuple a besoin de chansons.

LE PROVERBE.

Air :

Épris jadis d'une princesse,
Alain vit son cœur rejeté;
Simple écuyer, né sans noblesse,
Comme un vilain il fut traité.
La princesse avait une dame,
Dame d'honneur, fleur au déclin;
Alain lui transporte sa flamme :
Il est traité comme un vilain.

La dame avait une suivante
Qui tenait à la qualité.
En vain de lui plaire il se vante;
Comme un vilain il est traité.
La suivante avait sa soubrette :
Celle-ci cède au pauvre Alain.
Surprise, tant bien il la traite,
Qu'on l'ait traité comme un vilain.

La suivante, qu'un mot éclaire,
Court après Alain bien goûté;
La dame à son tour veut lui plaire,
Comme un baron il est traité;
La princesse, enfin, moins superbe,
Ouvre au galant ses draps de lin.
Depuis lors, adieu le proverbe
Qui dit : Traité comme un vilain.

LES FEUX FOLLETS.

Air : Faut l'oublier, disait Colette.

O nuit d'été, paix du village,
Ciel pur, doux parfums, frais ruisseau,
Vous embellissiez mon berceau :
Consolez-moi dans un autre âge.
Las du monde, ici je me plais ;
Tout y retrace mon enfance,
Oui, tout, jusqu'à ces feux follets.
Jadis leur éclat et leur danse
M'auraient fait fuir à pas pressés.
J'ai perdu ma douce ignorance :
Follets, dansez, dansez, dansez.

On racontait aux longues veilles
Qu'ils étaient moqueurs et méchants ;
Que ces feux gardaient dans nos champs
Bien des trésors, bien des merveilles.
Revenants, lutins, noirs esprits,
Sorciers, malignes influences,
A tout croire on m'avait appris.
Je voyais des dragons immenses
Sur les donjons des temps passés.
L'âge a soufflé sur mes croyances :
Follets, dansez, dansez, dansez.

Un soir, j'avais dix ans à peine,

Égaré, couvert de sueur,
Je vois de loin cette lueur :
C'est la lampe de ma marraine.
Chez elle un gâteau m'attendant,
Je cours, je cours, l'âme ravie.
Un berger me crie : « Imprudent !
« La lumière par toi suivie
« Éclaire un bal de trépassés. »
Ainsi devait s'user ma vie :
Follets, dansez, dansez, dansez.

A seize ans, je vis même flamme
Sur la tombe du vieux curé;
Soudain m'écriant : « Je prierai,
« Monsieur le curé, pour votre âme; »
Je m'imagine qu'il me dit :
« Faut-il que la beauté te rende
« Déjà rêveur, enfant maudit! »
Ce soir-là, tant ma peur fut grande,
Je crus à des cieux courroucés.
Parlez encore et que j'entende :
Follets, dansez, dansez, dansez,

Quand j'aimai Rose au cœur candide,
Un peu d'or eût comblé nos vœux.
Devant moi passe un de ces feux :
Vers des trésors qu'il soit mon guide.
J'ose le suivre; mais, hélas!
Dans l'étang que ce ruisseau creuse
Je tombe, et je ne péris pas!
A-t-il ri de ta chute affreuse?
Disent encor des insensés.

Non, mais sans moi Rose est heureuse :
Follets, dansez, dansez, dansez.

De mille erreurs l'âme affranchie,
Me voilà vieux avant le temps.
Vapeurs qui brillez peu d'instants,
Voyez-vous ma tête blanchie ?
Des sages m'ont ouvert les yeux ;
Mais j'admirais bien plus l'aurore
Quand je connaissais moins les cieux.
Du savoir le flambeau dévore
Les sylphes qui nous ont bercés.
Ah ! je voudrais vous craindre encore :
Follets, dansez, dansez, dansez.

HATONS-NOUS !

Air : Ah ! si ma dame me voyait.

Ah ! si j'étais jeune et vaillant,
Vrai hussard, je courrais le monde,
Retroussant ma moustache blonde,
Sous un uniforme brillant,
Le sabre au poing et bataillant.
Va, mon coursier, vole en Pologne :
Arrachons un peuple au trépas.
Que nos poltrons en aient vergogne.
Hâtons-nous ; l'honneur est là-bas. (*Bis.*)

Si j'étais jeune, assurément,

J'aurais maîtresse jeune et belle.
Vite en croupe, mademoiselle :
Imitez le beau dévouement
Des femmes de ce peuple aimant.
Vendez vos parures, oui, toutes.
En charpie emportons vos draps.
De son sang sauvez quelques gouttes.
Hâtons-nous ; l'honneur est là-bas.

Bien plus, si j'avais des millions,
J'irais dire aux braves Sarmates :
Achetons quelques diplomates,
Beaucoup de poudre et rhabillons
Vos héroïques bataillons.
L'Europe, qui marche à béquilles,
Riche goutteuse, ne croit pas
A la vertu sous des guenilles.
Hâtons-nous ; l'honneur est là-bas.

Pour eux, si j'étais roi puissant,
Combien je ferais plus encore !
Mes vaisseaux, du Sund au Bosphore,
Iraient réveiller le Croissant,
Des Suédois réchauffer le sang ;
Criant : Pologne, on te seconde !
Un long sceptre au bout d'un bon bras
Peut atteindre aux bornes du monde.
Hâtons-nous ; l'honneur est là-bas.

Si j'étais un jour, un seul jour,
Le dieu que la Pologne implore,
Sous ma justice, avant l'aurore,

Le czar pâlirait dans sa cour.
Aux Polonais tout mon amour !
Je saurais, trompant les oracles,
De miracles semer leurs pas.
Hélas ! il leur faut des miracles !
Hâtons-nous ; l'honneur est là-bas.

Hâtons-nous ! mais je ne puis rien.
O roi des cieux ! entends ma plainte ;
Père de la liberté sainte,
De ce peuple unique soutien,
Fais de moi son ange gardien.
Dieu, donne à ma voix la trompette
Qui doit réveiller du trépas,
Pour qu'au monde entier je répète :
Hâtez-vous ; l'honneur est là-bas. (*Bis.*)

PONIATOWSKI [1].

Air des Trois couleurs.

Quoi ! vous fuyez, vous, les vainqueurs du monde !
Devant Leipzig le sort s'est-il mépris ?
Quoi ! vous fuyez ! et ce fleuve qui gronde
D'un pont qui saute emporte les débris !

---

[1] Joseph Poniatowski, neveu du dernier roi de Pologne, né en 1766, servit glorieusement dans les armées françaises depuis 1806 jusqu'à 1813. Après la bataille de Leipzig, Napoléon l'éleva au grade de maréchal de l'Empire, et lui donna le commandement d'un corps de Polonais et de Français, à la tête du-

Soldats, chevaux, pêle-mêle, et les armes :
Tout tombe là; l'Elster roule entravé.
Il roule sourd aux vœux, aux cris, aux larmes :
« Rien qu'une main (*bis*), Français, je suis sauvé! »

« Rien qu'une main ! malheur à qui l'implore !
« Passons, passons. S'arrêter! et pour qui? »
Pour un héros que le fleuve dévore :
Blessé trois fois, c'est Poniatowski.
Qu'importe! on fuit. La frayeur rend barbare.
A pas un cœur son cri n'est arrivé.
De son coursier le torrent le sépare :
« Rien qu'une main, Français, je suis sauvé! »

Il va périr, non; il lutte, il surnage;
Il se rattache aux longs crins du coursier.
« Mourir noyé! dit-il, lorsqu'au rivage
« J'entends le feu, je vois luire l'acier !

quel il fit des prodiges de valeur. Le 18 octobre, les ponts de l'Elster ayant été détruits pour couvrir notre retraite, Poniatowski, resté à l'arrière-garde et pressé de toutes parts par les troupes ennemies, rejette les propositions que leurs généraux lui font faire. Dangereusement blessé, il s'écrie : *Dieu m'a confié l'honneur des Polonais, je ne le remettrai qu'à Dieu.* Il tente de s'ouvrir un passage à travers le fleuve; mais, épuisé de sang et entraîné par les flots, il disparaît englouti. Ce n'est que quelques jours après que son corps fut trouvé sur les bords de l'Elster.

Cette chanson, celles de *Hâtons-nous*, du 14 *juillet* 1829, et *A mes amis devenus ministres*, furent publiées en 1831, au profit du Comité polonais. Elles étaient précédées d'une dédicace au général La Fayette, président de ce Comité et premier grenadier de la garde nationale de Varsovie. Dans la dédicace, trop longue pour être rapportée ici, se trouvaient deux cou-

« Frères, à moi ! vous vantiez ma vaillance.
« Je vous chéris; mon sang l'a bien prouvé.
« Ah ! qu'il m'en reste à verser pour la France !
« Rien qu'une main, Français, je suis sauvé ! »

Point de secours ! et sa main défaillante
Lâche son guide : adieu, Pologne, adieu !
Mais un doux rêve, une image brillante,
Dans son esprit descend du sein de Dieu.
« Que vois-je ? enfin, l'aigle blanc se réveille,
« Vole, combat, de sang russe abreuvé.
« Un chant de gloire éclate à mon oreille.
« Rien qu'une main, Français, je suis sauvé ! »

Point de secours ! il n'est plus, et la rive

plets qu'on me saura gré peut-être de donner, parce qu'ils sont un hommage au héros des deux mondes :

> Sa vie entière est comme un docte ouvrage,
> Par la vertu transcrit, conçu, dicté.
> La gloire y brille; à chaque jour sa page.
> Point d'*errata* : tout pour la liberté.
> De bien longtemps qu'à nos pleurs Dieu ne livre,
> Si plein qu'il soit, le chapitre dernier,
> Et qu'un seul mot constate en ce beau livre
> Que le grand homme aima le chansonnier.

Comme il s'agissait de solliciter des secours d'argent pour la Pologne, j'ajoutais, sur l'air de la *Sainte-Alliance des peuples* :

> Le Polonais de son shako civique
> Ceint votre front, ce front que tant de fois
> Olmutz, Paris, l'Europe et l'Amérique
> Ont vu si calme intimider les rois.
> Lorsque je chante honneur, gloire, souffrance,
> Si dans les cœurs ma voix trouve un écho,
> Pour recueillir l'obole de la France,
>   Tendez votre shako.

Voit l'ennemi camper dans ses roseaux.
Ces temps sont loin, mais une voix plaintive
Dans l'ombre encore appelle au fond des eaux;
Et depuis peu (grand Dieu, fais qu'on me croie!)
Jusques au ciel son cri s'est élevé.
Pourquoi ce cri que le ciel nous renvoie :
« Rien qu'une main, Français, je suis sauvé! »

C'est la Pologne et son peuple fidèle
Qui tant de fois a pour nous combattu;
Elle se noie au sang qui coule d'elle,
Sang qui s'épuise en gardant sa vertu.
Comme ce chef mort pour notre patrie,
Corps en lambeaux dans l'Elster retrouvé,
Au bord du gouffre un peuple entier nous crie :
« Rien qu'une main (*bis*), Français, je suis sauvé! »

L'ÉCRIVAIN PUBLIC.

COUPLETS DE FÊTE ADRESSÉS A M. J. LAFFITTE
PAR DES ENFANTS QUI IMPLORAIENT SA BIENFAISANCE [1].

Air de la République.

LES ENFANTS.

Daignez, monsieur, nous servir d'interprète,
Chantez pour nous Jacques, qui fait du bien.

---

[1] Cette chanson est anciennement faite. Moins on la trouve digne de voir le jour, mieux on se rendra compte du motif qui la fait livrer aujourd'hui à l'impression.

L'ÉCRIVAIN.

A le louer, enfants, ma plume est prête.
Des malheureux, oui, Jacque est le soutien.
Je le peindrai pur, dans son opulence,
Des titres vains dont l'orgueil se nourrit.

LES ENFANTS.

Chantez plutôt notre reconnaissance :
Des enfants n'ont pas tant d'esprit.

L'ÉCRIVAIN.

On peut chez lui célébrer la richesse,
Qui trop souvent corrompit les humains.
Fruit du travail, tout l'argent de sa caisse
Sans les salir a passé dans ses mains.
Parfois chez nous la probité prospère ;
Aux grands talents parfois le ciel sourit.

LES ENFANTS.

Parlez plutôt de notre pauvre père :
Des enfants n'ont pas tant d'esprit.

L'ÉCRIVAIN.

Je veux surtout le peindre à la tribune.
A la raison sa voix donna l'essor.
Il défendit la publique fortune,
Lorsqu'aux proscrits il prodiguait son or.
Il nous montra la patrie expirante
Sur des trésors que le pouvoir tarit.

LES ENFANTS.

Peignez plutôt notre mère souffrante :
Des enfants n'ont pas tant d'esprit.

L'ÉCRIVAIN.

Je veux aussi peindre la calomnie :
Point de vertus que respectent ses traits.
Mais par le souffle une glace ternie
Plus pure aux yeux brille l'instant d'après.
En vain des sots il connut l'inconstance,
Du citoyen la palme refleurit.

LES ENFANTS.

Dites plutôt qu'il est notre espérance :
　Des enfants n'ont pas tant d'esprit.

L'ÉCRIVAIN.

Pauvres enfants, je vois ce qu'il faut dire :
De vos parents Jacque est l'unique appui.
Les biens si chers auxquels un père aspire,
Vous priez Dieu de les verser sur lui.
Pour lui porter ces vœux d'une âme pure,
Vous attendiez que sa porte s'ouvrît.
Plus grands que vous passent par la serrure ;
　Des enfants n'ont pas tant d'esprit.

A M. DE CHATEAUBRIAND.

Air d'Octavie.

Chateaubriand, pourquoi fuir ta patrie,
Fuir son amour, notre encens et nos soins?
N'entends-tu pas la France qui s'écrie :
Mon beau ciel pleure une étoile de moins?

Où donc est-il ? se dit la tendre mère.
Battu des vents que Dieu seul fait changer,
Pauvre aujourd'hui comme le vieil Homère,
Il frappe, hélas ! au seuil de l'étranger.

Proscrit jadis, la naissante Amérique
Nous le rendit après nos longs discords.
Riche de gloire, et, Colomb poétique,
D'un nouveau monde étalant les trésors.

Le pèlerin de Grèce et d'Ionie,
Chantant plus tard le Cirque et l'Alhambra,
Nous revit tous dévots à son génie,
Devant le Dieu que sa voix célébra.

De son pays, qui lui doit tant de lyres,
Lorsque la sienne en pleurant s'exila,
Il s'enquérait aux débris des empires
Si des Français n'avaient point passé là.

C'était l'époque où, fécondant l'histoire,
La grande épée, l'effroi des nations,
Resplendissante au soleil de la gloire,
En fit sur nous rejaillir les rayons.

Ta voix résonne, et soudain ma jeunesse
Brille à tes chants d'une noble rougeur [1].

---

[1] Dans un des couplets qui précèdent celui-ci, je parle des *lyres* que la France doit à M. de Chateaubriand. Je ne crains pas que ce vers soit démenti par la nouvelle école poétique, qui, née sous les ailes de l'aigle, s'est, avec raison, glorifiée

J'offre aujourd'hui, pour prix de mon ivresse,
Un peu d'eau pure au pauvre voyageur.

Chateaubriand, pourquoi fuir ta patrie,
Fuir son amour, notre encens et nos soins?
N'entends-tu pas la France qui s'écrie :
Mon beau ciel pleure une étoile de moins?

Des anciens rois quand revint la famille,
Lui, de leur sceptre appui religieux,
Crut aux Bourbons faire adopter pour fille
La Liberté, qui se passe d'aïeux.

Son éloquence à ces rois fit l'aumône :

souvent d'une telle origine. L'influence de l'auteur du *Génie du Christianisme* s'est fait ressentir également à l'étranger, et il y aurait peut-être justice à reconnaître que le chantre de Child-Harold est de la famille de René.

Après ce que je viens de rappeler du grand mouvement qu'il a donné à la poésie moderne, il importe peu à M. de Chateaubriand que je répète ici ce que j'ai dit dans ma Préface de l'influence particulière de ses ouvrages sur les études de ma jeunesse. Je crois plus à propos de faire ressouvenir qu'en 1829, M. de Chateaubriand, m'ayant honoré de marques d'intérêt et d'estime, en fut vivement réprimandé par les organes du pouvoir auquel la France était livrée. Je rougis d'avoir si faiblement acquitté ma dette envers le plus grand écrivain du siècle, surtout quand je pense qu'il a consacré quelques pages à immortaliser mes chansons. C'est un plaidoyer en leur faveur que la postérité lira sans doute; mais l'avocat le plus éloquent ne saurait gagner toutes les causes. Puisse du moins la trop grande générosité de M. de Chateaubriand ne lui donner jamais de clients plus ingrats que le chansonnier qu'il a bien voulu placer sous la protection de son génie!

Prodigue fée, en ses enchantements,
Plus elle voit de rouille à leur vieux trône,
Plus elle y sème et fleurs et diamants.

Mais de nos droits il gardait la mémoire.
Les insensés dirent : Le ciel est beau.
Chassons cet homme, et soufflons sur sa gloire,
Comme au grand jour on éteint un flambeau.

Et tu voudrais t'attacher à leur chute!
Connais donc mieux leur folle vanité.
Au rang des maux qu'au ciel même elle impute,
Leur cœur ingrat met ta fidélité.

Va; sers le peuple en butte à leurs bravades,
Ce peuple humain, des grands talents épris,
Qui t'emportait, vainqueur aux barricades,
Comme un trophée, entre ses bras meurtris.

Ne sers que lui. Pour lui ma voix te somme
D'un prompt retour après un triste adieu.
Sa cause est sainte; il souffre, et tout grand homme
Auprès du peuple est l'envoyé de Dieu.

Chateaubriand, pourquoi fuir ta patrie,
Fuir son amour, notre encens et nos soins?
N'entends-tu pas la France qui s'écrie :
Mon beau ciel pleure une étoile de moins?

CONSEIL AUX BELGES.

Air de la République.

Finissez-en, nos frères de Belgique,
Faites un roi, morbleu! finissez-en.
Depuis huit mois, vos airs de république
Donnent la fièvre à tout bon courtisan.
D'un roi toujours la matière se trouve :
C'est Jean, c'est Paul, c'est mon voisin, c'est moi.
Tout œuf royal éclôt sans qu'on le couve.
Faites un roi, morbleu! faites un roi;
   Faites un roi, faites un roi.

Quels biens sur vous un prince va répandre!
D'abord viendra l'étiquette aux grands airs;
Puis des cordons et des croix à revendre;
Puis ducs, marquis, comtes, barons et pairs :
Puis un beau trône, en or, en soie, en nacre,
Dont le coussin prête à plus d'un émoi.
S'il plaît au ciel, vous aurez même un sacre.
Faites un roi, morbleu! faites un roi;
   Faites un roi, faites un roi.

Puis vous aurez baisemains et parades,
Discours et vers, feux d'artifice et fleurs;
Puis force gens qui se disent malades
Dès qu'un bobo cause au roi des douleurs.

Bonnet de pauvre et royal diadème
Ont leur vermine : un dieu fit cette loi.
Les courtisans rongent l'orgueil suprême.
Faites un roi, morbleu ! faites un roi ;
   Faites un roi, faites un roi.

Chez vous pleuvront laquais de toute sorte ;
Juges, préfets, gendarmes, espions ;
Nombreux soldats pour leur prêter main-forte ;
Joie à brûler un cent de lampions !
Vient le budget ! nourrir Athène et Sparte
Eût en vingt ans moins coûté, sur ma foi.
L'ogre a dîné ; peuples, payez la carte.
Faites un roi, morbleu ! faites un roi ;
   Faites un roi, faites un roi.

Mais quoi ! je raille ; on le sait bien en France :
J'y suis du trône un des chauds partisans,
D'ailleurs, l'histoire a répondu d'avance :
Nous n'y voyons que princes bienfaisants.
Pères du peuple, ils le font pâmer d'aise ;
Plus il s'instruit, moins ils en ont d'effroi :
Au bon Henri succède Louis Treize.
Faites un roi, morbleu ! faites un roi ;
   Faites un roi, faites un roi.

LE REFUS.

CHANSON ADRESSÉE AU GÉNÉRAL SÉBASTIANI.

Air : Le premier du mois de janvier.

Un ministre veut m'enrichir,
Sans que l'honneur ait à gauchir,
Sans qu'au *Moniteur* on m'affiche.
Mes besoins ne sont pas nombreux;
Mais, quand je pense aux malheureux,
Je me sens né pour être riche.

Avec l'ami pauvre et souffrant
On ne partage honneurs ni rang;
Mais l'or, du moins, on le partage.
Vive l'or! oui, souvent, ma foi,
Pour cinq cents francs, si j'étais roi,
Je mettrais ma couronne en gage.

Qu'un peu d'argent pleuve en mon trou,
Vite il s'en va, Dieu sait par où!
D'en conserver je désespère.
Pour recoudre à fond mes goussets,
J'aurais dû prendre, à son décès,
Les aiguilles de mon grand-père.

Ami, pourtant gardez votre or.
Las! j'épousai, bien jeune encor,

La Liberté, dame un peu rude.
Moi qui, dans mes vers ai chanté,
Plus d'une facile beauté,
Je meurs l'esclave d'une prude.

La Liberté ! c'est, monseigneur,
Une femme folle d'honneur ;
C'est une bégueule enivrée
Qui, dans la rue ou le salon,
Pour le moindre bout de galon,
Va criant : A bas la livrée !

Vos écus la feraient damner.
Au fait, pourquoi pensionner
Ma muse indépendante et vraie ?
Je suis un sou de bon aloi ;
Mais en secret argentez-moi,
Et me voilà fausse monnaie.

Gardez vos dons : je suis peureux.
Mais, si d'un zèle généreux
Pour moi le monde vous soupçonne,
Sachez bien qui vous a vendu :
Mon cœur est un luth suspendu :
Sitôt qu'on le touche, il résonne.

LA RESTAURATION DE LA CHANSON.

AIR : J'arrive à pied de province.

Oui, Chanson, Muse ma fille,
  J'ai déclaré net
Qu'avec Charle et sa famille
  On te détrônait [1].
Mais chaque loi qu'on nous donne
  Te rappelle ici.
Chanson, reprends ta couronne.
  — Messieurs, grand merci !

Je croyais qu'on allait faire
  Du grand et du neuf ;
Même étendre un peu la sphère
  De Quatre-vingt-neuf.
Mais point ! on rebadigeonne
  Un trône noirci.
Chanson, reprends ta couronne.
  — Messieurs, grand merci !

Depuis les jours de décembre [2],

---

[1] A la fin de juillet 1830, j'avais dit : « On vient de détrôner Charles X et la chanson. » Ce mot fut répété à la tribune par je ne sais quel député du centre.

[2] Le jugement des ministres de Charles X. La Chambre alors ne voulait point entendre parler de sa dissolution.

Vois, pour se grandir,
La Chambre vanter la Chambre,
La Chambre applaudir.
A se prouver qu'elle est bonne
Elle a réussi.
Chanson, reprends ta couronne.
— Messieurs, grand merci !

Basse-cour des ministères
Qu'en France on honnit,
Nos chapons héréditaires
Sauveront leur nid [1].
Les petits que Dieu leur donne
Y pondront aussi.
Chanson, reprends ta couronne.
— Messieurs, grand merci !

Gloire à la garde civique,
Piédestal des lois !
Qui maintient la paix publique
Peut venger nos droits.
Là-haut quelqu'un, je soupçonne,
En a du souci.
Chanson, reprends ta couronne.
— Messieurs, grand merci !

La planète doctrinaire
Qui sur Gand brillait
Veut servir de luminaire

---

[1] On craignait encore que l'hérédité de la pairie ne fût conservée.

Aux gens de Juillet.
Fi d'un froid soleil d'automne,
  De brume obscurci!
Chanson, reprends ta couronne.
  — Messieurs, grand merci!

Nos ministres, qu'on peut mettre
  Tous au même point,
Voudraient que le baromètre
  Ne variât point.
Pour peu que là-bas il tonne,
  On se signe ici.
Chanson, reprends ta couronne.
  — Messieurs, grand merci!

Pour être en état de grâce,
  Que de grands peureux
Ont soin de laisser en place
  Les hommes véreux!
Si l'on ne touche à personne,
  C'est afin que si...
Chanson, reprends ta couronne.
  — Messieurs, grand merci!

Te voilà donc restaurée,
  Chanson, mes amours,
Tricolore et sans livrée
  Montre toi toujours.
Ne crains plus qu'on t'emprisonne,
  Du moins à Poissy.
Chanson, reprends ta couronne.
  — Messieurs, grand merci!

Mais pourtant laisse en jachère
   Mon sol fatigué.
Mes jeunes rivaux, ma chère,
   Ont un ciel si gai !
Chez eux la rose foisonne,
   Chez moi le souci.
Chanson, reprends ta couronne.
   — Messieurs, grand merci !

SOUVENIRS D'ENFANCE.

A MES PARENTS ET AMIS DE PÉRONNE,

VILLE OU J'AI PASSÉ UNE PARTIE DE MA JEUNESSE, DE 1790 A 1796.

Air de la ronde des Comédiens.

Lieux où jadis m'a bercé l'Espérance,
Je vous revois à plus de cinquante ans.
On rajeunit aux souvenirs d'enfance,
Comme on renaît au souffle du printemps.

Salut à vous, amis de mon jeune âge !
Salut, parents que mon amour bénit !
Grâce à vos soins, ici, pendant l'orage,
Pauvre oiselet, j'ai pu trouver un nid.

Je veux revoir jusqu'à l'étroite geôle
Où, près de nièce aux frais et doux appas,
Régnait sur nous le vieux maître d'école,
Fier d'enseigner ce qu'il ne savait pas.

J'ai fait ici plus d'un apprentissage,
A la paresse, hélas! toujours enclin.
Mais je me crus des droits au nom de sage,
Lorsqu'on m'apprit le métier de Franklin.

C'était à l'âge où naît l'amitié franche,
Sol que fleurit un matin plein d'espoir.
Un arbre y croît dont souvent une branche
Nous sert d'appui pour marcher jusqu'au soir.

Lieux où jadis m'a bercé l'Espérance,
Je vous revois à plus de cinquante ans.
On rajeunit aux souvenirs d'enfance,
Comme on renaît au souffle du printemps.

C'est dans ces murs qu'en des jours de défaites
De l'ennemi j'écoutais le canon.
Ici ma voix, mêlée aux chants des fêtes,
De la patrie a bégayé le nom.

Ame rêveuse aux ailes de colombe,
De mes sabots là j'oubliais le poids.
Du ciel, ici, sur moi la foudre tombe
Et m'apprivoise avec celle des rois [1].

Contre le sort ma raison s'est armée
Sous l'humble toit, et vient aux mêmes lieux
Narguer la gloire, inconstante fumée

---

[1] Dans la chanson du *Tailleur et la Fée*, l'auteur a déjà eu occasion de dire qu'à l'âge de douze ans il fut frappé du tonnerre. Sa vie fut plusieurs jours en danger, et il faillit perdre la vue.

Qui tire aussi des larmes de nos yeux.

Amis, parents, témoins de mon aurore,
Objets d'un culte avec le temps accru,
Oui, mon berceau me semble doux encore,
Et la berceuse a pourtant disparu.

Lieux où jadis m'a bercé l'Espérance,
Je vous revois à plus de cinquante ans.
On rajeunit aux souvenirs d'enfance,
Comme on renaît au souffle du printemps.

LE VIEUX VAGABOND.

Air : Guide mes pas, ô Providence ! (Des *Deux Journées*.)

Dans ce fossé cessons de vivre ;
Je finis vieux, infirme et las.
Les passants vont dire : Il est ivre ;
Tant mieux ! ils ne me plaindront pas.
J'en vois qui détournent la tête ;
D'autres me jettent quelques sous.
Courez vite ; allez à la fête.
Vieux vagabond, je puis mourir sans vous.

Oui, je meurs ici de vieillesse,
Parce qu'on ne meurt pas de faim.
J'espérais voir de ma détresse
L'hôpital adoucir la fin ;

Mais tout est plein dans chaque hospice,
Tant le peuple est infortuné!
La rue, hélas! fut ma nourrice :
Vieux vagabond, mourons où je suis né.

Aux artisans, dans mon jeune âge,
J'ai dit : Qu'on m'enseigne un métier.
Va, nous n'avons pas trop d'ouvrage,
Répondaient-ils, va mendier.
Riches, qui me disiez : Travaille,
J'eus bien des os de vos repas;
J'ai bien dormi sur votre paille,
Vieux vagabond, je ne vous maudis pas.

J'aurais pu voler, moi, pauvre homme;
Mais non : mieux vaut tendre la main.
Au plus, j'ai dérobé la pomme
Qui mûrit au bord du chemin.
Vingt fois pourtant on me verrouille
Dans les cachots, de par le roi.
De mon seul bien l'on me dépouille.
Vieux vagabond, le soleil est à moi.

Le pauvre a-t-il une patrie?
Que me font vos vins et vos blés,
Votre gloire et votre industrie,
Et vos orateurs assemblés?
Dans vos murs ouverts à ses armes,
Lorsque l'étranger s'engraissait,
Comme un sot j'ai versé des larmes.
Vieux vagabond, sa main me nourrissait.

Comme un insecte fait pour nuire,
Hommes, que ne m'écrasiez-vous ?
Ah ! plutôt vous deviez m'instruire
A travailler au bien de tous.
Mis à l'abri du vent contraire,
Le ver fût devenu fourmi.
Je vous aurais chéris en frère.
Vieux vagabond, je meurs votre ennemi.

COUPLETS

ADRESSÉS

A DES HABITANTS DE L'ILE-DE-FRANCE (ILE MAURICE),
QUI, LORS DE L'ENVOI QU'ILS FIRENT POUR LA SOUSCRIPTION
DES BLESSÉS DE JUILLET,
M'ADRESSÈRENT UNE CHANSON ET UNE BALLE DE CAFÉ.

Air : Tendres échos, errants dans ces vallons.

Quoi ! vos échos redisent nos chansons !
Bons Mauriciens, ils sont Français encore !
A travers flots, tempêtes et moussons,
Leur voix me vient d'où vient pour nous l'aurore.
De tant d'échos résonnant jusqu'à nous,
Les plus lointains nous semblent les plus doux.

Mes chants joyeux de jeunesse et d'amour
Ont donc aussi fait un si long voyage !
Loin de vos bords, leur bruit vole à son tour,
Et me revient quand je suis vieux et sage.
De tant d'échos résonnant jusqu'à nous,
Les plus lointains nous semblent les plus doux.

On m'a conté qu'au bord du Gange assis,
Des exilés, gais enfants de la Seine,
A mes chansons, là, berçaient leurs soucis :
Qu'ainsi ma Muse endorme votre peine!
De tant d'échos résonnant jusqu'à nous,
Les plus lointains nous semblent les plus doux.

Si mes chansons vont encor voyager,
Accueillez-les, ces folles hirondelles,
Comme un bon fils reçoit le messager
Qui d'une mère apporte des nouvelles.
De tant d'échos résonnant jusqu'à nous,
Les plus lointains nous semblent les plus doux.

Vous-même aussi célébrez vos amours.
Dieu permettra que nos voix se confondent ;
Mais en français, frères, chantez toujours,
Pour que toujours nos échos se répondent.
De tant d'échos résonnant jusqu'à nous,
Les plus lointains nous semblent les plus doux.

CINQUANTE ANS.

Air :

Pourquoi ces fleurs? est-ce ma fête?
Non ; ce bouquet vient m'annoncer
Qu'un demi-siècle sur ma tête
Achève aujourd'hui de passer.
Oh! combien nos jours sont rapides!

Oh! combien j'ai perdu d'instants!
Oh! combien je me sens de rides!
Hélas! hélas! j'ai cinquante ans.

A cet âge tout nous échappe;
Le fruit meurt sur l'arbre jauni.
Mais à ma porte quelqu'un frappe;
N'ouvrons point : mon rôle est fini.
C'est, je gage, un docteur qui jette
Sa carte, où s'est logé le Temps.
Jadis j'aurais dit : C'est Lisette!
Hélas! hélas! j'ai cinquante ans.

En maux cuisants vieillesse abonde :
C'est la goutte qui nous meurtrit;
La cécité, prison profonde;
La surdité, dont chacun rit.
Puis la raison, lampe qui baisse,
N'a plus que des feux tremblotants.
Enfants, honorez la vieillesse!
Hélas! hélas! j'ai cinquante ans.

Ciel! j'entends la Mort, qui, joyeuse,
Arrive en se frottant les mains.
A ma porte la fossoyeuse
Frappe; adieu, messieurs les humains!
En bas, guerre, famine et peste;
En haut, plus d'astres éclatants.
Ouvrons, tandis que Dieu me reste.
Hélas! hélas! j'ai cinquante ans.

Mais non; c'est vous! vous, jeune amie,

Sœur de charité des amours!
Vous tirez mon âme endormie
Du cauchemar des mauvais jours.
Semant les roses de votre âge
Partout, comme fait le printemps,
Parfumez les rêves d'un sage.
Hélas! hélas! j'ai cinquante ans.

JACQUES.

Air de Jeannot et Colin.

Jacque, il me faut troubler ton somme.
Dans le village un gros huissier
Rôde et court, suivi du messier.
C'est pour l'impôt, las! mon pauvre homme.

Lève-toi, Jacques, lève-toi;
Voici venir l'huissier du roi.

Regarde : le jour vient d'éclore ;
Jamais si tard tu n'as dormi.
Pour vendre chez le vieux Remi,
On saisissait avant l'aurore.

Lève-toi, Jacques, lève-toi;
Voici venir l'huissier du roi.

Pas un sou! Dieu! je crois l'entendre.
Écoute les chiens aboyer.

Demande un mois pour tout payer.
Ah! si le roi pouvait attendre!

Lève-toi, Jacques, lève-toi;
Voici venir l'huissier du roi.

Pauvres gens! l'impôt nous dépouille!
Nous n'avons, accablés de maux,
Pour nous, ton père et six marmots,
Rien que ta bêche et ma quenouille.

Lève-toi, Jacques, lève-toi;
Voici venir l'huissier du roi.

On compte, avec cette masure,
Un quart d'arpent cher affermé.
Par la misère il est fumé;
Il est moissonné par l'usure.

Lève-toi, Jacques, lève-toi;
Voici venir l'huissier du roi.

Beaucoup de peine et peu de lucre.
Quand d'un porc aurons-nous la chair?
Tout ce qui nourrit est si cher!
Et le sel aussi, notre sucre!

Lève-toi, Jacques, lève-toi;
Voici venir l'huissier du roi.

Du vin soutiendrait ton courage;
Mais les droits l'ont bien renchéri.

Pour en boire un peu, mon chéri,
Vends mon anneau de mariage.

Lève-toi, Jacques, lève-toi;
Voici venir l'huissier du roi.

Rêverais-tu que ton bon ange
Te donne richesse et repos?
Que sont aux riches les impôts?
Quelques rats de plus dans leur grange.

Lève-toi, Jacques, lève-toi;
Voici venir l'huissier du roi.

Il entre! ô ciel! que dois-je craindre?
Tu ne dis mot! quelle pâleur!
Hier tu t'es plaint de ta douleur,
Toi qui souffres tant sans te plaindre!

Lève-toi, Jacques, lève-toi;
Voici monsieur l'huissier du roi.

Elle appelle en vain; il rend l'âme.
Pour qui s'épuise à travailler,
La mort est un doux oreiller.
Bonnes gens, priez pour sa femme.

Lève-toi, Jacques, lève-toi;
Voici monsieur l'huissier du roi.

LES ORANGS-OUTANGS.

AIR : Un ancien proverbe nous dit, *ou* de Calpigi.

Jadis, si l'on en croit Ésope,
Les orangs-outangs de l'Europe
Parlaient si bien, que d'eux, hélas!
Nous sont venus les avocats.
Un des leurs à son auditoire
Dit un jour : « Consultez l'histoire ;
« Messieurs, l'homme fut en tout temps
« Le singe des orangs-outangs.

« Oui; d'abord, vivant de nos miettes,
« Il prit de nous l'art des cueillettes ;
« Puis, d'après nous, le genre humain
« Marcha droit, la canne à la main.
« Même avec le ciel, qui l'effraie,
« Il use de notre monnaie.
« Messieurs, l'homme fut en tout temps
« Le singe des orangs-outangs.

« Il prend nos amours pour modèles ;
« Mais nos guenons nous sont fidèles.
« Sans doute il n'a bien imité
« Que notre cynisme effronté.
« C'est chez nous qu'à vivre sans gêne
« S'instruisit le grand Diogène.

« Messieurs, l'homme fut en tout temps
« Le singe des orangs-outangs.

« L'homme a vu chez nous une armée,
« D'un centre et d'ailes bien formée,
« Ayant, sous les chefs les meilleurs,
« Garde, avant-garde et tirailleurs.
« Ils n'avaient pas mis Troie en cendre,
« Que nous comptions vingt Alexandre.
« Messieurs, l'homme fut en tout temps
« Le singe des orangs-outangs.

« Avec bâton, épée ou lance,
« Tuer est l'art par excellence.
« Nous l'enseignons. Or, dites-moi,
« Pourquoi l'homme est-il notre roi?
« Grands dieux! c'est fait pour rendre impie;
« Votre image est notre copie.
« Oui, dieux, l'homme fut en tout temps
« Le singe des orangs-outangs. »

Quoi! dit Jupin, à mes oreilles,
Toujours singes, castors, abeilles,
Crieront : C'est un ours mal léché,
Votre homme! où l'avez vous pêché?
Tout sot qu'il est, il me cajole.
Otons aux bêtes la parole;
Car l'homme encor sera longtemps
Le singe des orangs-outangs.

LES FOUS.

Air : Ce magistrat irréprochable.

Vieux soldats de plomb que nous sommes,
Au cordeau nous alignant tous,
Si des rangs sortent quelques hommes,
Tous nous crions : A bas les fous !
On les persécute, on les tue :
Sauf, après un lent examen,
A leur dresser une statue,
Pour la gloire du genre humain.

Combien de temps une pensée,
Vierge obscure, attend son époux !
Les sots la traitent d'insensée ;
Le sage lui dit : Cachez vous.
Mais, la rencontrant loin du monde,
Un fou qui croit au lendemain
L'épouse ; elle devient féconde
Pour le bonheur du genre humain.

J'ai vu Saint-Simon le prophète [1],

---

[1] Le comte Henri de Saint-Simon naquit au château de Berny, à quelques lieues de Péronne. Il fit partie des jeunes Français qui, à l'imitation de La Fayette, coururent en Amérique prendre part à la guerre de l'indépendance. Rentré en France, il prit du service, mais s'en dégouta bientôt. La Révolution le remplit

Riche d'abord, puis endetté,
Qui des fondements jusqu'au faîte
Refaisait la société.

Plein de son œuvre commencée,
Vieux, pour elle il tendait la main,
Sûr qu'il embrassait la pensée
Qui doit sauver le genre humain.

d'enthousiasme. Ayant obtenu quelques bénéfices par des acquisitions de biens nationaux, il consacra sa nouvelle fortune aux sciences, qu'il se mit à étudier avec toute l'ardeur d'un jeune homme. Il fit plus pour elles, car il prodigua à des capacités naissantes les secours nécessaires à leur développement. Sa bourse fut bien vite épuisée ; il se vit obligé, sous l'Empire, d'accepter pour vivre le plus mince emploi dans une administration publique. La réforme sociale ne l'en occupait pas moins, et il publia différents essais remplis d'idées originales, qui toutes attestent son amour de l'humanité. La publication de sa *Parabole*, admirable résumé d'un système nouveau d'ordre social, l'exposa, sous la Restauration, à des poursuites judiciaires, qui ne servirent qu'à prouver la force de sa conviction. Il échappa à la condamnation, qu'il eût pu désirer.

En lutte continuelle avec la pauvreté, déçu dans les espérances que lui avaient données ceux dont le concours était nécessaire au triomphe de ses doctrines, le dégoût s'empara de son âme, et il tenta de se donner la mort. Le coup de pistolet qu'il se tira lui creva un œil, et ne fit qu'ajouter de nouvelles souffrances à celles dont il était déjà accablé. Ses pensées acquirent alors une tendance religieuse, et il publia son *Nouveau Christianisme* en 1825.

Saint-Simon mourut l'année suivante entre les bras de M. Rodrigues, dont les soins ont seuls préservé sa fin de toutes les horreurs de la misère.

Il nous manque une histoire consciencieusement faite de ce philosophe, dont le nom a eu après sa mort un retentissement qu'il n'avait sans doute pas prévu.

Fourier [1] nous dit : Sors de la fange,
Peuple en proie aux déceptions !
Travaille, groupé par phalange,
Dans un cercle d'attractions.
La terre, après tant de désastres,
Forme avec le ciel un hymen,
Et la loi qui régit les astres
Donne la paix au genre humain.

Enfantin affranchit la femme,
L'appelle à partager nos droits.
Fi ! dites-vous, sous l'épigramme
Ces fous rêveurs tombent tous trois.
Messieurs, lorsqu'en vain notre sphère
Du bonheur cherche le chemin,
Honneur au fou qui ferait faire
Un rêve heureux au genre humain !

Qui découvrit un nouveau monde ?
Un fou qu'on raillait en tout lieu.
Sur la croix, que son sang inonde,

---

[1] M. Ch. Fourier, auteur du *Nouveau Monde industriel*, de la *Théorie des mouvements*, et de la découverte du *Procédé d'industrie sociétaire*.

Le système de l'association n'a jamais été exploré avec plus de puissance que par ce philosophe théoricien, qui fait de l'*attraction passionnelle* la base de son code social. M. Jules Le Chevalier, dans un cours public, a expliqué et propagé les idées de M. C. Fourier, et, sans lui, peut-être ne saurions-nous pas bien encore ce que l'inventeur avait entendu par *phalanstère, groupe, fonctions attrayantes*, etc.

M. Baudet de Lary tente une application partielle de ce système dans le département de Seine-et-Oise.

Un fou qui meurt nous lègue un Dieu.
Si demain, oubliant d'éclore,
Le jour manquait, eh bien, demain
Quelque fou trouverait encore
Un flambeau pour le genre humain.

LE SUICIDE.

SUR LA MORT
DES JEUNES VICTOR ESCOUSSE ET AUGUSTE LEBRAS [1].

Air d'Angéline (de WILHEM) *ou* du Tailleur et la Fée.

Quoi! morts tous deux, dans cette chambre close,
Où du charbon pèse encor la vapeur!
Leur vie, hélas! était à peine éclose.
Suicide affreux! triste objet de stupeur!
Ils auront dit : Le monde fait naufrage :

[1] J'ai connu ces deux jeunes gens, dont la fin a été si déplorable. Lebras m'avait adressé quelques pièces de vers patriotiques. Sa constitution était faible et maladive, mais tout annonçait en lui un cœur honnête et bon. Malgré l'accueil que je lui fis à *la Force,* où il vint me voir, il cessa de me visiter après ma sortie. Je n'en puis donc dire que fort peu de chose. J'ai bien mieux connu Escousse. C'est à *la Force* aussi qu'il vint me trouver, en m'apportant une fort jolie chanson que ma détention lui avait inspirée. Alors et depuis je lui prodiguai les marques du plus vif intérêt et les conseils de l'expérience. Peu de jeunes auteurs m'ont fait concevoir une meilleure idée de leur avenir, moins par ses essais que par le jugement qu'avec tant de candeur il en portait lui-même. Lors du succès de

Voyez pâlir pilote et matelots.
Vieux bâtiment usé par tous les flots,
Il s'engloutit; sauvons-nous à la nage.
Et, vers le ciel se frayant un chemin,
Ils sont partis en se donnant la main.

Pauvres enfants! l'écho murmure encore
L'air qui berça votre premier sommeil.
Si quelque brume obscurcit votre aurore,
Leur disait-on, attendez le soleil.
Ils répondaient : Qu'importe que la séve
Monte enrichir les champs où nous passons!
Nous n'avons rien : arbres, fleurs ni moissons.
Est-ce pour nous que le soleil se lève?

Faruch le Maure, il m'écrivit : *Je me souviens de ce que vous m'avez dit; ne craignez rien. Mon triomphe ne m'a pas enivré. J'en ai été étourdi tout au plus cinq minutes.* Son malheur fut celui qui menace plus ou moins aujourd'hui beaucoup d'hommes de son âge, dans l'espèce de serre chaude où nous vivons. La raison d'Escousse avait acquis une trop prompte maturité. Une tête ainsi faite sur un corps d'enfant n'est propre qu'à flétrir la jeunesse, quand cette précocité n'est pas le rare effet d'une organisation particulière. Elle produit un besoin de perfection qui, ne sachant à quoi se prendre, désenchante la vie à son plus bel âge. Je n'attribue qu'à une sorte de découragement la funeste résolution de ce malheureux et intéressant jeune homme. Il y eut aussi fatalité pour Lebras et pour lui à s'être rencontrés avec des dispositions semblables. Loin l'un de l'autre, peut-être tous deux se fussent-ils soumis à leur destinée, qu'ils s'encouragèrent à terminer violemment.

Une feuille publique a accusé Escousse d'incrédulité absolue. Pour repousser cette accusation, je me crois obligé de citer les derniers mots de la lettre qu'il m'écrivit quelques heures avant l'exécution de son déplorable dessein : *Vous m'avez connu,*

Et, vers le ciel se frayant un chemin,
Ils sont partis en se donnant la main.

Pauvres-enfants! calomnier la vie!
C'est par dépit que les vieillards le font.
Est-il de coupe où votre âme ravie
En la vidant n'ait vu l'amour au fond?
Ils répondaient : C'est le rêve d'un ange.
L'amour! en vain notre voix l'a chanté.
De tout son culte un hôtel est resté;
Y touchions-nous, l'idole était de fange.
Et, vers le ciel se frayant un chemin,
Ils sont partis en se donnant la main.

Pauvres enfants! mais, les plumes venues,

Béranger : Dieu me permettra-t-il de voir du coin de l'œil la place qu'il vous réserve là-haut?

Outre les drames de *Faruch* et de *Pierre III*, Escousse a laissé des chansons d'un style un peu négligé, sans doute, mais empreintes des nobles sentiments et des pensées généreuses qui inspirèrent quelques actions de sa trop courte carrière.

On m'a raconté que, sur le point d'être surpris avec une personne que sa présence pouvait compromettre, il se précipita d'un second étage dans une cour pavée. Son dévouement lui porta bonheur; il n'en résulta pour lui ni blessure ni contusion.

En 1830, le 28 juillet, il se rendit de grand matin à la place de Grève, y combattit tout le jour, toute la nuit, et se trouva le lendemain à la prise du Louvre et des Tuileries. Après la victoire du peuple, Escousse ne dit mot des dangers qu'il avait courus, et quoiqu'il fût pauvre et sans appui, ne voulut jamais adresser de demande d'aucun genre à la Commission des récompenses nationales.

Et c'est à dix-neuf ans qu'il a volontairement mis fin à une existence qui promettait d'être si belle et si féconde!

Aigles un jour, vous pouviez, loin du nid,
Bravant la foudre et dépassant les nues,
La gloire en face, atteindre à son zénith.
Ils répondaient : Le laurier devient cendre,
Cendre qu'au vent l'Envie aime à jeter;
Et, notre vol dût-il si haut monter,
Toujours du ciel il faudra redescendre.
Et, vers le ciel se frayant un chemin,
Ils sont partis en se donnant la main.

Pauvres enfants! quelle douleur amère
N'apaisent pas de saints devoirs remplis?
Dans la patrie on retrouve une mère,
Et son drapeau nous couvre de ses plis.
Ils répondaient : Ce drapeau qu'on escorte
Au toit du chef le protége endormi;
Mais le soldat, teint du sang ennemi,
Veille, et de faim meurt en gardant la porte.
Et, vers le ciel se frayant un chemin,
Ils sont partis en se donnant la main.

Pauvres enfants! de fantômes funèbres
Quelque nourrice a peuplé vos esprits.
Mais un Dieu brille à travers nos ténèbres;
Sa voix de père a dû calmer vos cris.
Ah! disaient-ils, suivons ce trait de flamme.
N'attendons pas, Dieu, que ton nom puissant,
Qu'on jette en l'air comme un nom de passant,
Soit, lettre à lettre, effacé de notre âme.
Et, vers le ciel se frayant un chemin,
Ils sont partis en se donnant la main.

Dieu créateur, pardonne à leur démence.
Ils s'étaient faits les échos de leurs sons;
Ne sachant pas qu'en une chaîne immense,
Non pour nous seuls, mais pour tous nous naissons.
L'humanité manque de saints apôtres
Qui leur aient dit : Enfants, suivez sa loi.
Aimer, aimer, c'est être utile à soi;
Se faire aimer, c'est être utile aux autres.
Et, vers le ciel se frayant un chemin,
Ils sont partis en se donnant la main.

LE MÉNÉTRIER DE MEUDON.

Air de la Contredanse des petits pâtés.

Dansez vite ! obéissez donc
Au ménétrier de Meudon ;
Dansez vite ! obéissez donc,
Il est le roi du rigodon.

    Guilain sous les charmilles,
    Au temps de Rabelais,
    Mit en train femmes, filles,
    Bourgeois, manants, varlets.
    Les bigots, par rancune,
    Au sorcier criaient tous,
    Disant : Au clair de lune
    Il fait danser les loups.

Dansez vite ! obéissez donc

Au ménétrier de Meudon ;
Dansez vite ! obéissez donc,
Il est le roi du rigodon.

    Qu'il ait ou non un charme,
    Par lui tout va sautant :
    Vieux que la danse alarme,
    Jeunes qui l'aiment tant.
    Son coup d'archet sonore
    Fit, et point n'en riez,
    Danser jusqu'à l'aurore
    Deux nouveaux mariés.

Dansez vite ! obéissez donc
Au ménétrier de Meudon ;
Dansez vite ! obéissez donc,
Il est le roi du rigodon.

    Un jour, sous sa fenêtre,
    Passe un enterrement ;
    Le cortége et le prêtre
    Entendent l'instrument.
    Ils sautent ; la prière
    Cède aux joyeux accords ;
    Et jusqu'au cimetière
    On danse autour du corps.

Dansez vite ! obéissez donc
Au ménétrier de Meudon ;
Dansez vite ! obéissez donc,
Il est le roi du rigodon.

A la cour on l'appelle;
Il y va, le pauvret!
Là, que d'or étincelle!
Quel brillant cabaret!
Là, rois, princes, princesses,
Rubis, perles, velours;
Tout, jusqu'à des caresses;
Tout, hors de vrais amours.

Dansez vite! obéissez donc
Au ménétrier de Meudon;
Dansez vite! obéissez donc,
Il est le roi du rigodon.

Il joue, et l'on dédaigne
Ce qu'il y met de soin.
Où l'ambition règne
La gaieté perd son coin.
Maint danseur de quadrille
Se dit : N'oubliez pas
Que plus le parquet brille,
Plus on fait de faux pas.

Dansez vite! obéissez donc
Au ménétrier de Meudon;
Dansez vite! obéissez donc,
Il est le roi du rigodon.

Dieu! chacun bâille! ô rage!
Guilain, désespéré,
Fuit et meurt au village,
De tout Meudon pleuré.

La nuit, revient son ombre.
Oyez ces sons lointains.
Guilain, dans le bois sombre
Fait sauter les lutins.

Dansez vite! obéissez donc
Au ménétrier de Meudon;
Dansez vite! obéissez donc,
Il est le roi du rigodon.

JEAN DE PARIS.

Air : Cette chaumière-là vaut un palais.

Ris et chante, chante et ris;
Prends tes gants et cours le monde;
Mais, la bourse, vide ou ronde,
 Reviens dans ton Paris;
Ah! reviens, ah! reviens, Jean de Paris. (*Bis.*)

Toujours, dit la chronique ancienne,
Jean sur son grand sabre a sauté,
Quand de leur ville avec la sienne
Des sots comparaient la beauté.
 Proclamant sur son âme,
 En prose ainsi qu'en vers,
 Les tours de Notre-Dame
 Centre de l'univers.

Ris et chante, chante et ris,

Prends tes gants et cours le monde;
Mais, la bourse vide ou ronde,
Reviens dans ton Paris;
Ah! reviens, ah! reviens, Jean de Paris.

S'il franchit la grande muraille;
S'il cocufie un mandarin;
Du peuple magot s'il se raille;
A Paris s'il revient grand train;
L'espoir qui le domine,
C'est, chez son vieux portier,
De parler de la Chine
Aux badauds du quartier.

Ris et chante, chante et ris;
Prends tes gants et cours le monde;
Mais, la bourse vide ou ronde,
Reviens dans ton Paris;
Ah! reviens, ah! reviens, Jean de Paris.

Je veux de l'or, beaucoup et vite,
Dit-il, au Pérou débarquant.
A s'y fixer chacun l'invite :
Me prend-on pour un trafiquant?
Loin de mes dix maîtresses,
Fi de ce vil métal!
Je préfère aux richesses
Paris et l'hôpital.

Ris et chante, chante et ris;
Prends tes gants et cours le monde;
Mais, la bourse vide ou ronde,

Reviens dans ton Paris ;
Ah! reviens, ah! reviens, Jean de Paris.

A la guerre gaiement il vole,
Pour la croix ou pour Saladin ;
Se bat, jure, pille et viole,
Puis à Paris écrit soudain :
« Que ma gloire s'étende
« Du Louvre aux boulevards ;
« Qu'un ramoneur y vende
« Mon buste pour six liards. »

Ris et chante, chante et ris ;
Prends tes gants et cours le monde ;
Mais, la bourse vide ou ronde,
Reviens dans ton Paris ;
Ah! reviens, ah! reviens, Jean de Paris.

En Perse, il prétend qu'une reine
Lui dit un soir : Je te fais roi.
Soit ! répond-il ; mais, pour ma peine,
Jusqu'au pont Neuf viens avec moi.
Pendant huit jours de fête
Tout Paris me verra
Montrer, couronne en tête,
Mon nez à l'Opéra.

Ris et chante, chante et ris ;
Prends tes gants et cours le monde ;
Mais, la bourse vide ou ronde,
Reviens dans ton Paris ;
Ah! reviens, ah! reviens, Jean de Paris.

Jean de Paris, dans ta chronique
C'est nous qu'on peint, nous francs badauds.
Quittons-nous cette ville unique,
Nous voyageons Paris à dos.
    Quel amour incroyable,
    Maintenant et jadis,
    Pour ces murs dont le diable
    A fait son paradis!

Ris et chante, chante et ris;
Prends tes gants et cours le monde;
Mais, la bourse vide ou ronde,
    Reviens dans ton Paris;
Ah! reviens, ah! reviens, Jean de Paris. (*Bis.*)

---

[1] PRÉDICTION DE NOSTRADAMUS

POUR L'AN DEUX MIL.

Air des Trois couleurs.

Nostradamus, qui vit naître Henri Quatre,
Grand astrologue, a prédit dans ses vers
Qu'en l'an deux mil, date qu'on peut débattre,
De la médaille on verrait le revers.
Alors, dit-il, Paris, dans l'allégresse,
Au pied du Louvre ouïra cette voix :

---

[1] Quand les temps sont mauvais, les prophètes ont beau jeu. Michel de Notre-Dame, que nous nommons Nostradamus, vécut

« Heureux Français, soulagez ma détresse
« Faites l'aumône (*bis*) au dernier de vos rois. »

Or cette voix sera celle d'un homme
Pauvre, à scrofule, en haillons, sans souliers,
Qui, né proscrit, vieux, arrivant de Rome,
Fera spectacle aux petits écoliers.
Un sénateur criera : « L'homme à besace !
« Les mendiants sont bannis par nos lois.
« — Hélas ! monsieur, je suis seul de ma race.
« Faites l'aumône au dernier de vos rois.

---

et mourut sous les derniers Valois. Né en Provence, d'une famille juive convertie, il étudia la médecine, et ses succès lui attirèrent un grand nombre d'envieux, qui le forcèrent de vivre quelque temps dans la retraite. Il s'y livra à l'astrologie, maladie de l'époque, et publia, en 1557, les fameuses *Centuries*, qui lui ont valu la célébrité populaire dont son nom jouit encore. Elles sont écrites en vers barbares, même pour son temps, et d'un style tellement énigmatique, qu'il semble plutôt être le calcul du charlatanisme que le produit d'un esprit en délire. Aussi, à diverses époques, ont-elles fait naître les interprétations les plus opposées et les plus absurdes. Il faut convenir toutefois que, dans quelques-unes de ses prophéties, le hasard le servit assez bien pour qu'il ait pu étonner les esprits forts de son temps.

Catherine de Médicis voulut avoir des prédictions de cet astrologue et le combla de présents et d'honneurs.

Nostradamus mourut à Salon, où l'on crut longtemps qu'au fond de son tombeau il ne cessait pas d'écrire de nouvelles prophéties ; ce qui ne manqua pas de produire un très-grand nombre de *Centuries* posthumes dignes de leurs aînées et non moins recherchées d'un public ignorant.

A sa mort, arrivée en 1566, Henri IV était dans sa treizième année.

« Es-tu vraiment de la race royale ?
« — Oui, répondra cet homme fier encor.
« J'ai vu dans Rome, alors ville papale,
« A mon aïeul couronne et sceptre d'or.
« Il les vendit pour nourrir le courage
« De faux agents, d'écrivains maladroits.
« Moi, j'ai pour sceptre un bâton de voyage.
« Faites l'aumône au dernier de vos rois.

« Mon père, âgé, mort en prison pour dettes,
« D'un bon métier n'osa point me pourvoir.
« Je tends la main ; riches, partout vous êtes
« Bien durs au pauvre, et Dieu me l'a fait voir.
« Je foule enfin cette plage féconde
« Qui repoussa mes aïeux tant de fois.
« Ah ! par pitié pour les grandeurs du monde,
« Faites l'aumône au dernier de vos rois. »

Le sénateur dira : « Viens, je t'emmène
« Dans mon palais ; vis heureux parmi nous.
« Contre les rois nous n'avons plus de haine ;
« Ce qu'il en reste embrasse nos genoux.
« En attendant que le Sénat décide
« A ses bienfaits si ton sort a des droits,
« Moi, qui suis né d'un vieux sang régicide,
« Je fais l'aumône au dernier de nos rois. »

Nostradamus ajoute en son vieux style :
La République au prince accordera
Cent louis de rente, et, citoyen utile,
Pour maire un jour Saint-Cloud le choisira.
Sur l'an deux mil on dira dans l'histoire

Qu'assise au trône et des arts et des lois,
La France, en paix reposant sous sa gloire,
A fait l'aumône (*bis*) au dernier de ses rois.

PASSY.

Air : T'en souviens-tu

Paris, adieu; je sors de tes murailles.
J'ai dans Passy trouvé gîte et repos.
Ton fils t'enlève un droit de funérailles,
Et sa piquette échappe à tes impôts.
Puissé-je ici vieillir exempt d'orage,
Et, de l'oubli près de subir le poids,
Comme l'oiseau dormir dans le feuillage,
Au bruit mourant des échos de ma voix !

LE VIN DE CHYPRE.

Air du Vaudeville de Préville et Taconnet.

Chypre, ton vin, qui rajeunit ma verve,
Me fait revoir l'enfant porte-bandeau,
Jupiter, Mars, Vénus, Junon, Minerve,
Ces dieux longtemps rayés de mon *Credo*.
Si nos auteurs, tout païens dans leurs livres,
M'ont fait maudire un culte ingénieux,
Ah! de ce vin c'est qu'ils n'étaient pas ivres.
Le vin de Chypre a créé tous les dieux.

Au culte grec, enseigné dans nos classes,
Oui, je reviens, tant Bacchus est puissant.
A mes chansons, dansez, Muses et Grâces;
Souris, Phébus; Zéphyr, sois caressant.
Faunes, Sylvains, Bachantes et Dryades,
Autour de moi formez des chœurs joyeux;
Mais de ma cave éloignez les Naïades.
Le vin de Chypre a créé tous les dieux.

Grâce à ce vin de saveur goudronnée,
Je crois voguer vers ces anciens autels
Où la beauté, de myrte couronnée,
Sous un ciel pur ravissait les mortels.
Nés dans le Nord, sous un vent de colère,
Figurons-nous ce ciel délicieux;
A le peupler l'homme a dû se complaire.
Le vin de Chypre a créé tous les dieux.

Les yeux en l'air, le bonhomme Hésiode
Cherchait jadis des dieux à noms ronflants.
Faute d'idée, il allait faire une ode;
De Chypre arrive une outre aux larges flancs.
Mon Grec s'enivre et sur Pégase il grimpe,
Chaud du nectar qui pousse au merveilleux :
L'outre était pleine, il en sort un Olympe.
Le vin de Chypre a créé tous les dieux.

Aux déités, fables des vieux empires,
Nous opposons des diables peu tentants;
Des loups-garous, des goules, des vampires,
Du moyen âge aimables passe-temps.
Fi des damnés, des spectres et des tombes!

Fi de l'horrible! il est contagieux.
Chauves-souris, faites place aux colombes.
Le vin de Chypre a créé tous les dieux.

Anacréon, Ménandre, Eschyle, Homère,
Ont dans ce vin bu l'immortalité.
Ah! versez-m'en, et ma lyre éphémère
Pour l'avenir peut-être aura chanté.
Non; mais, d'Amours conduisant une troupe,
Hébé pour moi quitte un moment les cieux;
En souriant elle remplit ma coupe.
Le vin de Chypre a créé tous les dieux.

LES QUATRE AGES HISTORIQUES.

Air : A soixante ans, il ne faut pas remettre.

Société, vieux et sombre édifice,
Ta chute, hélas! menace nos abris.
Tu vas crouler : point de flambeau qui puisse
Guider la foudre à travers tes débris!
Où courons-nous! quel sage, en proie au doute,
N'a sur son front vingt fois passé la main?
C'est aux soleils d'être sûrs de leur route;
Dieu leur a dit : Voilà votre chemin.

Mais le passé nous dévoile un mystère.
Au bonheur, oui, l'homme a droit d'aspirer :
Par ses labeurs plus il étend la terre,
Plus son cerveau grandit pour l'enserrer.

En nation il vogue, nef immense,
Semer, bâtir aux rivages du temps :
Où l'une échoue une autre recommence ;
Dieu nous a dit : Peuples, je vous attends.

Au premier âge, âge de la famille,
L'homme eut pour lois ses grossiers appétits ;
Groupes épars, sous des toits de charmille,
Mâle et femelle abritaient leurs petits.
Ligués bientôt, les fils, tribu croissante,
Ont, dans un camp, bravé tigres et loups :
C'est au berceau la cité vagissante ;
Dieu dit : Mortels, j'aurai pitié de vous.

Au second âge on chante la patrie,
Arbre fécond, mais qui croît dans le sang.
Tout peuple armé semble avoir sa furie
Qui foule aux pieds le vaincu gémissant.
A l'esclavage, eh quoi ! l'on s'accoutume !
Il corrompt tout ; les tyrans se font dieux.
Mais dans le ciel une lampe s'allume ;
Dieu dit alors : Humains, levez les yeux.

L'âge suivant, sur tant de mœurs contraires,
Religieux, élève un seul autel.
Sois libre, esclave ; hommes, vous êtes frères ;
Comme ses rois le pauvre est immortel.
Sciences, lois, arts, commerce, industrie,
Tout naît pour tous ; les flots sont maîtrisés ;
La presse abat les murs de la patrie,
Et Dieu nous dit : Peuples, fraternisez.

Humanité, règne! voici ton âge,
Que nie en vain la voix des vieux échos.
Déjà les vents au bord le plus sauvage
De ta pensée ont semé quelques mots.
Paix au travail! paix au sol qu'il féconde!
Que par l'amour les hommes soient unis;
Plus près des cieux qu'ils replacent le monde;
Que Dieu nous dise : Enfants, je vous bénis.

Du genre humain saluons la famille!
Mais qu'ai-je dit? pourquoi ce chant d'amour?
Aux feux des camps le glaive encor scintille;
Dans l'ombre à peine on voit poindre le jour.
Des nations aujourd'hui la première,
France, ouvre-leur un plus large destin.
Pour éveiller le monde à ta lumière,
Dieu t'a dit : Brille, étoile du matin.

LA PAUVRE FEMME.

Air de Mon habit, ou d'Aristippe.

Il neige, il neige, et là, devant l'église,
 Une vieille prie à genoux.
Sous ses haillons où s'engouffre la bise,
 C'est du pain qu'elle attend de nous.
Seule, à tâtons, au parvis Notre-Dame,
 Elle vient, hiver comme été;
Elle est aveugle, hélas! la pauvre femme :
 Ah! faisons-lui la charité.

Savez-vous bien ce que fut cette vieille
  Au teint hâve, aux traits amaigris?
D'un grand spectacle autrefois la merveille,
  Ses chants ravissaient tout Paris.
Les jeunes gens, dans le rire ou les larmes,
  S'exaltaient devant sa beauté;
Tous, ils ont dû des rêves à ses charmes :
  Ah! faisons-lui la charité.

Combien de fois, s'éloignant du théâtre
  Au pas pressé de ses chevaux,
Elle entendit une foule idolâtre
  La poursuivre de ses bravos!
Pour l'enlever au char qui la transporte,
  Pour la rendre à la volupté,
Que de rivaux l'attendirent à sa porte!
  Ah! faisons-lui la charité.

Quand tous les arts lui tressaient des couronnes,
  Qu'elle avait un pompeux séjour!
Que de cristaux, de bronzes, de colonnes,
  Tributs de l'amour à l'amour!
Dans ses banquets, que de muses fidèles
  Au vin de sa prospérité!
Tous les palais ont leurs nids d'hirondelles.
  Ah! faisons-lui la charité.

Revers affreux! un jour la maladie
  Éteint ses yeux, brise sa voix,
Et bientôt, seule et pauvre, elle mendie
  Où, depuis vingt ans, je la vois.
Aucune main n'eut mieux l'art de répandre

Plus d'or avec plus de bonté
Que cette main qu'elle hésite à nous tendre :
Ah! faisons-lui la charité.

Le froid redouble : ô douleur ! ô misère!
　　Tous ses membres sont engourdis;
Ses doigts ont peine à tenir le rosaire
　　Qui l'eût fait sourire jadis.
Sous tant de maux si son cœur tendre encore
　　Peut se nourrir de piété,
Pour qu'il ait foi dans le ciel qu'elle implore,
　　Ah! faisons-lui la charité.

LES TOMBEAUX DE JUILLET.

Air d'Octavie.

Des fleurs, enfants, vous dont les mains sont pures;
Enfants, des fleurs, des palmes, des flambeaux!
De nos Trois-Jours ornez les sépultures :
Comme les rois le peuple a ses tombeaux.

Charle avait dit : « Que Juillet qui s'écoule
« Venge mon trône en butte aux niveleurs.
« Victoire aux lis! » Soudain Paris en foule
S'arme et répond : « Victoire aux trois couleurs! »

Pour parler haut, pour nous trouver timides,
Par quels exploits fascinez-vous nos yeux?

N'imitez pas l'homme des Pyramides :
Dans son linceul tiendraient tous vos aïeux.

Quoi ! d'une Charte on nous a fait l'aumône,
Et sous le joug vous voulez nous courber !
Nous savons tous comment s'écroule un trône.
Dieu juste ! encore un roi qui veut tomber.

Car une voix qui vient d'en haut, sans doute,
Au fond du cœur nous crie : Égalité !
L'égalité ! c'est peut-être une route
Qu'aux malheureux ferme la royauté.

Marchons ! marchons ! A nous l'Hôtel de Ville !
A nous les quais, à nous le Louvre ! à nous !
Entrés vainqueurs dans le royal asile,
Sur le vieux trône ils se sont assis tous.

Qu'un peuple est grand qui, pauvre, gai, modeste
Seul maître, après tant de sang et d'efforts,
Chasse en riant des princes qu'il déteste,
Et de l'État garde à jeun les trésors !

Des fleurs, enfants, vous dont les mains sont pures,
Enfants, des fleurs, des palmes, des flambeaux !
De nos Trois-Jours ornez les sépultures.
Comme les rois le peuple a ses tombeaux.

Des artisans, des soldats de la Loire,
Des écoliers s'essayant au canon,
Sont tombés là, vous léguant leur victoire,
Sans penser même à nous dire leur nom.

A ces héros la France doit un temple.
Leur gloire au loin inspire un saint effroi.
Les rois, que trouble un aussi grand exemple,
Tout bas ont dit : Qu'est-ce aujourd'hui qu'un roi ?

Voit-on venir le drapeau tricolore ?
Répètent-ils, de souvenirs remplis ;
Et sur leur front ce drapeau semble encore
Jeter d'en haut les ombres de ses plis.

En paix voguant de royaume en royaume,
A Sainte-Hélène en sa course il atteint.
Napoléon, gigantesque fantôme,
Paraît debout sur ce volcan éteint.

A son tombeau la main de Dieu l'enlève.
« Je t'attendais, mon drapeau glorieux.
« Salut ! » Il dit, brise et jette son glaive
Dans l'Océan et se perd dans les cieux.

Dernier conseil de son génie austère !
Du glaive en lui finit la royauté.
Le conquérant des sceptres de la terre
Pour successeur choisit la liberté.

Des fleurs, enfants, vous dont les mains sont pures ;
Enfants, des fleurs, des palmes, des flambeaux !
De nos Trois-Jours ornez les sépultures.
Comme les rois le peuple a ses tombeaux.

Des corrupteurs la faction titrée
Déserte en vain cet humble monument ;

En vain compare à l'émeute enivrée,
De nos vengeurs le noble dévouement.

Enfants, en rêve, on dit qu'avec les anges
Vous échangez, la nuit, les plus doux mots.
De l'avenir prédisez les louanges,
Pour consoler ces âmes de héros.

Dites-leur : Dieu veille sur votre ouvrage.
Par nos erreurs ne vous laissez troubler.
Du coup qu'ici frappa votre courage
La terre encore a longtemps à trembler.

Mais dans nos murs fondrait l'Europe entière,
Qu'au prompt départ de vingt peuples rivaux
La Liberté naîtrait de la poussière
Qu'emporteraient les pieds de leurs chevaux.

Partout luira l'égalité féconde.
Les vieilles lois errent sur des débris.
Le monde ancien finit : d'un nouveau monde
La France est reine, et son Louvre est Paris.

A vous, enfants, ces fruits des Trois-Journées.
Ceux qui sont là vous frayaient le chemin.
Le sang français des grandes destinées
Trace en tout temps la route au genre humain.

Des fleurs, enfants, vous dont les mains sont pures ;
Enfants, des fleurs, des palmes, des flambeaux !
De nos Trois-Jours ornez les sépultures.
Comme les rois le peuple a ses tombeaux.

ADIEU, CHANSONS!

Air du Tailleur et la Fée, *ou* d'Angéline.

Pour rajeunir les fleurs de mon trophée,
Naguère encor, tendre, docte ou railleur,
J'allais chanter quand m'apparut la fée
Qui me berça chez le bon vieux tailleur.
« L'hiver, dit-elle, a soufflé sur ta tête :
« Cherche un abri pour tes soirs longs et froids.
« Vingt ans de lutte ont épuisé ta voix,
« Qui n'a chanté qu'au bruit de la tempête. »
Adieu, chansons! mon front chauve est ridé.
L'oiseau se tait; l'aquilon a grondé.

« Ces jours sont loin, poursuit-elle, où ton âme
« Comme un clavier modulait tous les airs;
« Où ta gaieté, vive et rapide flamme,
« Au ciel obscur prodiguait ses éclairs.
« Plus rétréci, l'horizon devient sombre.
« Des gais amis le long rire a cessé.
« Combien là-bas déjà t'ont devancé!
« Lisette même, hélas! n'est plus qu'une ombre. »
Adieu, chansons! mon front chauve est ridé.
L'oiseau se tait; l'aquilon a grondé.

« Bénis ton sort. Par toi la poésie
« A d'un grand peuple ému les derniers rangs,

« Le chant qui vole à l'oreille saisie
« Souffla tes vers même aux plus ignorants.
« Vos orateurs parlent à qui sait lire ;
« Toi, conspirant tout haut contre les rois,
« Tu marias, pour ameuter les voix,
« Des airs de vielle aux accents de la lyre. »
Adieu, chansons ! mon front chauve est ridé.
L'oiseau se tait ; l'aquilon a grondé.

« Tes traits aigus lancés au trône même,
« En retombant aussitôt ramassés,
« De près, de loin, par le peuple qui t'aime,
« Volaient en chœur jusqu'au but relancés.
« Puis, quand ce trône ose brandir son foudre,
« De vieux fusils l'abattent en trois jours.
« Pour tous les coups tirés dans son velours,
« Combien ta muse a fabriqué de poudre ! »
Adieu, chansons ! mon front chauve est ridé.
L'oiseau se tait ; l'aquilon a grondé.

« Ta part est belle à ces grandes journées,
« Où du butin tu détournas les yeux.
« Leur souvenir, couronnant tes années,
« Te suffira, si tu sais être vieux.
« Aux jeunes gens racontes-en l'histoire ;
« Guide leur nef ; instruis-les de l'écueil ;
« Et de la France un jour font-ils l'orgueil,
« Va réchauffer ta vieillesse à leur gloire. »
Adieu, chansons ! mon front chauve est ridé.
L'oiseau se tait ; l'aquilon a grondé.

Ma bonne fée, au seuil du pauvre barde,

Oui, vous sonnez la retraite à propos.
Pour compagnon, bientôt, dans ma mansarde,
J'aurai l'oubli, père et fils du repos.
Mais à ma mort, témoins de notre lutte,
De vieux Français se diront, l'œil mouillé :
Au ciel, un soir, cette étoile a brillé ;
Dieu l'éteignit longtemps avant sa chute.
Adieu, chansons ! mon front chauve est ridé.
L'oiseau se tait ; l'aquilon a grondé.

A M. PERROTIN [1]

Il y a douze ans, mon cher Perrotin, que, pensant à l'oubli où, selon moi, mes chansons devaient tomber promptement, je vous cédai toutes mes chansons, faites et à faire, pour une modique rente viagère de huit cents francs. Vous hésitiez à conclure ce marché, que vous trouviez désavantageux pour moi. Avec un autre que vous il l'eût été en effet; car, en dépit de mes prédictions, le public m'ayant conservé toute sa bienveillance, les éditions se succédèrent rapidement. De vous-même alors, et à plusieurs reprises, vous avez augmenté cette rente, que ma signature vous donnait le droit de laisser à son

---

[1] Par une réserve facile à comprendre, l'éditeur des *Chansons de Béranger* hésitait à publier cette lettre, qui était si honorable pour lui; mais cette lettre devenait un des ornements le plus précieux de l'édition illustrée, ce beau livre auquel ont travaillé les artistes les plus distingués de ce temps-ci, et maintenant que le libraire publie, séparément, les *Chansons inédites*, où donc pouvait-il trouver une préface plus convenable, un frontispice plus excellent à cette publication?

Parmi les chansons inédites qui ont signalé notre édition illustrée, les lecteurs retrouveront, non pas sans un étonnement enthousiaste, ce chant de guerre national : *Notre Coq*, et surtout le *Déluge* (26 mai 1847), cette éloquente et énergique prédiction qui, en moins d'un an, devait être réalisée, ou peut s'en faut encore, dans tous les royaumes de l'Europe. Béranger avait raison :

Ces pauvres rois, *les voilà* tous noyés.

premier chiffre. Bien plus, vous n'avez cessé de me prodiguer les soins dispendieux, les attentions délicates d'un dévouement que je puis appeler filial.

La magnifique édition que vous annoncez aujourd'hui, sans nécessité pour votre commerce, est encore un effet de ce dévouement. C'est une espèce de glorification artistique que vous voulez donner à mes vieux refrains; entreprise que j'ai dû désapprouver, en considérant ce qu'elle vous causerait de dépenses et de peines.

Quelque succès qu'aient déjà obtenu les premières livraisons de cette édition, illustrée par les dessinateurs et les graveurs les plus distingués, commentateurs ingénieux qui trouvent souvent au texte qu'ils adoptent plus d'esprit que l'auteur n'en a su mettre; quelque succès, dis-je, qu'aient obtenu ces livraisons, je sens qu'il est de mon devoir de vous venir en aide autant que cela m'est possible.

Sans avoir la fatuité de croire que je manque à la promesse faite au public de ne plus l'occuper de moi, je me décide donc à extraire du manuscrit des chansons de ma vieillesse, manuscrit qui vous appartiendra à ma mort, huit ou dix chansons, auxquelles vous pourrez joindre les couplets imprimés le jour du convoi de mon vieil ami Wilhem. J'ai choisi ces chansons parmi celles qui se rapprochent le plus, par les sujets et la forme, du genre de celles dont se composent mes précédents recueils. Ce n'est certes pas un riche présent que je vous fais; mais, quelles qu'elles soient, acceptez-les vite, car l'envie de les reprendre pourrait bien me venir. Vous savez mieux qu'un autre, mon cher Perrotin, combien me coûte aujourd'hui la moindre publication nouvelle. Aussi j'espère qu'on ne verra dans ce chétif larcin fait à mon recueil posthume qu'un témoignage de gratitude donné par le vieux chansonnier à son fidèle éditeur.

J'ajoute que près de vingt ans de bonne intelligence entre un homme de lettres et un libraire est malheureusement chose assez rare, depuis l'invention de l'imprimerie, pour que tous les deux nous en soyons également fiers. En vous offrant la preuve du prix que j'y attache, mon cher Perrotin, je suis à vous de cœur,

P.-J. DE BÉRANGER.

Paris, 19 décembre 1846.

P. S. Je regrette de ne pouvoir vous donner une de mes chansons inédites sur Napoléon : mais je tiens à ce que celles-là paraissent toutes ensemble.

CHANSONS NOUVELLES

DE P. J.

DE BÉRANGER

NOTRE COQ

PAR JACQUES DUBUISSON, SERGENT AUX CHASSEURS D'AFRIQUE.
PUBLIÉ LE 3 MARS 1847.

Air : Madelon s'en fut à Rome, tonderontaine, tonderonton.

Notre coq, d'humeur active,
Las d'Alger, s'écrie : Il faut
Que jusqu'au bon Dieu j'arrive,
Pour voir s'il s'endort là-haut,
J'ai réponse à tout qui vive.
  Co, co, coquérico.
France, remets ton shako.
Coquérico, coquérico.

Oui, jusqu'au ciel je m'envole,
Sans permis des généraux.
Heureux, si mon chant racole
Des âmes de vieux héros.
De leur gloire je raffole.

Co, co, coquérico.
France, remets ton shako.
Coquérico, coquérico.

Que ces étoiles sont belles !
Et les cieux, comme ils sont grands !
Ces planètes seraient-elles
Un bon mets de conquérants !
Qu'à nos gens poussent des ailes !
  Co, co, coquérico.
France, remets ton shako.
Coquérico, coquérico.

Dans Vénus j'entre à la brune ;
Mars m'attire à ses tambours.
Chez Mercure, la Fortune
Gave butors [1] et vautours.
Que d'avocats dans la lune !
  Co, co, coquérico.
France, remets ton shako.
Coquérico, coquérico.

Du soleil je fends la voûte.
Dieu ! l'Empereur m'apparaît !
Tu veux un guide, sans doute ;
Tiens, dit-il, mon aigle est prêt.
Du ciel il connaît la route.
  Co, co, coquérico.
France, remets ton shako.
Coquérico, coquérico.

---

[1] Butor, oiseau de proie.

Nous partons, et, dans nos traites,
L'aigle se plaît à conter
Batailles, siéges, retraites,
Si bien que, pour l'écouter,
S'arrêtent plusieurs comètes.
  Co, co, coquérico.
France, remets ton shako.
Coquérico, coquérico.

Vient un parfum qui nous flatte :
Au Paradis nous voilà,
Dit l'aigle; à la porte gratte,
Mon père, quittons-nous là.
Adieu, serrons-nous la patte.
  Co, co, coquérico.
France, remets ton shako.
Coquérico, coquérico.

Qui fume à cette fenêtre?
C'est saint Pierre. Il me dit : Coq,
Aucun des tiens ne pénètre
Chez nous que pour pendre au croc.
Vos chants m'ont trop fait connaître.
  Co, co, coquérico.
France, remets ton shako.
Coquérico, coquérico.

Passe un ange qui raconte
Le refus du vieux commis.
Cours, dit le bon Dieu; qu'il monte,
Ce coq est de mes amis.

J'entre, et Pierre en meurt de honte.
  Co, co, coquérico.
France, remets ton shako.
Coquérico, coquérico.

Mange et bois dans mon aiguière,
Dit le bon Dieu, fort à point.
— Çà! parmi vos gens de guerre,
De moi ne médit-on point?
— A vous ils ne pensent guère.
  Co, co, coquérico.
France, remets ton shako.
Coquérico, coquérico.

Mais quoi! le bon Dieu se fâche!
— Coq, ne désertes-tu pas?
— Corbleu! suis-je donc un lâche?
— Non; mais retourne là-bas :
Tu n'as point fini ta tâche.
  Co, co, coquérico.
France, remets ton shako.
Coquérico, coquérico.

Sous le drapeau tricolore
Va réchauffer cœurs et bras.
De vous j'ai besoin encore.
Coq, bientôt tu chanteras
Le réveil avant l'aurore.
  Co, co, coquérico.
France, remets ton shako.
Coquérico, coquérico.

L'oiseau, prompt comme la foudre,
Rentre au quartier général,
Disant : L'on en va découdre ;
Dieu fait seller son cheval ;
Les anges font de la poudre.
 Co, co, coquérico.
 France, remets ton shako.
Coquérico, coquérico.

De ce récit véridique,
C'est moi, Jacques Dubuisson,
Sergent aux chasseurs d'Afrique,
Qui composai la chanson.
Apprenez-en la musique.
 Co, co, coquérico.
 France, remets ton shako.
Coquérico, coquérico.

LE GRILLON.

FONTAINEBLEAU, 1836.

Air de Jacques.

Au coin de l'âtre où je tisonne
En rêvant à je ne sais quoi,
Petit grillon, chante avec moi,
Qui, déjà vieux, toujours chansonne.
Petit grillon, n'ayons ici,
N'ayons du monde aucun souci.

Nos existences sont pareilles :
Si l'enfant s'amuse à ta voix,
Artisan, soldat, villageois,
A la mienne ont charmé leurs veilles.
Petit grillon, n'ayons ici,
N'ayons du monde aucun souci.

Mais sous ta forme hétéroclite
Un lutin n'est-il pas caché?
Vient-il voir si quelque péché
Tient compagnie au vieil ermite?
Petit grillon, n'ayons ici,
N'ayons du monde aucun souci.

N'es-tu pas sylphe et petit page
De quelque fée au doux pouvoir,
Qui t'adresse à moi pour savoir
A quoi le cœur sert à mon âge?
Petit grillon, n'ayons ici,
N'ayons du monde aucun souci.

Non; mais en toi, je le veux croire,
Revit un auteur qui, jadis,
Mourut de froid dans son taudis
En guettant un rayon de gloire.
Petit grillon, n'ayons ici,
N'ayons du monde aucun souci.

Docteur, tribun, homme de secte,
On veut briller, l'auteur surtout.
Dieu, servez chacun à son goût :
De la gloire à ce pauvre insecte.

Petit grillon, n'ayons ici,
N'ayons du monde aucun souci.

La gloire! est fou qui la désire :
Le sage en dédaigne le soin.
Heureux qui recèle en un coin
Sa foi, ses amours et sa lyre!
Petit grillon, n'ayons ici,
N'ayons du monde aucun souci.

L'envie est là qui nous menace.
Guerre à tout nom qui retentit!
Au fait, plus ce globe est petit,
Moins on y doit prendre de place.
Petit grillon, n'ayons ici,
N'ayons du monde aucun souci.

Ah! si tu fus ce que je pense,
Ris du lot qui t'avait tenté ;
Ce qu'on gagne en célébrité,
On le perd en indépendance.
Petit grillon, n'ayons ici,
N'ayons du monde aucun souci.

Au coin du feu, tous deux à l'aise,
Chantant, l'un par l'autre égayés,
Prions Dieu de vivre oubliés,
Toi, dans ton trou ; moi, sur ma chaise.
Petit grillon, n'ayons ici,
N'ayons du monde aucun souci.

LES ÉCHOS.

Air :

On pèche au ciel, et c'est un fait notoire
Que les échos sont tous des esprits purs,
Pour leurs péchés tombés en purgatoire,
Dans nos vallons, dans nos bois, dans nos murs;
Tant qu'ici-bas dure leur pénitence,
Tout cri, tout mot, est répété par eux.
C'est leur supplice; il est cruel en France.
    Les échos sont trop malheureux.

Plusieurs d'entre eux, délivrés de nos fanges,
Pauvres forçats par d'autres remplacés,
Rentrés au ciel, à leurs frères les anges
Parlaient ainsi de leurs tourments passés :
Dans ses salons, ses cafés, ses écoles,
Pour nous Paris est surtout bien affreux :
A tous les vents il y pleut des paroles.
    Les échos sont trop malheureux.

L'un d'eux ajoute : A l'Institut, mes frères,
J'eus pour prison des murs retentissants.
Doctes concours, spectacles littéraires,
M'enflaient sans fin de mots vides de sens.
Réglant science, art, vers, morale, histoire,
Là, que de nains, au cerveau plat et creux,

Prenaient ma voix pour trompette de gloire!
   Les échos sont trop malheureux.

Moi, dit l'écho du Palais de Justice,
J'eus part forcée à d'absurdes arrêts.
Des becs retors et martyr et complice,
Que de clients j'ai ruinés en frais!
Des gens du roi j'allongeais l'éloquence.
Plus d'un haut rang ils étaient désireux,
Plus leur faconde effrayait l'innocence.
   Les échos sont trop malheureux.

Un autre dit : Dans une basilique,
Près de la chaire, hélas! je fus logé.
Des sermonneurs ferai-je la critique
Et de la foi de messieurs du clergé?
Tous en bâillant de Dieu chantaient la gloire,
Tous sur l'enfer brodaient pour les peureux;
Et l'orgue seul au Très-Haut semblait croire.
   Les échos sont trop malheureux.

Palais-Bourbon, j'ai subi tes séances!
S'écrie enfin de tous le plus puni :
De la tribune, écueil des consciences,
Un Manuel serait encor banni.
Paix! disait-on, quand venait me surprendre
Dans cent discours quelque mot généreux;
Écho, paix donc! les rois vont nous entendre.
   Les échos sont trop malheureux.

A bas la loi qui de nous, pauvres anges,
Fait les échos d'un peuple de bavards!

Clament en chœur les célestes phalanges :
L'art de parler est le plus sot des arts.
Nos remplaçants, déjà las du martyre,
Se croient en butte aux esprits ténébreux ;
Tous ont crié : De l'enfer Dieu nous tire !
Les échos sont trop malheureux.

L'ORPHÉON.

LETTRE A B. WILHEM

AUTEUR

DE LA NOUVELLE MÉTHODE DE L'ENSEIGNEMENT MUSICAL

Après la dernière séance de l'Orphéon de 1841.

Air :

Mon vieil ami, ta gloire est grande :
Grâce à tes merveilleux efforts,
Des travailleurs la voix s'amende
Et se plie aux savants accords.
D'une fée as-tu la baguette,
Pour rendre ainsi l'art familier ?
Il purifiera la guinguette ;
Il sanctifiera l'atelier.

Wilhem, toi de qui la jeunesse
Rêva Grétry, Gluck et Mozart,
Courage! à la foule en détresse
Ouvre tous les trésors de l'art.
Communiquer à des sens vides

Les plus nobles émotions,
C'est faire en des grabats humides
Du soleil entrer les rayons.

La musique, source féconde,
Épandant ses flots jusqu'en bas,
Nous verrons ivres de son onde
Artisans, laboureurs, soldats.
Ce concert, puisses-tu l'étendre
A tout un monde divisé !
Les cœurs sont bien près de s'entendre
Quand les voix ont fraternisé.

Notre littérature est folle :
Fais-la rougir par tes travaux.
De meurtres elle tient école
Et pousse à des Werther nouveaux.
On l'entend, d'excès assouvie,
En vers, en prose, s'essouffler
A décourager de la vie
Ceux qu'elle en devrait consoler.

Des classes qu'à peine on éclaire
Relevant les mœurs et les goûts,
Par toi, devenu populaire,
L'art va leur faire un ciel plus doux.
Les notes, sylphides puissantes,
Rendront moins lourd soc et marteau,
Et feront des mains menaçantes
Tomber l'homicide couteau.

Quant tu pouvais sur notre scène

Tenter un plus brillant laurier,
Tu choisis d'alléger la chaîne
Du pauvre enfant de l'ouvrier.
A tes leçons, large semence,
La foule accourt et tu les vois,
Captivant jusqu'à la démence [1],
Vers le ciel diriger sa voix.

D'une œuvre et si longue et si rude
Auras-tu le prix mérité ?
Va, ne crains pas l'ingratitude,
Et ris-toi de la pauvreté.
Sur ta tombe, tu peux m'en croire,
Ceux dont tu charmes les douleurs
Offriront un jour à ta gloire
Des chants, des larmes et des fleurs [2].

[1] Les docteurs Trélat et Leuret ont fait l'emploi le plus heureux, à la Salpêtrière et à Bicêtre, de la méthode Wilhem. Les pauvres aliénés des deux sexes en ont retiré une distraction puissante, et ont pu chanter à l'église des morceaux de musique qui offraient d'assez grandes difficultés d'exécution.

[2] Peu de mois après avoir adressé ces couplets à son vieil ami, l'auteur avait la douleur de voir s'accomplir la prédiction qui les termine. Wilhem mourut à soixante ans, pauvre, à bout de force, mais rêvant toujours à l'extension de sa méthode, fruit de vingt-deux ans de travaux; les autorités municipales et départementales, les maîtres qu'il avait formés, et la foule de ses élèves de tout âge, accompagnaient sa dépouille au cimetière, où lui furent rendus les honneurs qu'il avait le plus envies.

LES PIGEONS DE LA BOURSE.

Pigeons, vous que la muse antique
Attelait au char des Amours,
Où volez-vous? Las ! en Belgique
Des rentes vous portez le cours !
Ainsi, de tout faisant ressource,
Nobles tarés, sots parvenus,
Transforment en courtiers de Bourse
Les doux messagers de Vénus.

De tendresse et de poésie,
Quoi ! l'homme en vain fut allaité.
L'or allume une frénésie
Qui flétrit jusqu'à la beauté !
Pour nous punir, oiseaux fidèles,
Fuyez nos cupides vautours ;
Aux cieux remportez sur vos ailes
La poésie et les amours.

BAPTÊME DE VOLTAIRE [1].

AIR : Les cloches du monastère.

La foule encombre l'église ;
Les prêtres sont en émoi,

---

[1] Voltaire, né en février 1694, était d'apparence si frêle,

C'est un garçon qu'on baptise,
Fils d'un trésorier du roi.
Le curé court en personne
Dire au bedeau : Sonne! sonne!
    Dig don! dig don!
Que n'avons-nous un bourdon!
    Dig don! dig don!   *Bis.*
    Dig don!

Le curé parle au vicaire :
Ce baptême nous fera
Redorer croix, reliquaire,
Ostensoirs, *et cœtera.*
Même il se peut que j'accroche
De l'argent pour une cloche.
    Dig don! dig don!
Que n'avons-nous un bourdon!
    Dig don! dig don!
    Dig don!

Ah! crie un chantre, j'espère
Que, nous livrant son cellier,
Cet enfant comme son père
Un jour sera marguillier.
Qu'à son nom l'honneur s'attache
D'un gros marguillier sans tache.
    Dig don! dig don!
Que n'avons-nous un bourdon!

qu'on se contenta de l'ondoyer en famille. Son baptême n'eut
lieu qu'en novembre de la même année, à Saint-André-des-Arts.
Son père, notaire d'abord, devint trésorier de la cour des
comptes.

Dig don! dig don!
Dig don!

A la marraine un beau prêtre
Dit tout bas : Les jolis yeux!
Madame, vous devez être
Un ange envoyé des cieux.
L'enfant qu'un ange patronne
Est un saint que Dieu nous donne.
Dig don! dig don!
Que n'avons-nous un bourdon!
Dig don! dig don!
Dig don!

De sa mère, ajoute un diacre,
Ce fils aura tout l'esprit.
Qu'à la chaire il se consacre :
Il vengera Jésus-Christ.
Qui sait, à sa voix peut-être
Plus d'un bûcher doit renaître.
Dig don! dig don!
Que n'avons-nous un bourdon!
Dig don! dig don!
Dig don!

Mais du ciel tombe un fantôme!
C'est Rabelais, grand moqueur,
Qui leur dit : Dans ce vieux tome
J'ai chanté jadis au chœur.
Sur cet enfant qu'on baptise
Dieu veut que je prophétise,
Dig don! dig don!

Que n'avez-vous un bourdon !
   Dig don! dig don!
      Dig don!

Nous nommons François-Marie
Ce garçon, dit le parrain.
Le fantôme se récrie :
De tels noms ne lui vont brin.
La Gloire, à son baptistère,
Lui donnera nom Voltaire.
   Dig don! dig don!
Que n'avez-vous un bourdon !
   Dig don! dig don!
      Dig don!

Dans ce marmot, tête énorme,
Germe un puissant écrivain
Qui doit, en fait de réforme,
Passer Luther et Calvin.
Sots préjugés, il vous sape.
Gare à vous, monsieur du pape !
   Dig don! dig don!
Que n'avez-vous un bourdon !
   Dig don! dig don!
      Dig don!

Ce Rabelais, qu'on l'arrête !
Dit le curé s'échauffant.
Pour nous un dîner s'apprête
Chez le père de l'enfant;
De cadeaux il nous accable :
Baptisons, fût-ce le diable !

Dig don! dig don!
Que n'avons-nous un bourdon!
Dig don! dig don!
Dig don!

Le fantôme, qui s'envole,
Crie aux prêtres : Avant peu,
Voltaire, encore à l'école,
En jouant y met le feu.
Ce feu chez vous va s'étendre :
Aux cloches il faut vous pendre.
Dig don! dig don!
Que n'avez-vous un bourdon! ⎫
Dig don! dig don! ⎬ *Bis.*
Dig don! ⎭

CLAIRE.

AIR :

Quelle est cette fille qui passe
D'un pied léger, d'un air riant?
Dans son sourire que de grâce,
De bonté dans son œil brillant!
— Elle est modiste et désespère
Ses compagnes par sa fraîcheur ;
Sa beauté fait l'orgueil d'un père :
C'est la fille du fossoyeur.

Claire habite le cimetière.
Ce qu'au soleil on voit briller,
C'est sa fenêtre, et sa volière
Qu'on entend d'ici gazouiller.
Là-bas, voltige sur les tombes
Un couple éclatant de blancheur;
A qui ces deux blanches colombes?
A la fille du fossoyeur.

Le soir, près du mur qui domine
Son toit, où la vigne a grimpé,
Par les sons d'une voix divine
De surprise on reste frappé.
Chant d'amour ou chant d'allégresse
Vous retient joyeux ou rêveur.
Quelle est, dit-on, l'enchanteresse?
C'est la fille du fossoyeur.

On l'entend rire dès l'aurore
Sous les lilas de ce bosquet,
Où les fleurs humides encore
A sa main s'offrent par bouquet.
Là que les plantes croissent belles!
Que les myrtes ont de vigueur!
Là, toujours des roses nouvelles
Pour la fille du fossoyeur.

Sous son toit, demain grande fête :
Son père va la marier.
Elle épouse, et la noce est prête,
Un jeune et beau ménétrier.
Demain, sous la gaze et la soie,

Comme en dansant battra son cœur !
Dieu donne enfants, travail et joie
A la fille du fossoyeur.

LE DÉLUGE.

Air des Trois couleurs.

Toujours prophète, en mon saint ministère,
Sur l'avenir j'ose interroger Dieu.
Pour châtier les princes de la terre,
Dans l'ancien monde un déluge aura lieu.
Déjà, près d'eux, l'Océan sur ses grèves
Mugit, se gonfle : il vient, maîtres, voyez !
Voyez, leur dis-je. Ils répondent : Tu rêves.
Ces pauvres rois (*bis*), ils seront tous noyés.

Que vous ont fait, mon Dieu, ces bons monarques ?
Il en est tant dont on bénit les lois !
De jougs trop lourds si nous portons les marques,
C'est qu'en oubli le peuple a mis ses droits.
Pourtant les flots précipitent leur marche
Contre ces chefs jadis si bien choyés.
Faute d'esprit pour se construire une arche,
Ces pauvres rois (*bis*), ils seront tous noyés.

Qui parle aux flots ? Un despote d'Afrique,
Noir fils de Cham, qui règne les pieds nus.
Soumis, dit-il, à mon fétiche antique,

Flots qui grondez, doublez mes revenus.
Et ce bon roi, prélevant un gros lucre
Sur les forbans à la traite employés,
Vend ses sujets pour nous faire du sucre.
Ces pauvres rois (*bis*), ils seront tous noyés.

Accourez tous! crie un sultan d'Asie :
Femmes, vizirs, eunuques, icoglans.
Je veux, des flots domptant la frénésie,
Faire une digue avec vos corps sanglants.
Dans son sérail tout parfumé de fêtes,
D'où vont s'enfuir ses gardes effrayés,
Il fume, il bâille, il fait voler des têtes.
Ces pauvres rois (*bis*), ils seront tous noyés.

Dans notre Europe, où naît ce grand déluge,
Unis en vain pour se prêter secours,
Tous ont crié : Dieu, soyez notre juge;
Dieu leur répond : Nagez, nagez toujours.
Dans l'Océan ces augustes personnes
Vont s'engloutir; leurs trônes sont broyés;
On bat monnaie avec l'or des couronnes.
Ces pauvres rois (*bis*), ils seront tous noyés.

Cet Océan, quel est-il, ô prophète !
Peuples, c'est nous, affranchis de la faim,
Nous, plus instruits, consommant la défaite
De tant de rois inutiles enfin.
Dieu fait passer sur ces fils indociles
Nos flots mouvants si longtemps fourvoyés.
Puis, le ciel brille et les flots sont tranquilles.
Ces pauvres rois (*bis*), ils seront tous noyés.

LES ESCARGOTS.

Air : Il n'y a que Paris, *ou* : Chantez, dansez, amusez-vous.

Chassé d'un gîte par huissier,
Je cherchais logis au village ;
Lorsqu'un colimaçon grossier
Me fait les cornes au passage.
Voyez comme ils font les gros dos, ⎫
Ces beaux messieurs les escargots. ⎭ *Bis.*

Celui qui me nargue aujourd'hui
Semble dire : Vil prolétaire !
Il n'a pas même un chaume à lui !
L'escargot est propriétaire.
Voyez comme ils font les gros dos,
Ces beaux messieurs les escargots.

Au seuil de son palais nacré,
Ce mollusque à bave incongrue
Se carre en bourgeois décoré,
Tout fier d'avoir pignon sur rue.
Voyez comme ils font les gros dos,
Ces beaux messieurs les escargots.

Il n'a point à déménager,
Il n'a point à payer son terme.

Ses voisins sont-ils en danger,
Dans sa maison vite il s'enferme.
Voyez comme ils font les gros dos,
Ces beaux messieurs les escargots.

Trop sot pour connaître l'ennui,
Il fait son bien de toutes choses,
S'engraisse du travail d'autrui,
Et salit le pampre et les roses.
Voyez comme ils font les gros dos,
Ces beaux messieurs les escargots.

En vain tentent de l'émouvoir
Des oiseaux les voix les plus belles;
Le rustre a peine à concevoir
Qu'on ait une voix et des ailes.
Voyez comme ils font les gros dos,
Ces beaux messieurs les escargots.

Ce bourgeois a raison, ma foi.
Fi du peu que l'esprit rapporte !
Mieux vaut avoir maison à soi :
On met les autres à la porte.
Voyez comme ils font les gros dos,
Ces beaux messieurs les escargots.

En deux Chambres l'on m'a conté
Que leurs législateurs s'assemblent.
Je le tiens pair ou député :
J'en connais tant qui lui ressemblent!
Voyez comme ils font les gros dos,
Ces beaux messieurs les escargots.

De ramper prenant sa façon,
Faisons de moi, s'il est possible,
Un électeur colimaçon,
Un colimaçon éligible.
Voyez comme ils font les gros dos, } *Bis.*
Ces beaux messieurs les escargots. }

MA GAIETÉ.

Air nouveau (de Fréd. Bérat).

Ma gaieté s'en est allée.
Sage ou fou, qui la rendra
A ma pauvre âme isolée,
Dieu l'en récompensera.
Tout vient aggraver ma perte :
L'infidèle, en s'évadant,
Au chagrin toujours rôdant
A laissé ma porte ouverte.
Au logis ramenez-la, } *Bis.*
Vous tous qu'elle consola. }

Ma gaieté, bonne égrillarde
D'un garçon malingre et vieux,
Devait me servir de garde,
Devait me fermer les yeux.
De ses traits qui n'a mémoire ?
Pour me la voir ramener,
Si j'en avais à donner,

Je donnerais de la gloire.
Au logis ramenez-la,
Vous tous qu'elle consola.

Je lui dus, vaille que vaille,
Ces chants que le prisonnier
A tant redits sur sa paille
Et le pauvre en son grenier.
La folle, franchissant l'onde,
Brave et railleuse à Paris,
Allait rendre à nos proscrits
L'espérance au bout du monde.
Au logis ramenez-la,
Vous tous qu'elle consola.

« Cessez à de folles têtes
« D'inspirer vos désespoirs,
« Disait-elle aux grands poëtes ;
« Le génie a ses devoirs.
« Qu'il brille au vaisseau qui sombre
« Comme un phare bienfaisant.
« Je ne suis qu'un ver luisant,
« Mais je rends la nuit moins sombre. »
Au logis ramenez-la,
Vous tous qu'elle consola.

De luxe elle avait la haine,
Philosophait même un peu ;
En petit cercle et sans gêne
S'ébattait au coin du feu.
Que son rire avait de charmes !
J'en pleurais épanoui.

Le rire est évanoui ;
Il n'est resté que les larmes.
Au logis ramenez-la,
Vous tous qu'elle consola.

Elle exaltait la jeunesse,
Les cœurs chauds, les doux penchants.
Ne comptait dans notre espèce
Que des fous, point de méchants.
En dépit des sots rigides,
Qu'elle dépouilla de fois
La raison de ses airs froids,
La sagesse de ses rides !
Au logis ramenez-la,
Vous tous qu'elle consola.

Mais nous désertons la gloire,
Mais l'or seul nous fait des dieux ;
Aux méchants si j'allais croire !
Gaieté, reviens au bon vieux.
Tout sans toi me rend à plaindre.
Las ! mon cerveau se transit ;
Ma voix meurt, mon feu noircit,
Et ma lampe va s'éteindre.
Au logis ramenez-la,   } *Bis.*
Vous tous qu'elle consola.

FIN.

TABLE ALPHABÉTIQUE

DU SECOND VOLUME.

	Pages.
Adieu, chansons !....................................	351
Adieux à la campagne...............................	22
Agent (l') provocateur. — Sainte-Pélagie.............	31
Alchimiste (l')......................................	252
A mademoiselle ***..................................	157
A M. de Chateaubriand. — Septembre 1831.............	302
A M. Lucien Bonaparte. Dédicace. — 15 janvier 1833....	207
A mes amis devenus ministres........................	281
A M. Gohier, dernier président du Directoire. — 1825....	137
Amitié (l')...	47
Ange (l') exilé.....................................	93
Ange (l') gardien...................................	185
Anniversaire (l')...................................	88
Bohémiens (les).....................................	178
Bonheur (le)..	257
Bonne (la) Maman....................................	70
Bon (le) Pape.......................................	77
Bonsoir...	148
Cachet (le), ou lettre à Sophie. — 1824.............	83
Cantharide (la), ou le Philtre......................	53
Cardinal (le) et le Chansonnier. — La Force, 1829....	233
Carnaval (mon). — Sainte-Pélagie....................	33
Censeur (le). — 1822................................	49
Chant (le) du Cosaque...............................	75
Chant funéraire sur la mort de mon ami Quénescourt....	265
Chapeau (le) de la Mariée...........................	131

	Pages.
Chasse (la). — Sainte-Pélagie	26
Chasseur (le) et la laitière	146
Cinq (les) Étages	260
Cinquante ans	318
Colibri	286
Comète (la) de 1832	191
Complainte sur la mort de Trestaillon	1
Conseil aux Belges. — Mai 1831	306
Conseils (les) de Lise. — 1822	41
Conversation	201
Contrat (le) de mariage	73
Contrebandiers (les)	276
Convoi (le) de David	141
Cordon (le) s'il vous plaît. — La Force	248
Couplet	237
Couplet	246
Couplet	260
Couplet aux jeunes gens	256
Couplet écrit sur l'album de madame Amédée de V	154
Couplet écrit sur un recueil de chansons manuscrites de M	109
Couplets adressés à des habitants de l'île de France (île Maurice)	317
Couplets sur la journée de Waterloo	152
Couplets sur un prétendu portrait de moi. — 1826	126
Couronne (la) de bluets	64
Dauphin (le). — Conte	170
Déesse (la)	61
Dédicace	207
Dénonciation en forme d'impromptu	21
Denys, maître d'école. — La Force, 1829	250
De Profundis	14
Deux (les) Grenadiers. — Avril 1814	158
Dix (les) mille francs. — La Force, 1829	240
Eau (l') bénite	46
Échelle (l') de Jacob	129
Écrivain (l') public. — 1824	300
Émile Debraux	289
Encore des amours	163
Enterrement (mon)	104
Épée (l') de Damoclès	66
Épitaphe de ma Muse. — Sainte-Pélagie	37

	Pages.
Esclaves (les) gaulois. — 1824	112
Feu (le) du prisonnier. — La Force, 1829	227
Feux (les) follets	293
Fille (la) du peuple	246
Filles (les)	81
Fils (le) du pape	101
Fous (les)	325
Fuite (la) de l'Amour	86
Garde (la) nationale	9
Gotton	283
Grenier (le)	128
Guérison (ma). — Sainte-Pélagie	28
Hâtons-nous. — Février 1831	295
Hirondelles (les)	79
Infiniments (les) Petits, ou la Gérontocratie	145
In-Octavo (l') et l'In-Trente-Deux	124
Jacques	320
Jean de Paris	335
Jeanne la Rousse, ou la Femme du braconnier	268
Jeune (la) Muse	85
Jours (mes) gras de 1829	229
Juif-Errant (le)	243
La Fayette en Amérique	116
Laideur et Beauté	252
Liberté (la). Première chanson faite à Sainte-Pélagie. — Janvier 1822	24
Lutins (les) de Montlhéri	189
Maison (la) de santé	68
Malade (le). — Avril 1823	63
Mariage (le) du pape	174
Maudit printemps	118
Mauvais (le) Vin, ou les *Car*	51
Ménétrier (le) de Meudon	332
Messe (la) du Saint-Esprit. — 1824	6
Métempsycose (la)	133
Missionnaire (le) de Montrouge. — 1826	150
Mort (la) du diable	164
Mouche (la)	188
Muse (la) en fuite, ou Ma première Visite au Palais de Justice. — 1821	18
Nabuchodonosor. — 1823	4
Nègres (les) et les Marionnettes	184

	Pages.
Nostalgie (la)..	272
Nourrice (ma).......................................	274
Nouvel Ordre du jour. — 1823.....................	11
Octavie. — 1823....................................	99
Ombre (l') d'Anacréon. — Sainte-Pélagie..........	34
Oraison funèbre de Turlupin.......................	154
Orangs-Outangs (les)...............................	323
Pape (le) musulman.................................	168
Passez, jeunes filles................................	233
Passy...	341
Pauvre (la) Femme..................................	245
Pauvres (les) Amours...............................	135
Pèlerinage (le) de Lisette..........................	161
Petit (le) Homme Rouge. — 1826..................	172
Pigeon (le) messager. — 1822.....................	44
Poëte (le) de cour. — 1824........................	106
Poniatowski. — Juillet 1831.......................	297
Prédiction de Nostradamus pour l'an deux mil....	338
Préface. — Chanson placée en tête du volume publié en 1825..	16
PRÉFACE ET CHANSONS NOUVELLES..................	197
Préface. — Novembre 1815........................	199
Préface de l'auteur.................................	211
Prisonnier (le)......................................	91
Prisonnier (le) de guerre...........................	166
Proverbe (le).......................................	292
Psara..	120
Quatorze (le) Juillet. — La Force, 1829...........	231
Quatre (les) Ages historiques......................	343
Refus (le). — 1831.................................	308
Reliques (les).......................................	270
Restauration (la) de la chanson. — Janvier 1831..	310
Sacre (le) de Charles le Simple....................	138
Sciences (les).......................................	57
Souvenirs d'enfance. — 1831......................	313
Souvenirs (les) du peuple..........................	181
Suicide (le). — Février 1832......................	328
Sylphide (la)..	39
Tailleur (le) et la Fée. — 1822....................	59
Tombeau (mon).....................................	238
Tombeau (le) de Manuel............................	193
Tombeaux (les) de Juillet. — 1832................	347

	Pages.
Tournebroche (le)	55
Treize à table	115
Troubadour (les). — Dithyrambe	109
Vertu (la) de Lisette	95
Vieux (le) Caporal. — 1829	254
Vieux (le) Sergent. — 1823	89
Vieux (le) Vagabond	315
Vin (le) de Chypre	341
Violon (le) brisé	71
Voyage (le) imaginaire. — 1824	122
Voyageur (le)	96

CHANSONS NOUVELLES.

Lettre de Béranger	355
Notre Coq	359
Grillon (le). — Fontainebleau, 1839	363
Échos (les). — 1839	366
Orphéon (l')	368
Pigeons de la Bourse (les)	371
Baptême de Voltaire	371
Claire	375
Déluge (le)	377
Escargots (les). — 1840	379
Gaieté (ma)	381

FIN DE LA TABLE DU TOME SECOND.

Saint-Denis. — Typographie de A. MOULIN.

A LA MÊME LIBRAIRIE

DERNIÈRES CHANSONS
DE P. J. DE BÉRANGER

AVEC

UNE LETTRE ET UNE PRÉFACE DE L'AUTEUR
1 volume in-18. — Prix : 3 fr. 50 c.

MA BIOGRAPHIE

PAR P. J. DE BÉRANGER

1 volume in-18. — Prix. . . . . 3 fr. 50

CORRESPONDANCE
DE BÉRANGER

ÉDITION

ORNÉE D'UN MAGNIFIQUE PORTRAIT GRAVÉ SUR ACIER

D'APRÈS L'UNIQUE PHOTOGRAPHIE DE BÉRANGER

DOUZE CENTS LETTRES IMPRIMÉES

ET UN CATALOGUE ANALYTIQUE DE 1500 AUTRES LETTRES

4 forts volumes grand in-8° cavalier. — Prix de chaque volume : 6 francs.

JOURNAL
D'UN
VOYAGE AUX MERS POLAIRES

EXÉCUTÉ A LA RECHERCHE DE SIR JOHN FRANKLIN, EN 1851 ET 1852

PAR J. R. BELLOT

Lieutenant de vaisseau, chevalier de la Légion d'honneur

Accompagné de son portrait gravé sur acier et d'une carte.
1 vol. in-18.

PRIX : 3 FR. 50 C.

SAINT-DENIS. — TYPOGRAPHIE DE A. MOULIN.

www.ingramcontent.com/pod-product-compliance
Lightning Source LLC
Chambersburg PA
CBHW052040230426
43671CB00011B/1722